Peter Godazgar (Hg.)
Killing You Softly

Vom Autor bisher bei KBV erschienen:

Ruhe sanft in Sachsen-Anhalt (Hg.)
Der tut nix, der will nur morden!

Peter Godazgar, geb. 1967, studierte Germanistik und Geschichte und besuchte u. a. die Henri-Nannen-Journalistenschule in Hamburg. Er arbeitet in der Pressestelle der Stadt Halle (Saale) und lebt seine kriminellen Phantasien in Romanen und Kurzgeschichten aus.
Bei KBV hat er in der Reihe »Mordlandschaften« die Anthologie *Ruhe sanft in Sachsen-Anhalt* herausgegeben, und mit *Der tut nix, der will nur morden* veröffentlichte er seine schwarzhumorigen Kurzkrimis, mit denen er auch zwerchfellerschütternde Leseabende im gesamten deutschsprachigen Raum bestreitet.
www.peter-godazgar.de

Peter Godazgar (Hg.)

Originalausgabe
© 2017 KBV Verlags- und Mediengesellschaft mbH, Hillesheim
www.kbv-verlag.de
E-Mail: info@kbv-verlag.de
Telefon: 0 65 93 - 998 96-0
Fax: 0 65 93 - 998 96-20
Umschlaggestaltung: Sabine Hockertz
unter Verwendung von:
© Tomasz Zajda und © rcx - www.fotolia.de
Druck: CPI books, Ebner & Spiegel GmbH, Ulm
Printed in Germany
ISBN 978-3-95441-354-6

Playlist

Ein paar Takte vorweg PETER GODAZGAR 9

Im Feuerring ROLAND SPRANGER 11
Ring of Fire – Johnny Cash (1963)

Überbeins Plan OLIVER BUSLAU 25
House of the Rising Sun – The Animals (1964)

Satisfa…dingens! TATJANA KRUSE 28
(I Can't Get No) Satisfaction – Rolling Stones (1965)

Die Tamdhu-Täuschung VOLKER BLEECK 40
Leaving on a Jetplane – John Denver (1966)

Dreimal schwarzer Kater JEAN BAGNOL 45
Je t'aime … moi non plus – Serge Gainsbourg (1967)

Party ohne Ende BEATE MAXIAN 60
Purple Haze – Jimi Hendrix (1967)

#faceplant ROGER M. FIEDLER 76
Born to Be Wild – Steppenwolf (1968)

Im Keller ANGELA EßER 95
Eloise – Barry Ryan (1968)

Hier in Tremonia –
Ein Krimi-Slam KARR & WEHNER 104
In the Ghetto – Elvis Presley (1969)

Morgen wird's dich nicht
mehr geben JÖRG SCHMITT-KILIAN...119
Killing Me Softly – Roberta Flack (1972)

»Convoi exceptionell« JÜRGEN EHLERS 123
Walk on the Wild Side – Lou Reed (1972)

F5 oder Letzter Abend im Montrö VOLKER BLEECK 132
Smoke on the Water – Deep Purple (1972)

Schläge an die Eisentür HEINRICH-STEFAN NOELKE.........136
Knockin' on Heaven's Door – Bob Dylan (1973)

Playing hard CHRISTIANE GELDMACHER 140
Rebel Rebel – David Bowie (1974)

Tamara Superstar SABINE TRINKAUS 152
Waterloo – Abba (1974)

Hotel California –
was wirklich geschah STEFFEN KÖNAU 170
Hotel California – The Eagles (1976)

Casting Show GISA KLÖNNE 182
Davy's on the Road Again – Manfred Mann's Earth Band (1978)

Dance, Hookah, dance! Thomas Hoeps 186
Le Freak – Chic (1978)

Blinkendes Herz Sandra Lüpkes 209
Roxanne – The Police (1978)

Hartmann und der Kolibri Klaus Stickelbroeck 213
Da Ya Think I'm Sexy – Rod Stewart (1978)

Trecker ins Jenseits Arnold Küsters 231
Highway to Hell – AC/DC (1979)

Und dann macht es boum Raoul Biltgen 235
Reality – Richard Sanderson (1980)

Der Fall Rosi Sascha Gutzeit 248
Skandal im Sperrbezirk – Spider Murphy Gang (1981)

Der Fehltritt Peter Godazgar 263
Billie Jean – Michael Jackson (1982)

Schottische Symphonie,
Andante con whisky Thomas Kastura 281
Sweet Dreams (Are Made of This) – Eurythmics (1983)

Tiefer Atem Kirsten Püttjer 302
Every Breath You Take – The Police (1983)

Das verschenkte Herz Ralf Kramp 305
Last Christmas – Wham! (1984)

Gülle-Queen ARNOLD KÜSTERS 321
I Want to Break Free – Queen (1984)

Im Boot ELKE PISTOR 326
Hallelujah – Leonard Cohen (1984)

Totenstill GUIDO ROHM 338
Cheri Cheri Lady – Modern Talking (1985)

Fallhöhe REGINA SCHLEHECK 349
I Will Always Love You – Whitney Houston (1992)

Gute Planung ist alles KATHRIN HEINRICHS 361
Girl on Fire – Alicia Keys (2012)

Die Band 372

Killing You Softly
Ein paar Takte vorweg

Mit Musik geht bekanntlich alles leichter – manchmal sogar ein Mord. Bisweilen kommt es aber auch vor, dass es gerade ein bestimmter Song ist, der die Mordlust erst aufkommen lässt: Bei den Klängen von Modern Talking, dem Gesang von Whitney Houston oder auch bei Whams Weihnachtsheuler »Last Christmas« soll dem einen oder anderen das Messer in der Tasche aufgehen. Und schließlich sind es ja mitunter auch die Musiker selbst, die das Thema Mord und Totschlag auf die eine oder andere Weise immer wieder variieren.

Ich habe dreißig Krimi-Kolleginnen und Kollegen gebeten, ihre Plattenschränke, CD-Regale und iPods zu durchwühlen – auf der Suche nach ihren jeweiligen Lieblingssongs. Und sich dann mörderisch inspirieren zu lassen. Herausgekommen ist eine Sammlung von rockigen, poppigen Kurzgeschichten, die so vielfältig sind, wie die Songs selbst: Mal hart, mal soft, mal düster, mal ernst, und nicht selten ganz schön heiter. Schöner morden mit Abba, cooler töten mit Bob Dylan. Ich verspreche Ihnen: Nach der Lektüre hören Sie manchen Song mit anderen Ohren.

Ach ja, erstmals finden sich hier auch sämtliche Mini-Krimis versammelt, die die Mitglieder der weltweit einzigen Band, die ausschließlich aus Krimiautoren besteht, bei ihren längst legendären Konzerten vorlesen. Der Name der Band ist übrigens *streng geheim*.

Es grüßt Sie herzlich im Vier-Viertel-Takt
Peter Godazgar

ROLAND SPRANGER

Im Feuerring

Ring of Fire
Johnny Cash (1963)

Steven zündet sich eine Zigarette an. Wie immer, wenn er wartet, schmeckt sie beschissen. Im Stand-By-Modus dockt das Nikotin nirgends an. Und wenn die Andockstellen dicht machen, raucht Steven in Kette gleich noch 'ne Kippe, obwohl die Warnhinweise ziemlich unmissverständlich sagen, was ihn erwartet.

Raucher sterben früher. Rauchen kann zu Durchblutungsstörungen führen und verursacht Impotenz. Rauchen fügt Ihnen und den Menschen in Ihrer Umgebung erheblichen Schaden zu.

Da lache ich nur, denkt Steven, das will ich ja gerade. Einem Menschen erheblichen Schaden zufügen. Deshalb bin ich hier.

Mit dem Gesundheitsgelaber auf Zigarettenpackungen kann man sich leckmichamarschmäßig arrangieren, wie mit jedem, der es gut mit dir meint. Du haust ihm nicht auf die Fresse, aber du machst trotzdem, was du willst. Würde ja auch schwer bescheuert ausschauen, wenn du auf deine Zigarettenpackung eindrischst.

11

Okay, ein Bild sagt mehr als tausend Worte, aber die Fotos für die Analphabeten hätten nicht sein müssen. Geteerte Lungen. Verfaulte Zehen. Geschwür am Hals. Wenn versehentlich der Blick auf die Schockbilder fällt, fühlst du dich, als hättest du versehentlich bei *The Walking Dead* reinzappt.

Steven hebt die Zigarettenschachtel vor die Augen. Was ist das? Ein kaputtes Herz? Zu dunkel. Der Lichtschein der nächsten Straßenlaterne traut sich nicht richtig durch die Rückscheibe. Hoffentlich kommt Christian nicht gerade jetzt ums Eck, denkt Steven. Dann macht er die Innenbeleuchtung des Autos an.

Doch kein kaputtes Herz, sondern verfaulte Zähne. Manche sind auch ganz weg. Darunter die Aufschrift: *Rauch enthält Benzol, Nitrosamine, Formaldehyd und Blausäure.*

Schnell löscht Steven wieder das Licht. Er drückt die Zigarette im Aschenbecher aus und wartet weiter. Beobachtet die stille Allee vor sich. Aus der Bahnunterführung fällt ein Licht, das man sich zur Landung eines Alien-Raumschiffs vorstellt. Auf der anderen Seite der Gleise macht der Park auf dicke Hose. Still, starr, dunkel. Als wäre er soeben für eine Fortsetzung von *Herr der Ringe* gecastet worden. Steven kann die scheiß Bäume durch die heruntergelassene Seitenscheibe atmen hören. Er fährt das Fenster kurz hoch, als sich ein Nahverkehrszug vorbeimüht. Dann öffnet er es wieder. Alles still. Wenn er nicht selbst die Bedrohung wäre, würde er sie spüren. Er schaut auf das Licht, das aus der Unterführung fällt. Vielleicht hätte er die Windschutzscheibe putzen sollen. Verdammt viele Insekten haben darauf ihr Ende gefunden. Die dicken Einschläge stammen von Schmetterlingen.

Auf der anderen Seite der Gleise streunt Licht durch die Bäume. Dann sucht es sich ein Ziel. Der Strahl nimmt die Bahnunterführung ins Visier. Verschwindet darin.

Steven muss an Sex denken. Kann er gerade gar nicht gebrauchen. Er schüttelt die Beine und macht die Muskulatur locker, den ganzen Kerl.

Christian läuft in seinem atmungsaktiven Profi-Jogger-Outfit aus der Unterführung. Auf seiner Stirn die LED-Lampe. Hoffentlich fällt ihm nicht auf, dass ein Auto links parkt, denkt Steven. Und dass in dem Auto jemand sitzt.

Als Christian auf der Höhe des Autos ist, reißt Steven die Fahrertür auf. Lässt den Jogger auflaufen. Ein wuchtiger, basslastiger Aufprall, dann fällt der Körper auf den Bürgersteig. Eine klare gelbe Karte auf dem Fußballfeld. Steven springt aus dem Auto.

»Um Himmels willen, sind Sie verletzt?«

Christian zappelt auf Asphalt wie ein Käfer auf dem Rücken. Steven beugt sich zu ihm herunter, hält den Elektroschocker an den Hals, drückt ab. Fertig. Kein Zappeln mehr. Hand- und Fußgelenke werden mit Kabelbindern gefesselt. Steven richtet von hinten Christians Oberkörper auf, schiebt die Hände unter den Achseln hindurch und schleppt den bewusstlosen Mann zum Auto. Den Idioten. Den Scheißkerl. Er verstaut ihn im Kofferraum. Dabei flutschen dem Hirni seine Bluetooth-Kopfhörer aus den Ohren. Coldplay. Oder irgendein anderer massenkompatibler Stadion-Pop. Steven zieht das Handy aus dem Sportarmband. Nachdem er es zertreten hat, wirft er es auf die Bahngleise. Handy tot. Musik aus. Alles gut.

Noch bevor Steven den Zündschlüssel herumdreht, startet er seine Playlist. Johnny Cash. *I Still Miss Someone.* An der nächsten roten Ampel hört er Stöhnen und Klopfgeräusche aus dem Kofferraum. Er dreht die Lautstärke hoch, aber das führt nur dazu, dass ihn der Song ankotzt. Er drückt auf eine der Pfeiltasten. *I Won't Back Down.* Besser. Auf dem Weg zu seinem Versteck hält Steven noch ein paar Mal an und verpasst Christian ein paar Stromstöße. Öfter als es nötig wäre. Einmal haut er ihm auch mit der Faust voll in die Fresse. So was sollte man nicht mit einem Wehrlosen machen, weiß Steven. Und die ganze Sauerei im Kofferraum. Andererseits: Wenn es dem Wohlbefinden dient. Steven schlägt noch mal zu.

* * *

Die leerstehende Autowerkstatt hat Steven schon vor ein paar Wochen entdeckt. Als er begann, Julia und Christian zu beobachten. Nachts kommt hier niemand her. Man kann ungestört warten und rauchen, bis das Opfer endlich aufwacht. Mit Warten kommt Steven normalerweise nicht so gut klar, aber gerade ist er megaentspannt. Er hat diesen roten Kunststoffklappstuhl besorgt. Der ist nicht bequem, aber trotzdem macht es Spaß, den bewusstlosen Wichser zu beobachten. Christian sitzt gefesselt auf einer am Boden montierten Autorückbank. Speichel und Blut fließt aus einem seiner Mundwinkel. Diesen hilflosen Moment hat sich Steven schon lange herbeigesehnt.

Als Christian endlich aufwacht, schaut er sich erst einmal hektisch um. Dann zerrt er sofort wild an seinen Fesseln.

»Keine Chance«, sagt Steven. »Ich habe die Kabelbinder durch echte Handschellen ersetzt.«

Christian stellt seine Versuche ein.

Die beiden Männer starren sich an.

Einer sitzt rauchend auf einem roten Klappstuhl, wie er von IKEA in den 90er Jahren vertrieben wurde. Der andere fragt sich, warum er gefesselt auf einer alten Audi-Rückbank mit Spermaflecken gelandet ist.

»Was wollen Sie?«, fragt Christian. Man merkt ihm an, dass er unbedingt Kontakt mit dem Entführer aufnehmen will. Als Human-Resource-Manager kennt er sich aus mit Psychologie.

»Ich habe Geld.«

»Mich interessiert dein scheiß Geld nicht, Christian.«

»Okay«. Christian nickt. »Sie kennen meinen Namen.«

»Klar, kenne ich deinen Namen, du Wichsgesicht.«

Steven wirft die Zigarettenkippe auf den Boden und tritt sie aus. Dann fragt er:

»Wie geht es Julia?«

Christian denkt nach. Irgendwann senkt er den Blick. Vielleicht, weil er noch mehr nachdenken muss. Oder, weil er die Antwort auf eine Frage kennt, die er noch nicht gestellt hat.

»Sind Sie Steven?«

»Hat Julia von mir erzählt?«

»Nie. Sie hat Angst vor Ihnen. Wie haben Sie uns gefunden?«

»Facebook.«

»Julia hat keinen Facebook-Account. Sie vermeidet alles, was im Netz Spuren hinterlässt.«

»Christian, ich muss schon sagen: Für einen Karrieretypen, der selbst beim Jogging gut gestylt ist, bist du ein ganz schönes Anti-Talent. Du und ich – wir sind dicke Freunde bei Facebook. Es war ganz leicht, dich zu finden. Du nimmst auch Freundschaftsanfragen von fiktiven Personen an. Das finde ich sozial.«

Christian schaut jetzt wirklich überrascht.

»Und teilst auch bereitwillig. Zum Beispiel deine Urlaubsfotos. Glaubst du, ich habe Julia darauf nicht erkannt?«

»Ich kann nichts für das, was vorher zwischen Ihnen und Julia war.«

»Ihr habt so viel Spaß auf den Urlaubsbildern. Da kann man echt neidisch werden.«

»Das sind Fotos. Da tun alle so als ob.«

»Du warst mit ihr im Kaskadengebirge in Oregon. Am Pazifischen Feuerring.«

»Das war nicht mal so toll. Die Motels waren ihr Geld nicht wert.«

»Julia und ich wollten da immer hin. Mit einem Wohnmobil. Und während wir durch die Gegend fahren, hören wir *Ring of Fire* in der Version von Johnny Cash. Haben wir uns ausgemalt. Ist nie passiert. Stattdessen warst du mit ihr da – und ihr hattet Sex auf einem Vulkan.«

»Wie kommen Sie denn auf den Schwachsinn?«

»Ich habe deinen Computer gehackt.«

»Okay. Es tut mir wirklich sehr leid, dass es zwischen Ihnen und Julia nicht geklappt hat.«

»Lief *Ring of Fire* auf dem Smartphone, während ihr auf dem scheiß Vulkan gefickt habt?«

Christian zerrt wieder an den Fesseln. Er gibt schnell auf. Steven grinst.

»War doch eine ganz normale Frage, Christian.«

»Steven, ganz ehrlich: Julia hat den beschissenen Song nicht mehr gehört, seit sie vor Ihnen geflüchtet ist. Das ist die Wahrheit.«

»Gut.«

Ein ganz kleines bisschen ist Steven zufrieden, aber sicherheitshalber haut er Christian noch einmal auf die Fresse. Voll. Und dann noch mal.

»*Ring of Fire* ist nicht beschissen, klar?«

* * *

Ring of Fire ist ein großer Song. Kritik daran kann Steven genau so wenig akzeptieren wie die Idee, das Lied in einem Werbeclip für Hämorrhoidensalbe zu verwenden. So was geht gar nicht. Immerhin wurde Johnny Cash der Einfall, Mariachi-Trompeten in seine amtliche Version des Songs einzubauen, im Traum geschenkt. Das sind quasi Trompeten direkt aus dem Himmel. Überhaupt ist der ganze scheiß Song emotional aufgeladen, aber *scheiß Song* darf nur ich sagen, denkt Steven. June Carter komponierte den Song, als sie sich frisch in Johnny Cash verliebt hatte. Der war zu der Zeit noch verheiratet. Okay, große Gefühle kommen nicht immer aus dem Himmel. Sie kommen sonst wo her. Manchmal kommen sie aus der Hölle. Oder einfach aus den Leuten. Emotionen sind unzuverlässig. Deshalb muss man gnädig sein. Und Steven war gnädig mit Julia.

Nachdem sie die Tür geöffnet hatte, schrie sie kurz auf. Eigentlich war es kein richtiger Schrei, sondern eher so, als würde sie etwas verschlucken. Als würde etwas aus ihr platzen, was sofort wieder zurück muss. Nach dem ersten Schreck versuchte Julia die Wohnungstür sofort wieder zuzuschlagen, aber da hatte Steven schon seinen Fuß dazwischen. Und jetzt sitzt sie gefesselt und geknebelt neben ihm auf der Couch.

»Weißt du«, sagt Steven, »es gefällt mir auch nicht, dass du gefesselt und geknebelt neben mir auf der Couch sitzt.«

Julia schaut ihn mit großen Augen an und zittert.

»Ich würde auch das Klebeband abmachen, aber ich habe die Befürchtung, dass du sofort schreist.«

Julia schüttelt heftig den Kopf.

»Okay, probieren wir es aus.«

Steven zieht das Klebeband ab.

Julia schreit wie am Spieß.

Steven drückt ihr den Hals zu und klatscht das Klebeband wieder auf ihren Mund. Dabei schaut ihn seine Ex mit weit herausgedrehten Augen an.

Eine Weile sitzen Julia und Steven stumm nebeneinander auf der Couch. Er, weil er nichts sagen will. Sie, weil sie nicht kann.

Nachdem Steven lang genug die Kunstdrucke bewundert hat, stellt er den riesigen Flachbildschirm an und wählt sich in Julias Netflix-Account ein, um abzuchecken, was sie sich in den letzten Monaten angeschaut hat. Es ist nicht Überraschendes dabei. Vielleicht ist sie doch nicht so bemerkenswert.

»Julia, was du nicht weißt«, sagt Steven, »aber was ich dir unbedingt sagen sollte: Ich habe Christian. Vielleicht denkt er gerade an dich, wie er so gefesselt in der Dunkelheit rumhockt und nichts machen kann. Vielleicht pisst er sich auch bloß ein.«

Julia fängt neben ihm auf der Couch an, wie wild zu zucken. Sich zu verrenken. Sie versucht die Fesseln abzureißen. Nach einiger Zeit beruhigt sie sich.

»Ich finde, das ist eine Information, die du unbedingt haben solltest, bevor wir weiter kommunizieren. Ohne Klebeband und so. Also, falls du mit mir kommunizieren willst, Julia.«

Sie nickt heftig.

»Na, dann probieren wir das Ganze noch einmal. Wenn du wieder schreist, versetze ich dich wieder in den Stand-By-Modus und fahre zu Christian. Das wird dann nicht so erfreulich für den Honk. Bisher ist er ja trotz der Umstände noch in einem lässigen Zustand.«

Steven zieht das Klebeband von Julias Mund. Er kann sie atmen hören. Allein das Geräusch reicht, dass er fast wieder zu viel Sympathie für sie empfindet. Ich muss vorsichtig sein, denkt Steven.

»Kann ich was zu trinken haben?«, fragt Julia.

»Klar.«

Steven steht auf.

»Aber bau bloß keinen Scheiß.«

»Du baust Scheiß. Ich bin bloß in meiner Wohnung.«

Steven geht in die Küche. Er muss ein paar Türen der Einbauschränke öffnen, eher er endlich die Gläser findet. Er lässt Leitungswasser in ein Glas. Als er wieder ins Wohnzimmer kommt, robbt Julia bäuchlings über den Parkettboden. Sie müht sich wirklich ab. Steven stellt das Glas auf den Wohnzimmertisch. Er hebt Julia auf und setzt sie wieder auf die Couch.

»Das bringt doch nichts. Erst das Handy zerstört, dann das Festnetz abgesteckt. Der ganzen Kommunikation in den Arsch getreten.«

Steven flößt Julia Wasser ein. Ein Rinnsal sucht sich den Weg von ihrem Mundwinkel über den Hals in ihren Ausschnitt.

Dann setzt er sich wieder neben sie auf die Couch.

»*Ring of Fire*«.

»Lass mich in Ruhe.«

»Christian sagte mir, dass du *Ring of Fire* nie mehr gehört hast.«

»Das stimmt.«

»Ist aber ein verdammt guter Song.«

»Ich kann ihn nicht mehr hören.«

»Warum?«

»Nimm es mir nicht übel, aber er gehört zu unserer beschissenen Beziehung.«

»Sie war gar nicht so beschissen.«

»Träum weiter.«

»Am Anfang nicht.«

»Es ist nicht alles nur Anfang.«

»Ich hab ihn auch nicht mehr gehört. Beug dich mal nach vorn.«

Steven macht Julia die Fesseln hinter dem Rücken los und bindet sie vorne wieder zusammen.

»Wir machen ein bisschen Karaoke, um uns die Zeit zu vertreiben.«

Steven steht auf und schnappt sich zwei Fernbedienungen. Mit den Fernbedienungen in den Händen fühlt er sich wie ein Cowboy mit zwei Colts. In den Filmen seiner Jugend mochte er die Bösewichte mit zwei Knarren. Steven startet die Spielekonsole, die neben dem Fernseher steht, und klickt sich durchs Menü.

Auf dem überdimensionalen Flachbildschirm erscheint der Schriftzug eines Karaoke-Spiels.

Steven setzt sich mit einem Mikro neben Julia und reicht ihr ein zweites.

»Wir singen *Ring of Fire*«.

Julia knallt das Mikro auf den Boden.

»Ich hab keinen Bock auf den Hirnfick.«

Steven runzelt die Stirn. Er gibt sich sogar Mühe, verständnisvoll zu sein.

»Wie du willst. Wenn du nicht singst, siehst du deinen Weichkeks halt nicht wieder. Ist vielleicht sogar angenehm für dich.«

Julia bückt sich zu dem am Boden liegenden Mikro.

Steven reicht es ihr. Dabei lächelt er fast charmant.

»Gib dir Mühe«, sagt er.

Dann startet er den Song.

Und er singt. Mit Julia. Zusammen.

Love is a burnin' thing
And it makes a fiery ring
Bound by wild desire
I fell into a ring of fire
I fell into a burnin' ring of fire
I went down, down, down
And the flames went higher

And it burns, burns, burns
The ring of fire, the ring of fire
Sie bekommen die Höchstwertung.
Perfekte Harmonie.

* * *

Steven parkt vor der Autowerkstatt. Er öffnet eines der großen Rolltore und drückt auf den Lichtschalter. Christian blinzelt ins flackernde Licht der Neonröhren.

Steven hebt einen Benzinkanister vom Betonboden, öffnet den Schraubverschluss und montiert den Einfüllstutzen. Hektisch bäumt sich Christian auf. Er zappelt wild. Die Autorückbank, an die er gefesselt ist, bewegt sich keinen Millimeter. Steven genießt die undeutlichen Laute, die aus dem Drecksack kommen. Beobachtet, wie sich Schweiß auf Christians Stirn bildet. Unglaublich, wie weit man die Augen rausdrehen kann. Steven reißt das Klebeband von Christians Mund.

»Das musst du nicht machen, Steven! Das musst du nicht machen …«

»Nee, muss ich nicht, aber ich mache es trotzdem.«

Steven senkt den Kanister und Benzin plätschert auf den Boden. Reichlich Benzin. Er umrundet die Autorückbank. Christian wird von den aufsteigenden Benzingasen nicht im Geringsten beruhigt, sondern fängt an zu weinen. Steven schaut ihm voller Verachtung eine Weile dabei zu, nachdem er den Benzinkreis vollendet hat. Dann geht er zwei Schritte nach vorne um Christian mit Benzin zu übergießen, als der brüllt: »Was hätte Johnny Cash gemacht?«

Steven hält er in der Bewegung inne. Der Benzinkanister schwebt über Christian.

»Was hast du gesagt, du Analoberhaupt?«

Christian wirft seinen Oberkörper nach vorne. Immer wieder. Seine Schlagadern am Hals schwellen an.

»Was hätte Johnny Cash gemacht? Scheiße. Was hätte Johnny Cash gemacht?«

Steven verpasst Christian eine gerade Rechte. Zähne geben nach. Haut über den Fingergelenken platzt auf. Eigentlich will Steven noch mal kräftig zuschlagen, aber dann lässt er es sein. Irgendwie schaut der bewusstlose Kacktyp überhaupt nicht mehr aus wie ein Gegner. Wie jemand, mit dem Rache Spaß macht.

Steven besprenkelt Christians Joggingschuhe mit Benzin und legt eine Spur zum Benzinring. Sicherheitshalber frischt er den noch einmal auf. Dann zieht er einen Feuerlöscher aus einer Wandhalterung und geht damit durch das Tor zum Auto.

Nachdem er den Kofferraumdeckel aufgemacht hat, versucht Julia sofort ihn anzugreifen. Das Luder hat sich doch tatsächlich entfesselt. Er stößt ihr den Feuerlöscher gegen den Bauch. Sie kriegt keine Luft mehr. Scheiße, eigentlich wollte er nicht so fest. Er schleppt sie in die Werkstatt und setzt sie auf den Boden.

»Hier!« sagt Steven und stellt den Feuerlöscher direkt vor ihr ab.

Steven zündet ein Streichholz an und wirft es in die Flüssigkeit auf dem Betonboten. Sofort lodert das Benzin auf. Das Feuer kreist den Wichser ein. Christians Schuhe fangen an zu brennen. Julia schreit und zerrt an der Sicherung der Feuerlöschers. Ohne sich noch

einmal umzudrehen, geht Steven zum Auto und fährt
los.

In der Playlist sucht er *Ring of Fire* und hört es dreimal
hintereinander.

Beim zweiten Mal macht er eine Zigarette an.

Beim dritten Mal singt er mit.

Geht doch, denkt Steven.

OLIVER BUSLAU

Überbeins Plan

House of the Rising Sun
The Animals (1964)

Der Bratschist Engelhard Überbein hatte keine Karriere gemacht.

Das lag nicht etwa an fehlendem Talent – er spielte einfach das falsche Instrument.

Keiner der großen klassischen Komponisten hatte ein Bratschenkonzert geschrieben, mit dem man glänzen konnte. Die Bratsche war nur im Orchester zu gebrauchen. Und auch dort waren Bratschisten Außenseiter. Man riss sogar Witze über sie.

Frage: Was ist ein Gentleman-Musiker? Antwort: Jemand, der Bratsche spielen kann, es aber nicht tut.

Frage: Was ist der Unterschied zwischen Bratschisten und Joghurt? Antwort: Joghurt hat Kultur.

Frage: In welcher Zeitung steht die Schlagzeile ›Bratschist wirft Frau aus dem Fenster‹? Antwort: Bild! Frage: Und wo steht ›Frau wirft Bratschist aus dem Fenster‹? Antwort: ›Schöner Wohnen‹.

Das tat Überbein weh.

»Die Bratsche ist wichtig, aber eben ein Begleitinstrument«, hatte Überbeins Lehrer Lehmann oft ge-

25

sagt. »Ohne einen anderen, ohne ein Gegenüber geht es nicht.«

Überbein wollte das ändern. Er hatte einen Plan. Er wollte mit einem Solokonzert auftreten. Mit einem eigenen. Selbst komponiert. Mit einem Stück, das allen gefallen würde – passionierten Klassikhörern wie Rockfans. Mit einer Fantasie über ein berühmtes Lied. Über den Song »*House of the Rising Sun*«.

Die aufgehende Sonne!

Schon der Titel inspirierte Überbein. Seine Wohnung am Stadtrand ging nach Osten. Es war Morgen. Die Sonne strahlte. Er öffnete das Fenster. Die Luft war mild.

Und er spielte die wehmütige Melodie, die weit hinaus über das verlassene Fabrikgelände schallte, das auf der anderen Straßenseite lag. Er improvisierte voller Herzblut über die kreisenden Akkorde. Doch als er die Bratsche absetzte, traf ihn fast der Schlag. Irgendwo auf dem riesigen Areal spielte jemand alles nach. Nicht nur die Melodie, auch die Improvisation. Seine Ideen.

Wieder spielte er, stoppte, lauschte. Die Musik kam zurück – mit großer Verzögerung.

Aber das war kein Echo.

Da war ein Konkurrent am Werk!

Er spielte bis zum Nachmittag. Die Sonne stand schon tief, als er beschloss, sich auf die Suche zu machen.

Er überkletterte ein Tor und hastete eine Mauer entlang. Da waren die Töne wieder …

Sie drangen aus der offenstehenden Tür eines kleinen Hauses mitten auf dem Gelände zwischen dunklen Backsteinmauern. Es war wohl einmal die Villa des Firmenbesitzers gewesen. Eine Treppe führte abwärts.

Da unten, in einem feuchten Keller, sollte jemand musizieren?

Er fand einen Lichtschalter. Neonlicht flackerte.

Tausend Augen sahen Überbein an. Und er verstand.

»Wie haben Sie das rausgekriegt?«, fragte der Kommissar später im Polizeipräsidium. »Ein Lager für geschmuggelte exotische Vögel. Wie heißt die Sorte noch mal?«

»Australischer Leierschwanz«, sagte Überbein. »Sie sehen wie kleine Pfauen aus. Sie sind berühmt dafür, alles was sie hören, nachmachen zu können – Musik, aber auch sogar Motorengeräusche.«

Bratschist überführt Tierschmuggler titelte eine Zeitung am nächsten Tag. Überbeins Telefon stand nicht still. Alle wollten Interviews.

Als sich die Aufregung etwas gelegt hatte, machte er mit seinem Stück weiter.

Er nahm die Bratsche in die Hand und spielte. Doch er ließ er sie gleich wieder sinken. Die Stille von dem Industriegelände gegenüber … sie bedrückte ihn.

Er legte er das Instrument in den Kasten zurück. Ihm kamen die Worte seines Lehrers Lehmann in den Sinn.

Du kannst nur andere begleiten.

Du brauchst ein Gegenüber.

TATJANA KRUSE

Satisfa...dingens![1]

(I Can't Get No) Satisfaction
Rolling Stones (1965)

Mick Jagger wischte sich das blutige Messer am linken Hosenbein seiner Skinny-Jeans ab. Na also, geht doch. Mit so viel Gegenwehr hatte er zwar nicht gerechnet, aber der Tag musste erst noch kommen, an dem er mit so einer halben Portion von einem Würstchen nicht fertig wurde.

Das, was jetzt vor ihm lag, war allerdings nurmehr Wurst in Scheiben. Mit viel Ketchup. Also quasi eine Currywurst. Mit der Kettensäge wurde es eben immer kleinteilig.

Mick Jagger, die Zunge des Herrn, leckte sich die Lippen.

* * *

»Mick Jagger? Das kann doch unmöglich Ihr Ernst sein!«

---

[1] Zur Lektüre sollte man selbstredend *I Can't Get No Satisfaction* von den Rolling Stones in Dauerschleife hören

Seit Monaten zog ein irrer Mörder durch die Straßen der Großstadt und schlachtete Leute ab. Zugegeben, bislang waren das alles keine Unschuldslämmer: zwei Zuhälter, ein Dealer, ein mehrfach vorbestrafter Gewalttäter. Aber auch die braven Bürger bekamen es allmählich mit der Angst zu tun, folglich musste dem ein Ende bereitet werden. Fanden Röck und Schmittke, die die SOKO *Kettensäge* leiteten.

Die grausam hingemetzelten Opfer standen in keinerlei Beziehung zueinander – außer dass sie alle Dreck am Stecken hatten. Der Täter suchte sie offenbar nach dem Zufallsprinzip im Rotlichtmilieu aus. Was die Ermittlungen natürlich erschwerte. Nie hatte es auch nur eine einzige, brauchbare Spur gegeben. Bis jetzt. Jetzt hatten sie einen Augenzeugen. Aber dieser Augenzeuge hatte definitiv eine Meise. Ach was, einen ganzen Meisenschwarm!

»Es war Mick Jagger. Da bin ich mir ganz sicher«, erklärte Roland Beiser und nickte den beiden Beamten stakkatoartig zu. »Er trug eine verwaschene Skinny-Jeans und hatte dieselben Moves drauf wie damals in Berlin auf der Waldbühne. Da war ich nämlich live dabei. Ich sage Ihnen: Es *war* Mick Jagger!«

Röck und Schmittke, zwei langjährig erfahrene Mordermittler, der eine klein, der andere riesig, warfen sich einen vielsagenden, blinzellosen Blick zu.

»He, ich bin kein Spinner, ich weiß, was ich gesehen habe!« Roland Beiser war pensionierter Bibliothekar. Es lag ihm sehr daran, seine Glaubwürdigkeit als Zeuge nachhaltig zu unterstreichen. »Es war Mick Jagger. Wie er leibt und lebt!« Beiser sprang auf und zuckte ruckartig mit den Gliedmaßen. Das sollte dann wohl die Performance des Rolling-Stones-Frontmanns imitieren. »Nachdem er sich das Messer am Hosenbein abgewischt hat, ist er genau so davongetänzelt.« Zuck, zuck, ruckel, ruckel, zuck.

Schmittke und Röck seufzten. Wie gern hätten sie Beiser diskreditiert. Aber seine Beschreibung von Mordwaffe und -methode stimmte exakt mit den Erkenntnissen des Rechtsmediziners überein. Was natürlich bedeutete, dass er entweder den Mord tatsächlich mitangesehen hatte …

… oder aber, dass er selbst der Täter war. Hoffnung keimte in den Beamten auf. War Beiser ihr Mann?

Ihre Hoffnung wurde leider zerschlagen, als sich herausstellte, dass die Überwachungskamera des Bankautomaten gegenüber des Tatorts, an dem Beiser zu später Stunde noch zweihundert Euro abgehoben hatte (für eine Animierdame in der Kolibri-Bar, was er bei seiner Aussage jedoch tunlichst verschwieg), in fünf-sekündlicher Bildabfolge – erstaunlich scharf und mit Zeitangabe – festgehalten hatte, wie er zum Tatzeitpunkt erst seine Geheimzahl eintippte, sich urplötzlich abrupt umdrehte, dann entsetzt zurückwich, sich anschließend übergab und zu guter Letzt mit zitternden Fingen auf seinem Handy den Notruf wählte.

Nein, er konnte es nicht gewesen sein.

Röck und Schmittke seufzten unisono.

»Yes, yes, alright. Thank you for your help, it's much appreciated!«, brummte Polizeiobermeister Van Helsteren und legte den Hörer auf.

Weil er in seiner Jugend ein Jahr als Austauschschüler in England gelebt hatte und fließend Englisch sprach, und weil sie öfters nach Feierabend mit ihm was trinken gingen, hatten Röck und Schmittke ihn damit betraut, Alix Gucovsky, die Agentin von Mick Jagger, anzurufen. Sie bestätigte Van Helsteren, dass der echte Mick Jagger in den letzten acht Wochen auf der Karibikinsel Mustique Urlaub gemacht hatte, und davor war er mit den rollenden Steinen zwei Monate auf Tour durch China, Japan und Australien gewesen. Er konnte also unmöglich zeitgleich in Deutschland als Kettensägenmörder unterwegs gewesen sein.

Der Verdacht richtete sich somit auf die bekannten Doppelgänger und Profi-Imitatoren. Deren Liste war erstaunlich lang, wie Röck und Schmittke bereits wussten. Zwei Dutzend hatten sie schon abgehakt.

Am vielversprechendsten unter den Rest-Kandidaten war ein vorbestrafter, magerer Ex-Junkie namens Kalle Schöll, der seit seiner Haftentlassung als Sangeskünstler von zweifelhaftem Talent durch Bierzelte tingelte. Mit seiner Version von *Satisfaction* hatte er es sogar einmal in *Deutschland sucht den Superstar* geschafft, war aber schon in der ersten Runde rausgeflogen.

* * *

Mick Jagger warf den halb aufgerauchten Joint in den Gully und schlenderte los. Der Pädophile schaute ständig hektisch über die Schulter, aber das tat er auch, wenn er nicht verfolgt wurde. Das war einfach typisches Beutetierverhalten.

Mick dagegen war ein Jäger. Er holte auf, die Kettensäge lässig geschultert. In der nächsten Quergasse konnte er zuschlagen.

Und dann war es soweit.

Mick Jagger nahm den Schienenschutz seiner Motorsäge ab, stellte den Kombihebel auf Kaltstart, zog mit der linken Hand am Anwerfseil und startete den Motor.

Der Pädophile bekam natürlich einen Heidenschreck, aber das war okay. Er wohnte in einer Sackgasse. Und so, wie er gerade zitterte, würde er es nicht rechtzeitig schaffen, den Hausschlüssel ins Schloss zu pfriemeln.

Dachte Mick Jagger. Und lag damit richtig. *Satisfaction* pfeifend ging er auf den Mann zu …

* * *

»Ich frage mich, wieso ich eigentlich immer mit 'nem Sarg komme? Zehn Mülltüten würden doch auch genügen«, lästerte Ernst Gentner, der Bestatter, und sah auf die filetierten Überreste des Pädophilen.

»Etwas mehr Respekt im Angesicht des Todes, mein Lieber.« Röck war grün im Gesicht. Er fand Leichen ja schon am Stück unappetitlich, ganz zu schweigen von diesem tranchierten Zustand. Aber einer von ihnen musste immer dabei sein, wenn die Gerichtsmedizin die Leichen freigab.

»Respekt vor diesem Abschaum? Das sind doch alles fiese Verbrecher. Die haben's nicht besser verdient.« Gentner führte in vierter Generation das Bestattungsinstitut *Ruhe Sanft*. Die Gerichtsmedizin verteilte die Leichen grundsätzlich abwechselnd an alle ortsansässigen Bestatter, aber bei den Opfern des Kettensägenmörders lehnte die Konkurrenz dankend ab und überließ Gentner das Feld.

Während er sich ans Werk machte, stellte sich Röck ans geöffnete Fenster und rauchte.

»Was summst du da?«, fragte Gentner.

»Ich summe nicht.«

»Irgendwer summt, und der hier ist es nicht.« Gentner hielt den abgetrennten Kopf hoch.

Röck, der sich kurz umgedreht hatte, wurde noch grüner. Er und Gentner waren am Gymnasium nebeneinander gesessen und hatten all die Jahre Kontakt gehalten. Sie hatten damals zusammen in einer Band gespielt. Gentner an der Elektrogitarre hatte nur Mädchen aufreißen wollen, aber Röck nahm die Musik ernst. Wenn sein Vater ihn nicht gezwungen hätte, erstmal was Ordentliches zu lernen, wäre er jetzt hungerleidender Bassist und kein Beamter mit Reihenhaus und Volvo. »Summen beruhigt mich.«

»Aha.« Gentner stapelte Arme und Beine in den Sarg. Der tote Pädophile wurde eh krematisiert, da mussten die Einzelteile nicht anatomisch korrekt zum Liegen kommen. »Beatles?«, fragte er.

Röck zögerte kurz. »Stones.«

»Auf den Boden! Hände über den Kopf!«

Der Zugriff erfolgte völlig überraschend. Zumindest für Kalle Schöll, den Mick-Jagger-Imitator. Eben hatte er noch im weißen Rüschenhemd die Jubiläumsfeier des SC Neu-Dahlendorf/Mehlow gerockt, da lag er hinter dem Festzelt auch schon im Schlamm, und ein Zweihun-

33

dert-Kilo-Kerl des Sondereinsatzkommandos kniete auf seinem Rücken und verunmöglichte ihm das Atmen.

Zwei Stunden später drückte ihn jemand auf einen knarzigen Holzstuhl in einem muffigen Verhörraum.

»Wo waren Sie am fünften dieses Monats gegen Mitternacht?«, donnerte Röck.

Schmittke und Röck spielten guter Cop, böser Cop. Röck gab den Bösen, Schmittke den Guten.

»Kommen Sie, lassen Sie alles raus, Sie wollen es doch auch«, gurrte Schmittke.

Kalle tat immer noch alles weh. »Äh ... der Fünfte?« Sein Gedächtnis war nicht mehr das Beste. Das musste an den vielen Drogen liegen. Jetzt war er zwar clean, aber die abgestorbenen Hirnzellen wuchsen nicht mehr nach. Deswegen sang er auch fast immer nur la-la-la statt der echten Songtexte, was die besoffenen Bierzeltgäste in den seltensten Fällen merkten. Für einen Teleprompter reichte natürlich sein Geld nicht. »War das ein Samstag?«

Er sah zu Van Helsteren, der in der Ecke stand und eigentlich geglaubt hatte, sich unsichtbar gemacht zu haben.

Das half Kalles Gedächtnis aber auch nicht auf die Sprünge. »Koblenz?«, meinte er zögernd.

Rudi, sein Agent, würde es wissen. Der besorgte ihm die Engagements.

Fragen Sie den Rudi, wollte er deshalb sagen, aber Röck schnitt ihm das Wort ab.

»Machen Sie doch keinen auf harmlos, Herr Schöll!«, wetterte Röck. »Sie haben am Fünften, als Mick Jagger verkleidet, Olaf Weller mit einer Kettensäge ermordet!«

»Uns können Sie es doch sagen«, flötete Schmittke und tätschelte Schöll die Schulter.

»Sie Schwein! Gestehen Sie endlich! Sehen Sie nicht das Blut, das an Ihren Händen klebt?«, brüllte Röck. Wenn er den Bösen gab, kniete er sich richtig rein.

Kalle sah auf seine Hände. Die waren noch verschlammt, weil er seit seiner Verhaftung nicht zum Händewaschen gekommen war, aber Blut klebte keines daran. »Äh ...«

»Sie sind der Kettensägenmörder!« Röck donnerte mit der Faust auf den Tisch.

Sogar Schmittke und Van Helsteren erschraken.

Kalle fing an zu heulen. »Ich hab niemand umgebracht. Und ganz bestimmt nicht mit einer Kettensäge. Die ist doch motorisiert. Ich hab' zwei linke Hände – mit Technik kann ich nicht!«

* * *

Mick Jagger stand mit wehendem Schal an der Kaimauer und sah zu der Barkasse. Deren Kapitän war ein übler Vergewaltiger. Allerdings auch ein Bär von einem Kerl. Mit dem würde er kein leichtes Spiel haben. Aber Mick Jagger scheute nie vor einer Herausforderung zurück.

Endlich kam der letzte der Besatzung von Bord und steuerte direkt seine Stammkneipe an. Jetzt war der Kapitän allein an Bord.

Mick Jagger lief über die Reling. Der Kapitän würde sein Siebter werden.

Zufriedenheit stellte sich ein. Er pfiff *Satisfaction*, als er die Kettensäge anwarf.

* * *

»Ich war es, *ich* bin der Kettensägenmörder!«

Bei Serienmorden kamen immer die Spinner und Sonderlinge aus den Ritzen gekrochen. Sich selbst bezichtigen zu können, verschaffte ihnen ihre fünfzehn Minuten Ruhm.

Der hier war ein gedrungener Zweimeterkerl mit Glatzentattoo.

»Sie stehlen uns unsere Zeit«, brummte Schmittke. »Der Kettensägenmörder ist ein schmales Hemd von einem Mann. Das haben bereits mehrere Leute bezeugt.«

Der Zweimeterkerl überlegte. Man konnte es förmlich rattern hören. »Also schön, ich war es nicht. Aber ich habe ihn gesehen!« Er nickte. »Echt jetzt!«

»Quark«, sagte Schmittke. »Der letzte Tatort lag in einem Schiff und war nicht einzusehen.«

»Okay, ich habe ihn nicht gesehen. Aber ich habe ihn gehört!« Die Glatze blieb fest. »Ich bin am Kai vorbeigegangen und hab's deutlich gehört. Er hat was gepfiffen. So einen ganz bekannten Song. Ich komm nur gerade nicht auf den Titel. *Satisfa…dingens.*«

Schmittke rollte mit den Augen.

Röck sagte nichts.

I'd rather be dead than sing Satisfaction when I'm 45.
(Mick Jagger)

»Hör mal, da muss man doch drüber reden können!«

Röck flüchtete, Haken schlagend wie ein Feldhase, Mick Jagger mit der Kettensäge hinterher.

»Wehr dich nicht, dann geht es schneller«, rief Jagger schnaufend.

Röck dachte nicht daran, aufzugeben. Und er war verdammt gut trainiert, seinetwegen konnte das noch eine Weile so weitergehen. »Warum tust du das?«

»Das ist meine Art, für Recht und Ordnung zu sorgen!«

Röck machte sich Vorwürfe. Lange hatte er geglaubt, es müsse einer aus seinem Team sein – wer sonst wusste, wer die übelsten Gestalten der Stadt waren? Jetzt zeigte sich, dass er an den Stammtischabenden nicht so oft darüber hätte schimpfen dürfen, wie viele Kriminelle aufgrund der Justiz, die oft blind war oder langsamer mahlte als Gottes Mühlen, ihrem gerechten Schicksal entgingen. Über den Lärm der Kettensäge rief er: »Das geht aber doch auch gewaltfrei!«

»Mir gibt nur echte Handarbeit den Kick! Mit der Kettensäge kann ich meinen Frust abreagieren. Und ich schnippele ja keine Unschuldigen klein, nur Schwerstkriminelle.« Mick Jagger – besser gesagt, Ernst Gentner – blieb keuchend zwischen den Särgen stehen, durch die sich Röck slalomartig gefädelt hatte, und lehnte sich gegen einen Eichensarg mit Veloursinnenfutter.

In sicherem Abstand blieb Röck ebenfalls stehen. Es war nur eine dumpfe Ahnung gewesen. Das ungläubige Zusammenzählen von Kleinigkeiten. Gentner, der nie wirklich leidenschaftlich in der Band gespielt hatte, außer wenn sie einen Rolling-Stones-Song coverten. Gentner, der an Fasching immer als Mick Jagger gekommen war. Gentner, dieser Strich von einem Mann. Eigentlich hatte Röck es selber nicht geglaubt, aber kaum hatte er seinen Verdacht geäußert, hatte sein alter Freund die Kettensäge gezückt.

»Mann, Alter, es muss doch eine Alternative zum Menschenabschlachten geben!«, brüllte Röck.

»Ich wüsste keine.« Gentner schüttelte den Kopf. »Außerdem ... was wird dann mit Recht und Ordnung?«

»Na schön, hin und wieder kann ich dir einen Namen und eine Adresse nennen ...« Röck dachte an Kapitalverbrecher, die wegen eines lächerlichen Verfahrensfehlers wieder auf freien Fuß kamen ... an üble Halunken, die Zeugen kaltstellten und denen man deshalb nichts nachweisen konnte ... an Gesocks, das ruhig jemand aus dem Verkehr ziehen konnte.

»Aber den Rest der Zeit muss das mit dem Morden aufhören!« Röck sah seinen alten Nebensitzer streng an. Natürlich hätte er ihn mit seiner Dienstwaffe auch einfach erschießen können. Aber sie waren Freunde, Weggefährten, Kumpel, ehemalige Bandkollegen. »Ehrlich, Erni, das mit dem Dauermetzeln geht so nicht.«

»Ich muss mich aber austoben«, bockte Gentner.

»Schweine!«, brüllte Röck.

»Hä?« Gentner schaltete die Kettensäge aus.

»Mein Gegenvorschlag, um deine überschüssige Kraft zu kanalisieren. Schweine! Oder Rinder, Hühner ... Alpakas. Du machst den Laden hier dicht und schulst einfach auf Metzger um.«

Mick Jagger alias Ernst Gentner hob nachdenklich die Augenbrauen. »Metzger?«

»Ja. Ein Sachkundenachweis reicht, und du kannst dich in einer Großschlachterei austoben.« Röck ging vorsichtig ein paar Schritte auf ihn zu. »Und? Was sagst du dazu? Vom Kettensägenmörder zum Schweinehälftenmodellierer?«

* * *

Dimitri der Knochenbrecher, der als Schutzgeldeintreiber für eine besonders gnadenlose Mafia-Familie arbeitete, baute sich vor Hermann Scheuerle auf, der in der Büroecke lag und wimmerte.

»Ich sag doch, so viel Geld wirft das hier nicht ab«, flennte Scheuerle, der sich vor Angst auch schon nass gemacht hatte.

Dimitri streichelte seinen Totschlägerring. »Dann verkaufst du eben dein Auto. Oder dein Haus. Mir egal. Aber bis Ende der Woche hast du die fünfzig Schleifen beisammen oder ich brech dir auch noch das andere Bein. Vielleicht passiert auch deiner Familie was. Leben ist gefährlich …« Er grinste hämisch, seine Augen blickten kalt.

Scheuerle schluckte. »Bitte … wir sind doch nur ein kleiner Betrieb. Das ruiniert uns.«

Dimitri zuckte mit den Schultern. »Ende der Woche sehen wir uns wieder.«

Er verließ das Büro und trat in den dunklen Flur. Die Mitarbeiter der Schlachterei Scheuerle waren schon alle gegangen.

Dimitri schlenderte lässig in Richtung Ausgang. Ungefähr nach der Hälfte des Weges hörte er es.

Jemand pfiff.

Dimitri erkannte die Melodie. Ein Klassiker. *Satisfa… dingens.*

Das Pfeifen klang fröhlich.

Und da sprang auch schon die Kettensäge an …

VOLKER BLEECK

Die Tamdhu-Täuschung

Leaving on a Jetplane
John Denver (1966)

Alle Taschen sind gepackt. Ich wecke sie nicht so früh am Morgen, wir hassen Abschiede. Als das Taxi hupt, bin ich fast sauer, aus Angst, sie könnte doch noch aufwachen. Dann lasse ich mich zum Flughafen fahren, reihe mich vor der Sicherheitskontrolle in die Warteschlange ein und tue genau das: warten.

Der Typ, der mir das Zeug verkauft hat, war ein echter Profi. Und kannte sich offensichtlich sehr gut aus. Er wusste genau, was ich wollte. Und hatte keine Skrupel. Dafür ließ er sich allerdings auch nicht schlecht bezahlen.

Noch eine gute Stunde, genug Zeit. Ich pfeife eine kaum hörbare Melodie und konzentriere mich auf die Tageszeitung, die ich vorhin gekauft habe. »Flughafenchaos: Sicherheitspersonal streikt immer noch!« steht da in Riesenlettern. Ich denke kurz an das gut versteckte Paket in meinem Handgepäck.

Mit knappen Worten hatte der Typ mir bestätigt, dass dies tatsächlich der richtige Zeitpunkt sei; der Streik gehe gerade lang genug, dass die Notbesetzung vielleicht nicht mehr so genau kontrollierte. Natürlich konnte man sich darauf alleine nicht verlassen, nicht mehr. Spätestens seit dem 11. September 2001. Damals waren die Attentäter gewissermaßen mit gezückten Teppichmessern durch die Sicherheitskontrollen marschiert, undenkbar heute.

Noch eine Dreiviertelstunde. Ein kleiner Junge nähert sich und zupft an meinem Rucksack. Mit etwas zu barschen Worten scheuche ich ihn weg. Er rennt weinend zu seiner Mutter, die mir einen giftigen Blick zuwirft. Fehler. Aufmerksamkeit ist das Letzte, was ich jetzt gebrauchen kann. Ich beginne zu schwitzen.

Der Typ hatte von Leuten erzählt, die geschnappt worden waren, von einigen hatte ich gehört. Der mit dem Sprengstoff im Schuh zum Beispiel. Aber dagegen sei seine Methode absolut *state of the art*. Der Behälter müsse aber im Handgepäck transportiert werden, nur dort könne ich unbemerkt kurz vorher die Ultrasonarsoundwellen – oder wie auch immer die hießen – einschalten, das Kernstück der Tarnung. Verstanden hatte ich das nicht, aber es hatte mir eingeleuchtet. Wie beim Tarnkappenbomber würde das nur für einen Moment funktionieren, hatte er erklärt, also müsse ich kurz vor der Kontrolle ein- und danach gleich wieder ausschalten. Sonst passierte vielleicht noch was Unvorhergesehenes. Nur das Flugzeug verpassen, das wäre schlecht, auf dem Flughafen würde mir das Zeug schließlich nicht viel nützen.

Noch eine halbe Stunde. Jetzt wird es schon enger. Die Schlange hat sich kaum bewegt, jedenfalls nicht vorwärts. In mir macht sich Panik breit. Ich blicke auf die unmögliche rote Jacke der Frau vor mir, schließe die Augen und atme tief durch. Und sehe mich schon losrennen, vorbei an der Schlange und wütenden Fluggästen, vorbei an Sicherheitsbeamten, die hektisch nach ihren Waffen greifen – ich öffne die Augen: und blicke wieder auf die rote Jacke der Frau vor mir. Natürlich stehe ich immer noch in der Schlange.

Dann kommt Bewegung auf, endlich. Ich packe meinen Rucksack genau so auf das Förderband, wie der Typ es mir gezeigt hat, und schalte unbemerkt ein. Nur so wird das Gerät in Verbindung mit den eingeschalteten Sonarwellen nichts erkennen. Ich atme schwer. Während ich ohne Schuhe und Gürtel durch die Schleuse tappe, beobachte ich die Kontrolleure. Alles gut. Einer lacht gerade über den Witz seines Kollegen. Doch dann deutet der andere auf den Bildschirm. Ich kann nicht erkennen, worum es geht, stecke gerade meinen Gürtel in die Schlaufen, finde nicht gleich die richtige, taste, suche. Hektik im Hintergrund. Scheinbar seelenruhig bücke ich mich, um mir die Schuhe zu schnüren. Als ich wieder hochkomme, blicke ich auf meinen Rucksack – und in das Gesicht des Sicherheitsmenschen.

»Sie wissen doch, dass Sie keine Flüssigkeiten über hundert Milliliter mit an Bord nehmen dürfen.« Das ist nicht als Frage gemeint. Der Beamte nimmt das kunstvoll verpackte Behältnis aus dem Rucksack und zeigt seinem Kollegen die ganz offensichtlich nutzlose Super-Hightech-Hülle, die unnötigerweise auch noch leise vor sich hin vibriert. Der Kollege schüttelt nur belustigt den Kopf. Der kennt das wohl schon. Ich beobachte den Securitymann, wie er vorsichtig hineinsieht und leise anerkennend pfeift. Dann flüstert er seinem Kollegen etwas ins Ohr. Der nickt.

Er nimmt das Paket und kommt zu mir. Bedauernd hebt er die Hände, als er den Inhalt vor mir abstellt: »Selbst wenn ich wollte – und glauben Sie mir, ich will –, kann ich Sie damit nicht an Bord lassen. Es gibt nur zwei Möglichkeiten.« Sein Blick wandert zu einer großen Kunststofftonne mit Glasrecyclingsymbol. Dann greift er hinter sich in den Schrank, zieht zwei angestoßene, aber saubere Kaffeebecher heraus und sieht mich fragend an.

Ich nicke resigniert. Er gießt ein, wir stoßen an, trinken und schweigen. Dann blickt er auf das Etikett. »Ein Tamdhu von 1966, aus der MacPhail's Collection, 2006 abgefüllt. Das muss aber ein ganz besonderer Anlass sein.« Er hebt die gar nicht mehr so Vertrauen erweckend aussehende Metallhülle in die Höhe. »So was haben wir hier jeden dritten Tag. Irgendein Schlaumeier verklickert den Leuten, irgendwelche Wellen in einer schick aussehenden Metallbox würden die Röntgenstrahlen nicht durchlassen. Technikgläubig, wie wir alle inzwischen sind, fallen wir drauf rein, besonders, wenn wir ein bisschen James Bond spielen und es selbst aktivieren dürfen.« Er schenkt nach, drückt einen kleinen Knopf und zeigt mir, was die Hülle zum Vibrieren gebracht hat: ein batteriebetriebener Milchaufschäumer, der jetzt ein wenig traurig vor sich hin rappelt. »Ist ungefähr so effektiv wie ein Silberlöffel in der Champagnerflasche. Da glaubt auch jeder, das nützt was. Dabei ist Austrinken das Einzige, was wirklich hilft.« Er lässt die Tassen aneinander klicken und grinst. »Aber Doofe sterben ja nicht aus. Ich bin übrigens Horst.«

Natürlich hat mein Flug Verspätung. Zum Zeitvertreib gehe ich noch ein paar Mal durch die Sicherheitskontrolle, zum Schluss nur in Unterwäsche, was mir pikierte Blicke von Mitreisenden, aber Szenenapplaus von Horst & Co. einbringt, der nach jeder absolvierten Runde großzügig nachschenkt. Und dann bin ich tatsächlich irgendwann auf dem Weg zum Gate zu meinem Flug nach Denver, wenn auch reichlich ferngesteuert, und sehe noch vor mir, wie Horst seine streikenden Kollegen auf ein Gläschen 40 Jahre alten Single Malt einlädt. Warum es unbedingt dieser ganz besondere Whisky sein musste? »Einen Single Malt aus meinem Geburtsjahr«, hatte mein Bruder sich zur Hochzeit gewünscht. Der alte Sack. Einen Single Malt so alt wie seine Braut hätte ich auch einfach im Duty-Free-Shop kaufen können. Aber ich Idiot suche monatelang nach diesem ganz speziellen Tropfen – und der angeblich bombensicheren Methode, wie man eine sündhaft teure Flasche Whisky im Handgepäck an Bord schmuggelt.

JEAN BAGNOL

Dreimal schwarzer Kater

Je t'aime ... moi non plus
Serge Gainsbourg (1967)

Hatte ich eine Vorahnung, als das Auto vorne an der Straße hielt? Als ein einzelner Mann ausstieg, unsere Gartenpforte aufstieß und sichtlich nervös über die unebenen Steinplatten zwischen blühenden Rosen- und wuchernden Rhododendronbüschen zum Hauseingang eilte? Ich würde gerne mit Ja antworten, auch um das überlegene Gespür meiner kätzischen Natur zu demonstrieren. Leider ist die Wahrheit, dass ich nicht das Geringste gespürt habe. Ich lag zusammengerollt auf meinem Lieblingsplatz, dem Korbsessel auf der Veranda, den Lucinda – ja, sie nannte sich wirklich Lucinda – extra für mich mit einem weichen Kissen bestückt hatte, und blinzelte wohlig in das Licht der untergehenden Sonne. Den Mann in dem nach Schweiß riechenden, braunen Anzug und dem schütteren, blonden Haar schenkte ich kaum Aufmerksamkeit. Es kamen so viele Kunden zu Lucinda, die in Wirklichkeit Doris Koch hieß. Aber wer will schon magische Lebensberatung von einer Frau, die Doris heißt?

Wenn ich eine Vorahnung hatte, dann bezog die sich auf den bevorstehenden Gang durch mein Revier. Ich freute mich auf die tausend Düfte, die mich erwarteten. Auf das Geraschel kleiner Tiere, die vor mir Reißaus nahmen, mir, dem heimlichen Herrscher dieses kleinen Dschungels, in den Lucinda ihren Garten verwandelt hatte. Wer weiß, vielleicht würde ich …

… *meine Krallen in lebendig zuckendes Fleisch* …

… eine Maus fangen. Oder einen Vogel.

Genießerisch schleckte ich mir über das Maul und reckte mich etwas. An den Mann im braunen Anzug, der gerade auf den altmodischen Klingelknopf drückte, woraufhin ein melodisches Glockenläuten in den Tiefen des Hauses erklang, verschwendete ich keinen Gedanken. Auch nicht an die möglichen Rituale, die meine *Madame Lucinda* mit dem Kunden vollziehen würde, um ihn glauben zu machen, sie könne sein mit Sicherheit ödes und von Unzufriedenheit geprägtes Leben in ein exquisites und erfülltes Schicksal verwandeln. Die gute Doris alias Madame Lucinda hatte so einige Tricks auf Lager, um den Dummen etwas vorzugaukeln, während deren Geld unmerklich aus ihren Portemonnaies in Lucindas Schatulle wanderte. Dafür liebte und bewunderte ich sie, aber es waren Menschenangelegenheiten. Eine Katze würde auf so etwas niemals hereinfallen und …

… *heiße, rosige Haut unter gierigen Händen* …

Mein Schwanz peitschte einmal über das Kissen. Verwirrt blinzelte ich in die Dämmerung. Was für seltsame Gedanken! Durch das geöffnete Fenster vernahm ich jetzt die Stimmen der beiden.

»Aber setzen Sie sich doch, mein lieber Freund. Wir werden eine Lösung für Ihr Problem finden, das verspreche ich Ihnen.«

»Ach, Madame Lucinda, wenn ich Ihnen nur glauben könnte.«

Als Doris antwortete, hatte sie dieses leise Schnurren in der Stimme. Sie wusste, sie hatte den Kunden am Haken.

»Ich weiß es, Rrrainer, ich weiß esss!«

Ich richtete mich auf und spähte in die anwachsenden Schatten. Mir kam eine gewisse Funktion in diesem Theater zu. Eine Frau wie Lucinda umgab sich gerne mit einem schwarzen Kater, vor allem wenn der so schön unheimlich gucken konnte. Wozu ich mir stets alle Mühe gab. Aber ich wusste, dass sie mich heute Abend nicht mehr brauchte. Die Nacht wartete auf mich. Es war die Stunde der Jäger.

Doch dann zerbrach alle Gewissheit.

Sie spielte DIE Musik.

Ich vernahm über den schwulstigen Klängen hinweg ein reißendes Geräusch. Es kam aus meinem Inneren. Mit einem Fauchen fuhr ich herum.

Nein, tu es nicht!, schrie eine Stimme in mir. Doch unbarmherzig schwoll die Musik an, und als das widerliche Duett anhob, setzte die Marter ein. Aus dem Schmerz wuchsen Bilder heran, Erinnerungen an die anderen Male, in denen dies geschehen war. In denen ich …

Komm!

… ich war.

Nein! Mein Verstand sperrte sich gegen das Begreifen. Ich wollte fort. Das Gras. Der Dschungel. Ich sprang und …

Ja!

… war mit einem Satz auf der Fensterbank. Lautlos glitt ich ins Innere. Der übel riechende Mann war bereits nackt, und auch Lucinda, die in Wirklichkeit Doris hieß, trug nur noch ein winziges Stück Stoff um die Lenden, an dem er gerade zerrte.

Gierige Hände begrapschten ihren Körper. Er wollte sich mit ihr paaren. Das machte mich wütend, so wütend. Vor allem aber war es diese grässliche Musik, die mich von Sekunde zu Sekunde mehr quälte. Ich wollte mich winden, doch mein Zorn war stärker.

Mit bebenden Flanken und brennenden Augen verfolgte ich das unwürdige Schauspiel.

Jetzt!

Die beiden Männer, die sich in dem schmucklosen Büro gegenübersaßen, wirkten extrem konzentriert. Der größere von ihnen hieß Rudi Schöller und war Polizeihauptkommissar. Sein Markenzeichen war der Schimanski-Schnurrbart. Der jedoch überhaupt nicht zu ihm passte, da er eher hager war und unsportlich wirkte.

Sein Gegenüber mit dem Namen Joseph »Joschi« Krug hatte zwar eine Schimanski-Figur, aber keinen Schnurrbart. Er war Polizeioberkommissar. Der Unterschied im Dienstgrad war nicht gravierend, und in den meisten Fällen arbeiteten die zwei Männer paritätisch zusammen. Nur manchmal, wenn es unterschiedliche Auffassungen gab, kehrte Rudi den »Haupt« raus, um sich gegenüber dem »Ober« durchzusetzen.

Im Moment allerdings spielten weder Haupt noch Ober eine Rolle. Rudi hatte die Ellenbogen auf dem

Schreibtisch aufgestützt, sein Kinn ruhte auf den übereinandergelegten Händen. Eine senkrechte Falte stand auf seiner Stirn.

Sein Kollege Joschi Krug hatte die muskulösen Unterarme ebenfalls auf dem Schreibtisch aufgestützt.

Beide hatten ein Blatt Papier mit französischem Text vor sich liegen, auf das sie herabschauten. Hätte man sie ohne Ton gesehen, würde man glauben, sie übten eine Lektion für den nächsten VHS-Sprachkurs. Doch sie lauschten beide der Musik, die aus Joschis Smartphone erklang. Es war ein französisches Lied, ein Duett über die Liebe von Serge Gainsbourg und Jane Birkin. Der Text dieses Liedes war auf dem Papier abgedruckt. Gerade endete das Lied in ekstatischen Seufzern.

»Mann«, sagte Rudi beeindruckt.

»Hm«, brummte Joschi.

»Das geht ja zur Sache.«

»Naja.«

»Glaubste nicht?«

»Na, die werden's doch nicht im Tonstudio ...«

»Ne, wahrscheinlich nicht.« Rudi schien ein wenig enttäuscht. »Hört sich aber so an«, warf er fast trotzig ein.

Joschi nickte gewichtig. »Hilft uns aber auch nicht weiter.«

»Stimmt«, gab Rudi zu.

»Also nochmal.«

»Oh«, stöhnte Rudi.

»Es ist der einzige Hinweis, den wir haben«, erklärte Joschi seinem Kollegen, was der längst wusste. »Beiden Leichen war der Titel dieses Liedes in die Haut des Brustkorbs eingeritzt: *Je t'aime ... moi non plus.*«

49

»Was soll das überhaupt heißen: *Ich liebe dich … ich dich auch nicht*. Ich meine, das ergibt doch keinen Sinn. Also wenn ich meiner Alten mit so was käme …«

»So sind die Franzosen nunmal«, unterbrach Joschi Rudis Ausführungen. Wenn sein Kollege mit »seiner Alten« anfing, kam meist nur Mist dabei heraus.

Er tippte erneut auf sein Smartphone, um die YouTube-Aufnahme zu starten. Wieder erfüllten die schwülstigen Klänge das schmuck- wenn nicht gar geschmacklose Büro. Wieder stöhnten sich Serge und Jane so richtig einen ab. Und Rudi und Joschi lauschten konzentriert.

»Halt mal an«, sagte Rudi mitten im Lied.

Joschi drückte auf Stop.

»Was heißt'n das«, Rudi fixierte das Papier vor sich, »*entre tes reins*?«

Joschi tippte auf seinem Smartphone herum. »Zwischen deine Nieren«, übersetzte er dann.

»Zwischen deine Nieren?«, fragte Rudi entgeistert.

»Ja, *les reins*, das sind die Nieren.«

»Mein Gott.«

»Was denn?«

»Also, ich wüsste nicht, wie ich das meiner Alten klarmachen sollte.«

»Mensch, benutz doch mal deine Fantasie.«

»Tu ich ja, ich kenne Nierenragout, Nierensteine, Nierenversagen. Was, zur Hölle, hat das mit Sex zu tun?«

Joschi verzog das Gesicht. Dann legte er die Hände zusammen wie ein indischer Guru.

»Okay, also stell dir vor, du würdest deine Alte …«

Hier stockte er. Nicht einmal er konnte sich vorstellen, wie Rudi seine Alte zwischen irgendetwas bumste.

»Oder anders. Ein Typ bumst seine Frau von hinten.«

»So, von hinten?«

»Genau. Er hat also ihren Arsch so vor Augen und rammelt sie. Da wo er anpackt, sind irgendwie auch die Nieren. Also sagt er sich, ich bums sie zwischen die Nieren.«

Rudi blinzelte. »An so etwas denken die Franzosen dabei?«

»Na ja, im Zweifelsfall denken die Franzosen immer ans Essen.«

»Also, wenn ich das meiner Alten ….«

Joschi hatte genug.

»Hör mal, wir wollen rauskriegen, was dieses Lied mit den beiden Leichen zu tun hat. Das ist die Frage, nicht, was deine Alte von dem Schweinkram hält.«

Rudi lief leicht rot an.

»Mann, die sahen echt übel aus.«

»Das stimmt«, seufzte Joschi und ließ die Musik weiterlaufen. In diesem Moment öffnete sich die Tür. Die Polizeioberkommissarin Koschnitzke trat ein und erstarrte.

»Was ist das denn für eine Pornomucke?«, fragte sie entgeistert.

Rudi lief rot an, Joschi stoppte die Musik und erklärte der Kollegin in nüchternen Worten den Sachverhalt.

»Na gut, Jungs«, meinte POK'in Koschnitzke und legte ein Papier zwischen ihnen auf den Tisch. »Da habe ich gute Nachrichten für euch. Die Auswertung der Telefonverbindungen haben ergeben, dass beide Opfer kurz vor ihrem Tod Kontakt zu ein und derselben Person aufgenommen haben.

Joschi griff mit gerunzelter Stirn nach dem Papier. »Was für eine Person?«

»Madame Lucinda.« Die POK'in grinste. »Eine Hexe.«

»Oh ja«, säuselte die Hexe Lucinda, alias Doris Koch. »Ich kannte die beiden Herren. Und sie sind tot? Wie schrecklich! Dabei waren sie beide auf dem Weg, ihr Glück zu finden.«

Für Oberkommissar Joschi Krug war das Klimpern ihrer verlängerten Wimper entschieden zu gekünstelt. Hauptkommissar Rudi Schöller hingegen hing mit großen Augen an ihren leuchtend roten Lippen. »Wirklich?«, fragte er. »Wie denn?«

Das interessierte Joschi Krug ebenfalls.

»Nun«, Madame Lucinda setzte sich etwas aufrechter in ihrem Sessel zurecht, was ihre wohl geformten Brüste unter der Seidenbluse ganz zufällig etwas besser zur Geltung brachte, deren Nippel ebenso zufällig direkt auf PHK Schöller zielten. Dessen Adamsapfel schoss in die Höhe.

Mit offenem Mund lauschte er, wie Madame Lucinda ihm vom Sex-Chakra erzählte und dass von dort aus Fontänen der Lust aufsteigen konnten, um den im Alltag und meist auch in einer unbefriedigenden Beziehung gefangenen Menschen zu höchstem Glück und absoluter Freiheit zu verhelfen.

»Und wie geht das?«, hauchte Rudi Schöller, der sich, wie eine Sonnenblume dem Licht, Madame Lucinda mehr und mehr zugeneigt hatte.

Die rutschte ihm auf ihrem Sessel ein paar Zentimeter entgegen. Ihre Nippel stachen hervor wie Speerspitzen.

»Durrrch Magieeh«, schnurrte sie zurück.

»Frau Koch!« Die nüchterne Stimme Joschi Krugs zerstörte auf einen Schlag die prä-koital aufgeladene Stimmung zwischen Lucinda und Rudi. Der PHK runzelte verärgert die Stirn. Madame wandte sich dem Störenfried mit hochmütiger Langsamkeit zu.

»Das ist doch ihr Name, nicht wahr?«, fragte Joschi gelassen.

»Ein Name aus einem anderen Leben«, erwiderte sie mit geisterhafter Stimme.

»Das im Gegensatz zu ihrem jetzigen Leben aber eine Akte hat.«

Joschi scrollte auf seinem Tablet durch die Akte, die POK'in Koschnitzke ihm geschickt hatte.

»Da ist zum Beispiel von Stalking die Rede«, zitierte er aus der Akte. »Ein Richard von Graben sah sich durch seltsame Rituale belästigt, die Sie vor seiner Haustür durchgeführt haben. Irgendetwas mit Blut und toten Katzen.«

»Steht dort auch, dass Richard mein Verlobter war?«, fragte Madame Lucinda spitz.

»Hm«, bestätigte der POK, » aber auch, dass zum Zeitpunkt der Anzeige die Verlobung aufgelöst war.«

»Ein Versprechen ist ein Versprechen«, stellte sie entschieden fest. »Und Liebe durch Lügen zu beantworten, ist unverzeihlich.«

Sie, und damit auch die vorgereckten Nippel unter der Seidenbluse, wandten sich an Rudi Schöller, der diesen Dialog etwas unwillig verfolgt hatte.

»Finden Sie nicht auch«, stieß sie voller Inbrunst hervor, »dass Liebe etwas Absolutes ist? Etwas, das die ganze Existenz umfasst? Ein Universum taumelnder Ekstase, das unsere Lust emporreißt in schwindelnde Höhen, die niederen Geistern für immer verwehrt bleiben werden.«

»Und Richard von Graben war ein niederer Geist?«, zerbrach Joschis nüchterne Stimme erneut den magischen Kreis.

»Fragen Sie ihn doch selbst«, kam es eisig von der Magierin zurück.

»Das würden wir gerne tun«, meinte munter PHK Krug. »Leider ist der Herr von Graben nicht mehr auffindbar. Verschwunden! Weg! Nicht mehr da!«

Joschi fasste Madame Lucinda ins Auge.

»Es wurde gegen Sie ermittelt im Falle des Verschwundenen.«

Die Magierin des Universums taumelnder Ekstase legte rot lackierte Daumen und Zeigefinger an ihre Nasenwurzel und schloss gequält die Augen.

»Nehmen denn diese niederträchtigen Unterstellungen nie ein Ende?«

Ihre Krallenhand schoss vor und legte sich auf das linke Knie von POK Schöller. Der zuckte zusammen wie unter einem Stromschlag.

»Bin ich verdächtig, diese armen Männer zu Tode gebracht zu haben«, keuchte sie ekstatisch hilflos.

»Aber nein«, wehrte er ihre Befürchtung ab und legte seine rechte Hand auf ihr linkes, schwarz bestrumpftes Knie. »Wir ermitteln doch nur.«

Er wandte sich mit strengem Blick an seinen Kollegen.

»Nicht wahr, Polizei*ober*kommissar Krug?«

Der legte genervt sein Tablet beiseite und sagte: »Na klar, Polizei*haupt*kommissar Schöller.«

»Ach«, hauchte Madame Lucinda und beugte sich noch weiter vor, wobei sie Rudi Schöller mit ihren Nippeln beinahe erdolchte. »Sie sind der Polizei*haupt*kommissar?«

Der nackte Mann trug schwer unter seiner blutigen Last. Der Tote, den er sich über die Schulter gepackt hatte, war ebenfalls nackt. Das Blut, das in dicken Schlieren beide Körper, den des Lebenden und den des Toten, bedeckte, sah schwarz aus im matten Schein der fernen Straßenlaternen.

Der Mann keuchte bei jedem Schritt, sein Gesicht war schmerzverzerrt, denn das Blut an seinen Füßen stammte nicht von dem Toten. Er hatte sie sich auf dem Schotterweg aufgerissen, der zu der alten Kiesgrube führte.

Mit letzter Kraft schleppte er seine Last in die schattige Tiefe der Grube. Als er sie von seiner Schulter gleiten ließ, brach er zusammen. Neben dem Toten auf allen Vieren hockend, schnappte er nach Luft, um Kraft zu sammeln. Seine Aufgabe war noch nicht erfüllt.

Schließlich richtete er sich auf, reckte seine Schultern und schaute auf den Toten hinab. Es war nur ein Körper, er bedeutete ihm nichts. Zwar war es hier unten fast vollkommen dunkel, nur das Licht vereinzelter Sterne drang bis in diese Tiefe vor. Doch das machte nichts, die Augen des Mannes waren darauf geschult, sich im Dunkeln zurechtzufinden.

Er setzte sich rittlings auf den Bauch des Toten und säuberte mit einer Handvoll Sand die Brust vom Blut.

Dann begann er, mit dem langen, spitzen Daumenna-
gel die Buchstaben in die Haut zu ritzen. Als er fertig
war, überprüfte er sein Werk noch einmal. Dann erhob
er sich und schaute sich um.

Wie es wohl wäre, jetzt einfach fortzugehen, dachte
er. Immer weiter in die Nacht, bis das Entsetzliche ihn
nicht mehr einholen konnte.

Frei zu sein!

Doch er wusste, dass er es nicht schaffen würde. Zu
stark war …

Komm!

Er keuchte auf, wand sich wie unter einem Schlag.

Komm zu mir, mein Geliebter!

»Nein«, stieß er hervor, »ich will nicht.«

Doch schon setzten sich seine Füße in Bewegung,
in die Richtung, aus der er gekommen war. Alle seine
Muskeln spannten sich an, um seinen Körper in eine
andere Richtung zu zwingen. Sollten sie ihn doch finden, nackt und voller Blut. Er würde sie selbst zu der
Leiche führen. Nur damit der Albtraum ein Ende hatte.
Er war bereit, jeden Preis zu zahlen …

… doch der Sirenengesang seiner Herrin war so unendlich viel stärker.

Sie erwartete ihn vor ihrem Haus. Seine Schultern
hingen herab, als er sich müde auf dem Weg zu ihr
schleppte.

»Da bist du ja, mein Kleiner«, sagte sie sanft und
strich ihm übers Haar. »Hat dich jemand gesehen?«

Er schüttelte den Kopf.

»Lass mich frei«, sagte er mit schwacher Stimme. Er
war immer schwach in ihrer Gegenwart. Es sei denn …

»Frei?« Sie sah ihn ungläubig an. »Das ist nicht möglich. Wir gehören zusammen, für immer. Verstehst du das denn nicht?«

Immer noch streichelte sie ihm über den Kopf, während er sich verzweifelt unter der Berührung wand.

»Nein«, sagte er und merkte, wie seine Stimme weinerlich wurde. »Nein, bitte!«

»Doch«, erwiderte sie. »Doch.« Und mit jedem Wort wurde ihre Stimme dunkler, bekam den schnurrenden Ton, den er so hasste. Dem er aber nichts entgegenzusetzen hatte. Alle Kraft wich ihm aus dem Leib. Langsam sank er auf die Knie.

»Du gehörrrst mirrr.«

Sie streichelte seinen Kopf, seine haarigen Schultern, das Fell auf seinen Armen, die sich mehr und mehr verkürzten.

»Nein«, jaulte er schwach, während ihre Bewegungen und ihre beschwörende Stimme ihn schrumpfen ließen. Sie beugte sich zu ihm herab, als er immer mehr in sich zusammensackte.

»Mirrr ganz allein.«

Er hob den Kopf, öffnete das Maul und leckte den Klang ihrer Stimme in sich auf.

Manchmal waren da seltsame Laute in den Träumen. Verzweifelte Gedanken, der Impuls zu fliehen und noch etwas anderes, Dunkles, das mich quälen wollte. Doch das konnte nicht sein. Ich war eine Katze, eine vollendete Lebensform, wie die Natur sie kein zweites Mal erschaffen hat. Es gab keinen Grund zu fliehen, und es gab nichts Dunkles in mir.

Denn *ich* war die Dunkelheit.

Manchmal erwachte ich, streckte mich ausgiebig, fraß den Napf mit frischem Futter leer und machte einen Rundgang im Garten. Doch schon bald sprang ich wieder auf den Sessel, um weiterzuschlafen. So erschöpft, so müde.

Natürlich kamen Kunden für Madame Lucinda, die in Wirklichkeit Doris Koch hieß. Aber ich beachtete sie nicht, sie waren mir gleichgültig. Erst gegen Abend kehrten meine Kräfte endgültig zurück, und ich begann, meine Umgebung wieder mit gewohnt kritischen Augen zu betrachten. Darum fiel mir auch der letzte Kunde für diesen Tag auf.

Bevor er die Gartenpforte aufstieß, schaute er sich sorgfältig um, so, als ob er Verfolger fürchtete. Dann ging er langsam auf das Haus zu. Er war aufgeregt, das sah ich an seinen weit aufgerissenen Augen und wie er mit der Zunge über die Lippen fuhr. Er hatte einen breiten, etwas seltsam aussehenden Schnurrbart. An irgendjemanden erinnerte mich der Bart, aber nachdem er im Haus verschwunden war, vergaß ich es wieder.

Ich blinzelte in das Licht der untergehenden Sonne. Bald würde ich durch meinen Dschungel streifen, und all die kleinen, fiependen Wesen würden sich in ihre Löcher verkriechen. Sollten sie doch, ich war gesättigt und befriedigt. Vielleicht aber würde ich doch eines fangen. Nur so, um in Übung zu bleiben. Vielleicht eine Maus. Ich könnte mit ihr spielen und mich an ihrer Angst ergötzen, bis sie …

Mit einem Schlag zersplitterte die friedliche Gewissheit dieses Abends. Durch das geöffnete Fenster erklang die furchtbare Musik.

Je t'aime ... moi non plus.

In meinem Inneren zerriss etwas. Mit einem Fauchen
fuhr ich in die Höhe.

BEATE MAXIAN

Party ohne Ende

Purple Haze
Jimi Hendrix (1967)

Im Jahr 1969 veränderte sich Ron Hartmanns Leben zum ersten Mal ganz grundlegend. Damals, als 17-jähriger Jungspund, begegnete er Jimi Hendrix und dessen Experience auf dem Flughafen Berlin Tempelhof. Ron, Gitarrist einer lokalen Berliner Rockband, Frauenschwarm und laut Eigendefinition größter Hendrix-Fan aller Zeiten, konnte sein Glück nicht fassen. *Purple Haze*, seinen Lieblingssong, spielte er bereits ganz passabel auf der Gitarre. Hendrix' Konzert im Sportpalast krönte die Begegnung mit seinem Idol. Ron schmiss zum Leidwesen seiner Eltern in Folge die kaufmännische Ausbildung und widmete sich ganz der neuen Rockmusik der Spätsechziger samt E-Gitarre. Sein Wissen rund um dieses Instrument und deren Welt katapultierte ihn ein Jahr später in einen anerkannten Londoner Musikshop nahe der Kings Road. Dort gingen alle Berühmtheiten der Londoner Musikszene ein und aus. Zwei Jahre darauf leitete er die umfangreich ausgestattete Gitarrenabteilung. Folglich heuerte ihn ein Tour-Manager als Gitarrenroadie für Livekonzerte an. Er begleitete

Tourneen, machte seinen Job gut und war bald in der Rockkonzert-Szene bekannt und begehrt. Binnen kurzem kannte er nahezu alle Hallen in Europa und Stadien, in denen Rockkonzerte stattfanden. Das Tourneeleben begeisterte Ron. Ständig unterwegs, anfangs mit schlechter Bezahlung und einer Schlafkoje im Crew-Bus, später als anerkannter »Mr.Guitar« in vorwiegend besseren Tournee-Hotels. Damit stiegen die Möglichkeiten, sich die Nächte mit Groupies zu versüßen. Meist junge, gut aussehende Mädchen, die aus dem Alltag ausbrachen, etwas erleben wollten. Wenn diese nicht an die Stars herankamen, tat es ein gutaussehendes Crewmitglied wie Ron Hartmann auch. Hauptsache ein Typ aus dem Umfeld der Rockidole. In erster Linie waren es One-Night-Stands, die nach einem Konzert fast schon zum Tournee-Alltag gehörten. Der Alkohol floss in Strömen, oft gab es Drogen. Joints waren noch das harmloseste Zeug.

Das Jahr 1979 führte Ron Hartmann in die Konzerthalle Paradiso in Amsterdam – und erneut an einen Wendepunkt in seinem Leben. Doch davon ahnte er nichts, als er hinter der Bühne saß und seine ganze Aufmerksamkeit dem Gitarristen galt. Stevie stand voll in Aktion. Vor der Bühne tobte das Publikum.

»Shit«, las er plötzlich von Stevies Lippen ab. Ron erkannte das Malheur sofort. Schon wieder war eine Saite gerissen. Ein kurzer Blick von Steve genügte, und er wurde aktiv. Ron nahm die bereitstehende Ersatzgitarre vom Ständer. Zwölf verschiedene Gitarren standen bereit, er hatte sofort die richtige in der Hand. Jetzt kam er, der Gitarrenroadie, zu seinem Auftritt.

Aus dem Dunkel der Bühne trat er ins Scheinwerfer-licht. Mit seinen langen dunkelblonden Haaren, sei-nem trendigen Outfit und seinem schlaksigen Körper sah er beinahe selbst wie ein Rockstar aus. Unzählige Spots zuckten, drehten sich, veränderten ständig ihre Farben. Alles passend zum schnellen Rhythmus eines brutal lauten Songs. Für einen kurzen Moment wurde Ron zum Teil der Show. Ohne das in Wogen tanzende, nach der Band gierende Publikum offen wahrzuneh-men, lief er mit dem Ersatzinstrument zum Gitarristen. Steve reichte ihm das malträtierte Gerät und hängte sich die neue, funktionsfähige Gitarre um. Ron stellte den Kabelkontakt wieder her und verschwand umge-hend mit dem ramponierten Instrument hinter der Ver-stärkerwand. An seinem Platz im dunkelblau gedimm-ten Licht, machte er sich an die Arbeit: Gerissene Saite raus, neue Saite rein, Saiten stimmen. Bereit für einen neuen Einsatz.

Nach dem Konzert tauchte Lisa, ein 18-jähriges Gold-löckchen, Backstage auf. Sie lud die gesamte Crew zu einer Party ein. Tim, ein Schmalspur-Rockstar in den Niederlanden, und seine Zwillingsschwester Emma lu-den ein. Die beiden feierten ihren 30. Geburtstag. Das Fest ging in Zandvoort, dem für seinen Formel 1 Grand Prix berühmten Seebad, über die Bühne. Rund eine Stunde vom Stadtzentrum Amsterdams entfernt. Von der knapp 30 Personen umfassenden Tourneetruppe schlug der Großteil die Einladung aus. Den Musikern war der Weg zu weit. Wo sie doch quasi ums Eck, in den Rotlichtvierteln Amsterdams, alles haben konnten. Ein-fach, schnell und anonym. Zu einem fixen Preis, ohne das weibliche Gegenüber anbaggern zu müssen. Andere wollten sich nur besaufen, Clubs besuchen.

»Ich hoffe, dass wenigstens du kommst«, gurrte ihm Lisa ins Ohr. Sie hatte Ron schon die ganze Zeit schöne Augen gemacht. Er reihte sie augenblicklich in die Kategorie Groupie ein. Ron stand auf Groupies, auf deren »unprofessionellen« Sex. Zudem war sie genau sein Typ.

»Klar komm ich«, gab er zurück.

Billy aus New York City, ein 26-jähriger schwarzer Drum-Roadie und selbst guter Schlagzeuger, mochte derlei Partys ebenfalls. Mit dabei war auch Chris, ein 40-jähriger Toningenieur der Extraklasse, der jeden Abend am Mischpult für den optimalen Sound sorgte. Ein extrem gepflegter, origineller Typ, immer in feinstes britisches Tuch gehüllt. Seine bevorzugte Beute waren Jungs um die 20. Er hasste einschlägige Lokale, fand auch in freier Wildbahn zumeist, wonach er suchte.

Sie fuhren mit einem Kleinbus zur Party. Lisas Freundin Debbie, eine junge, gut aussehende Brasilianerin, die in Amsterdam studierte, hatte es Billy angetan. Im Bus gab es reichlich Amstel-Bier in einer großen Kühlbox, dazu Jenever, den niederländischen Wacholderschnaps, und zwei weitere mitfahrende Typen reichten Joints herum.

Wenige Minuten nach Mitternacht kamen sie an. Das Haus in dem die Party stattfand, eine landestypische Urlauberpension, lag irgendwo am Ende von Zandvoort, knapp an den Dünen der Nordseeküste. Es regnete leicht. Durch die geschlossenen Fenster dröhnte laut *In-A-Gadda-Da-Vida* von Iron Butterfly. In der angebauten, offen stehenden Garage befanden sich Tische und Stühle. Den Hauseingang bewachten zwei Security-Schränke im schwarzen Anzug. Lisa kannte die beiden. Sie gab ein Zeichen, und die Tür öffnete sich. Im Vorraum forderte Lisa sie auf, die Schuhe auszuziehen, zudem wies sie die Truppe an, kein Licht einzuschalten.

»Die Räume sind alle abgedunkelt«, erklärte sie mit einem verschmitzten Lächeln auf den Lippen. »Ihr werdet schnell begreifen warum.« Ihr Blick wanderte zu Rons Hose. Der Frühstücksraum war offensichtlich ausgeräumt worden, der Boden mit Teppichen und bunten Polstern belegt. Unzählige Gäste tummelten sich dort. Sie standen, lagen oder tanzten. Der winzige Empfang der Pension war zum DJ-Pult umfunktioniert worden. Ein Kerl mit Rastalocken konzentrierte sich auf die Platten, als befürchte er, sie könnten wegfliegen. Dem Pult gegenüber war eine Bühnensituation aufgebaut worden. Mit Marshall-Verstärker für Gitarre und Bass, Orgel und E-Piano und einem gewaltigen Drum-Set. Im Vordergrund durchbrachen auf einer Aluschiene montierte Spots dichte Rauchschwaden. Es roch nach Hasch, Tabak, Bier und Wodka. Unmengen an Getränken lagen in Wannen mit Crushed-Eis, daneben auf einem Tisch in Klarsichtfolien eingewickelte Sandwichstullen.

»Bedient euch!«, forderte Lisa Ron und seine Freunde auf. »Und ich meine nicht nur bei den Getränken.« Sie zwinkerte Ron zu. Er zweifelte nicht daran, heute noch etwas anderes als Party zu erleben.

Die Geburtstagskinder traten durch eine offen stehende Glastür aus dem angrenzenden Raum, um die Gäste zu begrüßen. Tim war bereits ziemlich betrunken. Doch Lisa und Debbie bemerkte er sofort, lallte so

etwas wie: »Die Zimmer liegen hinter dem Clubraum.«
Er zeigte auf den Raum, aus dem er und seine Schwester gekommen waren, »und oben im ersten Stock.« Sein Zeigefinger stach Richtung Decke.

»Ihr könnt es aber auch auf den Sitzgarnituren im Clubhaus treiben, no problem«, fügte seine Schwester Emma hinzu. Dabei grinste sie schmutzig. Ron und Billy sahen sich an, lachten und Chris meinte very British: »Thank you, wir werden uns hier sicher wohlfühlen.«

In dem Augenblick bemerkten die anderen Gäste die Gastgeber, schrien »Tim, Emma, Tim …« und grölten »Happy Birthday«.

Eine Aufforderung für Tim und seine Musiker nochmals die Bühne zu betreten. *L.A. Woman* von den Doors erklang. Ron, Billy und Chris sahen sich um, betraten den Clubraum. Brennende Kerzen auf Tischen und Boden waren die einzige Lichtquelle. Zwei Typen legten sich ungeniert eine Kokain-Straße auf dem Glastisch auf. Hinter einem der vielen Sofas im Raum war ein nacktes Paar mit sanftem Sex beschäftigt. Eine halbnackte Schönheit mit üppigen Busen bot ihnen ein Glas Champagner zur Begrüßung an. Sie nahmen auf einer Sitzgruppe Platz, von der aus man durch die offen stehende Verbindungstür direkt zur Bühne sehen konnte. Goldlöckchen Lisa und die Brasilianerin Debbie setzten sich zu ihnen. Wieder erklang ein Doors-Evergreen. *Riders on the Storm.*

»Die spielen echt gut«, meinte Chris.

»Nur der Sänger sollte langsam aufhören«, fügte Billy hinzu. Tims Stimme setzte immer wieder aus. Der Gesang klang so gar nicht nach Jim Morrison.

65

Nach zwei weiteren Doors-Nummern, grölte Tim die Frage ins Mikro, wer zum Abschluss noch spielen wolle. Worauf ein ganz in Schwarz gekleideter Typ mit roten Haaren und einem schwarzen Schlapphut, mit einer akustischen Gitarre bewaffnet, das Podium erklomm. Ron, Billy und Chris erlebten die denkbar schlimmste Version von Bob Dylans *Blowin' in the Wind*. Auch das Publikum reagierte mit Pfiffen und ersuchte laut brüllend den Typen, seine Performance zu beenden.

»Lassen wir es krachen?«, fragte Ron in die Runde. Billy und Chris nickten. Nahezu im Gleichschritt marschierten sie zum Podium. Ron fragte den Bassisten von Tims Band, ob er mitmachen würde, Hendrix und so. Seine Augen glänzten und er hängte sich das Instrument um. Und dann begann wieder einmal einer dieser legendären Auftritte von Ron, Billy und Chris. Die drei waren mittlerweile dafür bekannt, nach den Konzerten als Musiker die Sau raus zu lassen. Als *Purple Haze* erklang, war das Publikum von den Socken. Ron hatte den Song inzwischen verdammt gut drauf, auch seine Stimme klang nach Hendrix, seinem Idol. Sogar Tim war wieder hellwach und begann auf Congas mitzuspielen. Es folgte *Voodoo Child* in einer Zwanzig-Minuten-Version inklusive minutenlangen Soli.

Mit *Foxy Lady* beendeten die Freunde ihr umjubeltes Minikonzert und ließen sich im Clubraum entsprechend feiern. Dazu wurde Bier in Unmengen getrunken. Mittendrin Goldlöckchen Lisa, die bereits während des Konzerts Ron mit ihren Augen ausgezogen hatte. Nun saß das Leichtgewicht mit den gewellten Haaren auf seinem Schoß. Die oberen Knöpfe der weißen Bluse standen offen, so dass er ihre festen Brüste unmittelbar vor sich hatte. Sie küsste Ron leidenschaftlich. Dabei ließ sie ihre Hände über seinen Körper gleiten. Gemeinsam rauchten sie einen Joint, redeten belangloses Zeug und lachten. Billy hatte sich unmittelbar nach dem Auftritt mit Debbie in den oberen Stock verzogen. Nun war auch Ron soweit. Er nahm Lisa an der Hand und suchte im hinteren Bereich des Hauses ein freies Zimmer. Dort rissen sie sich gegenseitig ihre Kleider vom Leib und hatten intensiven und langen Sex. Irgendwann reichte es Lisa. Sie hatte zu viel Alkohol getrunken und zu viele Joints geraucht. Erschöpft lag sie neben Ron und streichelte seinen nackten Körper.

In diesem Moment begann für Ron der Alptraum des Abends. Die Tür des Zimmers wurde brutal aufgerissen, das Licht aufgedreht und der Möchtegernsänger mit den roten Haaren und dem schwarzen Hut stürmte ins Zimmer. Er brüllte und gestikulierte wie ein wild gewordener Gorilla.

Durch einen Alkohol- und Cannabisnebel glaubte Ron Wortfetzen wie »Hure«, »verfluchte Fotze« und »du hast mich hierhergelockt« wahrzunehmen.

Der Eindringling stürzte sich auf Lisa, riss ihren zierlichen Körper an den Armen hoch und begann auf sie einzuprügeln. Dabei stieß er ununterbrochen die Wörter »Hure« und »verfluchte Fotze« aus. Ron brauchte einen Moment, um die Situation zu begreifen. Das grelle Licht brannte in seinen Augen. Irgendwie schaffte er es, auf die Beine zu kommen. Mit geballter Faust schlug er dem Typen kraftvoll ins Gesicht.

Der Kerl torkelte, stürzte nach hinten und blieb regungslos liegen. Seine Nase blutete.

»Außerdem singst du scheiße«, knurrte Ron.

Eine Sekunde später tauchten ein Security und ein Gast auf. Gemeinsam zogen sie den Schläger aus dem Zimmer, drehten das grelle Deckenlicht wieder ab und schlossen die Tür. Ron wollte Lisa beruhigen. Sie zitterte am ganzen Körper. Doch sie wehrte ihn aggressiv ab. »Lass mich!«

»Kennst du den Kerl näher?«, stellte Ron eine überflüssige Frage.

Lisa antwortete nicht. Sie griff nach einer zu einem Drittel gefüllten Cognacflasche, die neben dem Bett lag. Ohne einmal abzusetzen, kippte sie den Inhalt ihre Kehle hinunter. Dann zog sie wortlos ihre Kleider an und verließ das Zimmer. Ron legte sich aufs Bett, schloss die Augen und dachte nach. Scheiße. Derartige Aktionen brauchte er nicht. Er lag einige Minuten da, lauschte den Reggaeklängen, die nun das Haus erfüllten. In dem Moment riss ihn ein lauter Knall aus seiner Lethargie. Das war ein Schuss! Das war eindeutig ein Schuss!

Hastig zog er seine Jeans an. Barfuß und mit nacktem Oberkörper hastete er aus dem Zimmer. Es war inzwischen drei Uhr früh. Die Party war nach wie vor in vollem Gange, wenngleich bereits etliche Alkohol- und Drogenleichen herumlagen. Der DJ spielte nun ausschließlich Reggae in halber Lautstärke. Zwei Mädchen tanzten miteinander zur Musik, wie in Zeitlupe. Niemand schien aufgeregt zu sein. Lisa war verschwunden. Auch den Schlägertypen konnte Ron nirgendwo ausmachen. Alles schien normal. Er fragte ein paar Leu-

68

te nach dem Knall, erntete jedoch lediglich verwundertes oder bekifftes Kopfschütteln. Der Knall oder Schuss war sichtlich kein Thema. Hatte er sich geirrt? Chris saß im hinteren Teil des Clubraums auf einer Sitzgarnitur und spielte mit einem blonden langhaarigen Jüngling Schach. Ron nahm sich ein kaltes Bier aus einer der Getränkewannen und leerte die kleine Flasche in einem Zug. Dann nahm er sich eine weitere, setzte sich zu den Schachspielern und sprach den Knall an.

»Da hat vielleicht irgendein Witzbold einen Knallkörper gezündet«, meinte Chris und widmete sich wieder dem Spiel.

Billy tauchte auf. Auch er hatte nichts gehört. Debbie war schon vor einer halben Stunde nach Hause gefahren. »Das gleiche sollten wir auch tun, Jungs.«

In den folgenden Tagen kam Ron zum Schluss, sich den Schuss eingebildet zu haben. Ein letzter Funken Ungewissheit ließ ihn dennoch wochenlang Zeitungen durchforsten, auf der Suche nach einer Leiche, die zu dieser Nacht passte. Über Tims Management bekam er dessen Telefonnummer. Er rief ihn an, fragte nach Lisa und Debbie. Tim kannte die Mädels nicht. Behauptete er. An den rothaarigen Typen mit der grauenhaften Performance konnte er sich auch nach längerem Nachdenken nicht erinnern. »Ich war völlig stoned an dem Abend«, lautete seine lapidare Entschuldigung. Ron fragte nach den Sicherheitsmännern.

»Welche Securitys?«

»Die vor dem Haus.«

»Ich hab keine engagiert. Waren sicher nur irgendwelche Typen, die sich wichtigmachen wollten. Vergiss es einfach. War eine geile Party und Ende«, gab er Ron den gutgemeinten Rat. Doch Ron konnte Lisa nicht vergessen, ebenso den Schuss. Denn inzwischen war er fest davon überzeugt, dass jemand geschossen hatte.

Ein Kreislaufkollaps katapultierte ihn 1991 aus dem Tourneeleben. Mit den großen Reisen, quer durch Europa und die USA, war es vorbei. Chris war es, der ihm unter die Arme griff, ihm einen langen Aufenthalt in einer Privatklinik in Los Angeles organisierte. Auch Chris musste seinen Lebenswandel ändern, nachdem die Ärzte bei ihm Aids diagnostiziert hatten. Er wurde zum Asket und verkroch sich in seinem Tonstudio. Aufträge von Record-Companies gab es genug. Chris war Spezialist im Mischen von Tonaufnahmen und im Digitalisieren alter Analogaufnahmen für CDs. Er konnte mit dem Aidsvirus ganz gut leben, war aber nicht mehr voll belastbar. Auch Billy hatte seinen Job gewechselt, war nun Vollblutmusiker geworden, spielte in etlichen Jazzcombos Schlagzeug. Irgendwann war das Tourneeleben in dieser Form doch zu viel für die drei Freunde.

Nach seiner Reha blieb Ron in Los Angeles. Er wurde Partner in Chris' Tonstudio, lernte die Technik zu beherrschen, später übernahm er Aufträge für Live-Aufnahmen von Rock-Produktionen. Er verdiente viel Geld. Sein Leben bekam einen anderen Status. Sein Äußeres änderte sich ebenfalls. Er wirkte gepflegt, trug Brille und die Haare etwas kürzer. Die Kleidung war gut und teuer. Zudem fuhr er einen Ferrari. Er war zwar nach wie vor nicht sesshaft, wollte auch keine Familie gründen, war aber um vieles ruhiger geworden.

Ron war weltweit wieder viel unterwegs – nur ohne Tourneealltag. Oft blieb er nun für mehrere Tage am Ort der Aufnahmen, war dabei sehr entspannt. Sein Verlangen nach One-Night-Stands mit schönen Frauen war ungebrochen, jedoch mit reiferen Damen. Die jungen Dinger reizten ihn nicht. Man traf sich in guten Restaurants und schlief in teuren Hotels. Keine Drogen und Exzesse mehr.

Im Jahr 1999 steuerte er erstmals nach der unvergesslichen Nacht mit Lisa wieder Amsterdam an. Es galt, ein Crossover-Konzert aufzunehmen. Die Besprechung fand im Concertgebouw statt, dem berühmten Konzerthaus im Stadtteil Oud-Zuid.

Als er die Halle seines vornehmen Amsterdamer Hotels betrat, erblickte er eine Frau mittleren Alters. Ihre engen Denims und die kurze Lederjacke betonten ihre langen Beine und schmalen Hüften. Sie sah ihn eine Weile prüfend an, lächelte und ging letztlich auf ihn zu.

»Hi Ron!«, sagte sie und küsste ihn so selbstverständlich, wie gute Freunde dies taten, die sich erst gestern voneinander verabschiedet hatten. Es waren die kurzen, wirr am Kopf liegenden blonden Haare, weshalb er Lisa, das Goldlöckchen, nicht gleich erkannte. Aus dem jungen Mädchen war eine wunderschöne Frau im besten Alter geworden.

»Ich hab auf dich gewartet«, sagte sie, »hab dich nicht gleich erkannt. Du wirkst gereift, mein Lieber.« Ihr Augenzwinkern war dasselbe, wie vor zwanzig Jahren.

»Was machst du hier?« Sein Herz pochte. Seit dem Vorfall hatte er sich oft vorgestellt, wie es sein würde, sie wiederzusehen. Nun war alles ganz anders.

»Ich arbeite in dem Konzertbüro in Amsterdam, das in die Tonaufnahmen involviert ist. Ich hab deinen Namen auf der Personalliste der Mitarbeiter des Projekts entdeckt. Schön, dich nach so langer Zeit wiederzusehen.«

Sie gingen ins Restaurant des Hotels, aßen eine Kleinigkeit, sprachen über ihr jetziges Leben. Lisa ließ während des Gesprächs keinen Zweifel daran, weshalb sie in Wahrheit gekommen war. Sie wollte wiederholen, was vor zwanzig Jahren zwischen ihnen passiert war. Immer wieder krochen ihre Finger seinen Oberschenkel entlang. Er reagierte, nahm sie mit in sein Zimmer. Nach einem Glas Champagner kamen sie schnell zur Sache. Wie damals, nur die Joints ließen sie weg.

Danach lagen sie entspannt nebeneinander. Der Zeitpunkt war gekommen. Ron konnte endlich seine Fragen stellen. »Was war eigentlich mit dem Typ damals?« Er versuchte, seine Stimme so gleichgültig wie möglich klingen zu lassen.

»Du meinst Thijs.« Sie zuckte mit den Achseln. »Ich hab zwei, drei Nächte mit ihm verbracht. Er scheint mehr in die Sache hineininterpretiert zu haben, als ich.«

»Ich hab einen Schuss gehört.«

Ihre Mimik veränderte sich für den Bruchteil einer Sekunde. »Echt?«

»Wohin bist du danach so schnell verschwunden?«

Sie grinste schief. »Ich hatte zu viel von allem erwischt. Zu viele Drogen, zu viel Alkohol, deshalb bin ich zu einer Freundin.«

Er sah sie misstrauisch an, griff nach ihrer Hand. »Lisa, ich möchte … nein, ich muss endlich die Wahrheit wissen. Seit zwanzig Jahren geht mir diese Geschichte nicht mehr aus dem Kopf.«

Lisa zögerte kurz, setzte sich auf, nahm einen Schluck Champagner, gab sich einen Ruck und erzählte. »Der Security und der Partygast haben Thijs auf eine Sitzbank im Clubraum gelegt. Nach einer Weile kam er wieder zu sich. Der Wachmann hat ihm deutlich gemacht, dass für ihn die Party vorbei ist. Doch Thijs wollte nicht abhauen. Er hat ein Messer gezogen und ist auf den Mann losgegangen.« Sie zuckte mit den Achseln. »Pech für ihn. Der andere Security war gleich zur Stelle und hat ihn erschossen.« Sie formte mit ihrem Daumen und Zeigefinger eine Pistole. »Peng! Einfach so, in den Rücken, ein gezielter Schuss.«

Ron staunte mit offenem Mund »Was ist dann passiert. War die Polizei da? Ich meine, es hat doch nur ein paar Minuten gedauert, bis ich im Clubraum war. Doch da waren alle friedlich.«

»Ein paar Minuten?«, lachte Lisa. »Du warst so zugedröhnt, Ron. Es hat sicher eine Viertelstunde gedauert, bis du aufgetaucht bist.«

»Du warst noch da? Ich hab dich nirgends gefunden.«

Sie zwinkerte ihm kommentarlos zu. »Ist es morgen, oder nur das Ende der Zeit?«, übersetzte sie eine Textzeile von *Purple Haze* ins Deutsche. »Jedenfalls wollten weder die Gastgeber noch die Gäste etwas mit der Polizei zu tun haben. Also sind einige Typen gleich los und haben Thijs noch in der Nacht in den Dünen eingebuddelt. Aber ob er noch dort liegt?« Wieder dieses Schulterzucken. »Ich weiß nicht.«

»Der ist doch sicher jemandem abgegangen. Was ich meine …«, stammelte Ron, »eine Vermisstenanzeige bei der Polizei …«

»Er war ein Einzelgänger, kam aus Johannesburg. Meines Wissens hatte er keinen festen Wohnsitz, lebte in verschieden Kommunen«, unterbrach ihn Lisa streng. Es klang, als müsste sie seine dummen Gedanken bereits im Keim ersticken. »Es hieß danach, dass er wieder nach Südafrika gegangen wäre. Hat doch in Wahrheit niemanden interessiert. Was machst du für ein Gesicht, Ron? Das war nun einmal die Zeit, und was vergangen ist, sollte man ruhen lassen.«

»Moment. Tim meinte, es gab keine Wachmänner. Das waren nur irgendwelche Kerle.«

»Na, wenn er das sagt.« Sie lächelte breit.

Er kam sich lächerlich vor, musste weg von ihr, brauchte Luft. Ein Blick auf die Uhr. »Ich muss … leider. Hab einen Termin.« Er erhob sich, küsste sie zum Abschied auf beide Wangen. Sie sah ihn ernst an. Er eilte aus der Hotellobby. Vor dem Eingang blieb er kurz stehen. Das konnte doch unmöglich sein. Wenige Meter von ihm entfernt wurde ein Mann erschossen und die Leiche im Kollektiv entfernt. Verdammt, zumindest Chris hätte etwas mitbekommen müssen.

Beim Meeting mit den Musikern war auch jemand vom Konzertbüro dabei. Er fragte nach Lisa. Kopfschütteln. Es gäbe keine Lisa. Schon wieder. Wer war diese Frau? Was war das für ein Spiel? Wieso wusste sie, dass er in Amsterdam weilte? Was war an der Geschichte wahr?

Als er von seinem Termin zurückkam, hatte jemand eine Nachricht unter der Tür seines Hotelzimmers hindurch geschoben: *Es gibt keine Wahrheit. So wie es keinen Reim auf Purple Haze gibt. Vielleicht hast du mit einer Mörderin geschlafen? Vielleicht auch nicht. Du wirst dir nie ganz sicher sein können. Belassen wir alles so wie es ist und war, Love, Lisa.*

ROGER M. FIEDLER

#faceplant

Born to Be Wild
Steppenwolf (1968)

Das jüngere Publikum liebt diese Art von Events. Ein Laie wie ich sieht nur jemanden mit Anlauf auf die eigene Visage stürzen. Der Kenner dagegen weiß das passende Hashtag für die Ballettfigur herzubeten: #faceplant. Die Sensationslust im Web wird nicht befriedigt, indem man eine Postfiliale mit Skimütze maskiert überfällt. Im Hochsommer. Dabei auf dem glatten Boden oder dem eigenen Schweiß ausrutscht, hyperventilierend aufs Gesicht kracht und sich nahezu ansatzlos mit einem Armeerevolver selbst in den Steiß ballert. Damit solche Missgeschicke geliket werden können, muss man sie filmen. in real life.

Samstagvormittag. Zwei Maskierte stürmen an der Schlange zum Postschalter vorbei, krachen auf den Arsch, verletzen sich mit einem Revolver. Ein Kunde in der Schlange zeichnet die Misere mit seinem Handy auf. Die beiden Räuber machen unverdrossen weiter. Einer vom Boden aus. Er liegt zusammengekrümmt neben dem furnierten Plastikwürfel des Schalters. Direkt vor den Sehschlitzen seiner Sturmhaube ist dort ein A3-Ausdruck angeklebt mit den Worten: keine nennenswerten Bargeldbestände in dieser Filiale.

Bis ich den Mann dort liegen sah, hätte ich mich möglicherweise gefragt, warum diese Warntafel in Kniehöhe angebracht worden war. Wie ein Spendenaufruf in der Kirche. Kerze: 50 Cent, Öllicht 1 Euro, keine nennenswerten ... Vorher war mir die Ironie in diesen Worten auch nie aufgefallen. Dem Verletzten wohl genauso wenig. Und mir kam das ganze immer noch irreal vor. Der Gestürzte allerdings und seine Schmerzen: absolut real. Er jammerte beim Versuch, aufzustehen, wie ein Hund, der seine Wurst nicht kriegt. Das Menetekel mit dem knappen Bargeld konnte er in seinem Schmerz offenbar nicht entziffern. Es bedeutet uns allen, wie sinnlos sein Opfer war. Wir alle sind der Rest der Postbank-Schlange.

Der Akteur mit der Flinte im Arm hat ganz andere Probleme. Er versucht, die Disziplin wieder herzustellen. Auch ihm scheint die Misere um den Geldbestand entgangen zu sein. Mit dem linken Handschuh tastet der ausgerutschte Kollege alle paar Sekunden nach der Wunde an seinem Hintern und fördert immer neues, frisches Rot zutage. Die Pupillen hinter den Ausschnitten im schwarzen Feinripp seiner Maske erstarren beim Anblick der minütlich aktualisierten Laborwerte zunehmend, als wolle sich der Mann selbst mit der Erkenntnis hypnotisieren, dass in seinem Leben etwas mächtig schiefgelaufen ist.

Während der mit beiden Beinen im Leben stehende Gangster mit einer Art von abgesägter Flinte am ausgestreckten Arm fuchelt, als müsse er ein Orchester dirigieren und der Kumpel aus seiner Blutpfütze vom Boden her jammert, filmt jemand aus der Schlange der Wartenden das Dilemma mit der Gelassenheit eines Pressefotografen. Absurd auch die Lärmkulisse im Raum. Das wenig instruierende Geschrei des Flintenträgers erzeugt eine Panik, die den Rest der Kundschaft lähmt, taub, blind und stumm macht, als hätte die russische OMON eine akustische Blendgranate gezündet: Runter! Auf den Boden! Geld raus! Schnauze!

Schnauzal! G-runter! Bodden! Galtaus! klingelt es in den Ohren. Die beiden hiesigen Separatisten nämlich sprechen nicht Russisch, sondern den ähnlich klingenden kurkölschen Dialekt, #?*@.

Zur Bilderfolge eines Stapels von Peinlichkeiten in der westdeutschen Provinz wummert mir der eigene Herzschlag in den Ohren. Wie alle anderen Kunden weiß ich mich nicht zu entscheiden, wohin als erstes zu gaffen, auf den abgestürzten Pistolero oder Last Man Shouting hinter dem Doppellauf. Ich schlage mir gegen das Ohr, es wird nicht besser. Immer wenn der Organismus nach Luft schnappt, höre ich den Mann auf dem Linoleum über seinen blutigen Hintern jammern. Und der Mann aus der Schlange filmt mit dem Enthusiasmus einer Leni Riefenstahl den Polenfeldzug. Ich merke, dass ich unwillentlich wie ein defekter Automat den Kopf schüttele. Sinnlose Geste ohne Adresse. Aber abstellen kann ich sie nicht.

Erst allmählich sickert durch das Chaos der Ereignisse in mein Bewusstsein, dass diese allzeit einsatzbereite Kamera kein Zufall sein kann. Jemand wie ich käme nämlich nicht gleich auf den Gedanken, das Handy zu zücken, wenn zwei Räuber mit Skimützen eine ländliche Postfiliale in der Zeitschriftenhandlung einer Shopping-Mall stürmen. Die Kids sind da eher am Puls der Zeit. Manche nehmen ihre Welt scheint's nur noch durch die Kameralinse wahr. Das Alter des Filmfuzzis ist jedoch unmöglich zu schätzen. Er hat sich nämlich vorher selbst noch schnell eine Maske übergestülpt. Solche Handlungsweisen entfremden mir die social-media-Kultur enorm. Man kann da nicht mehr folgen. Will es auch nicht.

Es war nebenbei mein erster Banküberfall. Das verunsichert. Ich starre auf das Spektakel in der Filiale, genauso wie ein Theaterzuschauer in eine moderne Inszenierung. Sie braucht keine Bühne, sie findet im Zuschauerraum statt. Auf einem 12"-Display von real gemessener 5 mal 6 Metern. Im Quadrat. Einschließlich Postkasten und Zeitschriftenspindel.

Kurze Orientierung: Es sind zwei. Täter und gleichzeitig Opfer. Der Umstände. Beide haben diese Mützen, und beide Mützen sind so durchgeschwitzt, dass es schwierig werden dürfte, die Kaffeewärmer entsprechend dem Klischee nach dem Überfall durch Abfackeln zu vernichten. Es sei denn, mit viel Benzin und einer ordentlichen Rauchsäule. So hätte es vielleicht Steve McQueen gemacht. Beide Akteure leiden unter der Statur der Lederengel einer von zwei Gangs, die angeblich die Welt der Nutten, Türsteher und Koksgeschäfte von Hamburg bis Monrovia beherrschen. Wir sind hier am Land und damit am hinteren Ende einer Skala der Bedeutungslosigkeit. Infolgedessen sind die Täter auch eher pathologisch interessant. Hoher Wiedererken-

nungswert infolge des typischen, regionalen Müdig-
gangs und eines Haltungsschadens, der auf oder unter
Zweiradachsen entsteht. Biker.

Tja, so ist das, wenn man im selben Wams schläft, isst
und trinkt, in dem man zu jedem Wochenende hin das
Fasslager des Getränkehandels leerräumt und dann mit
Bölkstoff für eine Hundertschaft durch die Einkaufs-
passage zieht. Das merken sich die Leute. Man braucht
keine Gesichter, man merkt sich die Physiognomie. Die
Neandertaler da vorn an der Kasse könnte aber selbst
ein Blinder identifizieren. Am Geruch.

Die Skimützen wirken also im sommerlichen Ambiente eher folkloristisch, trotzdem bedrohlich in ihrer
schwer bewaffneten Inkompetenz. Und dem Ruf zufol-
ge, der den Ledermännern voraus eilt, wird morgen der
Pferdedoktor am Ortsrand, den man mit seinem Kana-
rienvogel nur vormittags aufsuchen kann, weil er nachmittags regelmäßig volltrunken ist, Arzt wie Vogel, er
wird den eben gefallenen Schuss aus der Lack-und-Le-
der-Gürtelrose herauspopeln und das Loch zutackern
mit demselben Gerät, mit dem man Kaiserschnitte
bei der Oldenburger schwarzbunten Hochleistungskuh
versorgt.

Und wer nicht ganz verblödet ist, hat irgendwo auch
schon gehört, dass die Rocker ab nächsten Monat auf
Malle in Urlaub sind. Mit der Fähre von Barcelona und
dem gerade erbeuteten Geld. Um in der vereinseigenen
Finca Eimer leer zu saufen. Das tun sie jedes Jahr. Die
örtliche Polizei hat den Timetable ihrer Razzien bereits
auf diese Gewohnheit eingestellt. Steht sogar in der Zeitung.

Der Staatsanwalt dürfte daher in dieser Angelegenheit selbst mit blinden, lahmen und tauben Zeugen leichtes Spiel haben.

Nennen wir den raffinierten Coup also transparentes Geschäftsgebaren! Die einen machen Schlagzeile, die anderen tragen sie sorgfältig in ihre Ermittlungsakten ein. Am Ende kommt alles ins Archiv. Wozu also die Mützen? Viele Fragen, wenig Erleuchtung. Hat die Höllenbrut eine gesetzliche Krankenversicherung, die für Berufsunfälle aufkommt? Und sie *müssen* sich auf Anweisung der Berufsgenossenschaft verkleiden? Oder sind sie freischaffend? Sicher mit Anspruch auf Einzelzimmer oder Sippenhaft. Gott, es ist immer verkehrt, im falschen Moment herzzerreißend zu lachen! Was ist der passende Thread: #lol oder #lall?

Ich schäme mich fremd, weil ich hier bin, Teil der Szenerie, aus diesem Landstrich, und mich nicht wie die Akteure hinter einer Maske verstecken kann. Der gnadenlosen Kameralinse ausgeliefert. Ski, Schweiß und Tränen. Beim Thema Öffentlichkeit und PR, und sei es später auf einem abgelegenen Autobahnrastplatz, scheiden sich tatsächlich die Geister; die einen sind scheu, die anderen extrovertiert, jedem das seine. Ich komme auf die fehlenden Bargeldbestände zurück und habe eine Eingebung. Die Jungs gehören zu den Extrovertierten. Und der Kerl mit der Kamera hat den ganzen Mist nicht zufällig gefilmt. Und er ist nicht zufällig vermummt. Die Statur hat auch ihn verraten. Es sind also drei!

Und das, ja, weit entfernt, es genial zu nennen, ist zumindest hinreichend innovativ, um in die Kriminalstatistik des überregional unbekannten ortsansässigen Käseblatts Eingang zu finden als *Wir bleiben dran* – Artikel im Sommerloch: Die Dummbratzen filmen sich selbst! Der Kameramann gehört dazu. Ein Hillbillie-Gangsta-Selfie. Möglicherweise was mit Rap. Hier geht es nicht um nennenswerte Bargeldbestände, es geht um Klicks und Kohle. Mist, und in dem ganzen Durcheinander begreife ich, dass auch ich mich jetzt werde entscheiden müssen. Alle anderen Gaffer haben es bereits getan. Die grinsen wie Eichelschweine in die Kamera. Sie waren schließlich *dabei*. Sind und bleiben es im Netz für i-m-m-e-r.

Ich stehe da und erkenne, dass die Kameraden vom Lederverein in der Masse aller Gaffer und Schockpatienten der Postbank vom Land mit offenstehenden Mündern den medialen Skeptiker sofort heraus erkennen. Fassungslos über den Kultfilm vom selbstzerstörerischen Großkaliber im Hintern des gefallenen Engels, sehe ich mich an der Echtheit der Requisite zweifeln. Analysiere die wie Fleischmarken in feisten Landspeck gepökelten Tattoos unter Masken, Gürteln und grauen Brustbärten und denke: Auf dieser Internetpräsenz will ich nicht tot überm Cookie hängen.

… und während ich bei meinen Beobachtungen immer unkontrollierbarere Krämpfe in den Lachmuskeln niederzukämpfen versuche, weil mir dämmert, dass die Schwachmaten von der Chromreling sich nicht nur selbst bei ihrem Superfail abfilmen, sondern aller Wahrscheinlichkeit nach den ganzen Rohrkrepierer von einem Banküberfall inszeniert haben, um ihre im Terrorzeitalter vor sich hin dümpelnde Tough-Guy–Karriere auf YouTube zu relaunchen, wird mir flau im Bauch.

Haben die Jungs ein Internetportal? Eine Domain, auf der sie durch Aktionen wie diese hier ihr Portfolio auffrischen müssen? Einen seriösen Webauftritt und ein Forum für Gewaltaktionen? Eine Fanlounge mit Devotionalien: BOSS, BLUT, BIER – Kaffeetassen, einen Disclaimer gegen Urheberrechtsverletzungen? Und das, was wir hier erleben, ist Bestandteil des Threads *#samstach_is_banktach?*

Relaunch passt auch auf meine eigene Situation. Und nicht nur die unwahrscheinliche Variante, mein Leben neu zu starten. Mein Los. Eigentlich wollte ich 6 aus 49 spielen. Und den Hauptgewinn einstreichen. So mein Plan fürs Wochenende. Aber nun bin ich schon vor der Ziehung eine Niete unter Millionen. Getaway, denke ich, weg. Der Motor am Parkplatz noch nicht kalt, kreisen die drei Schlüssel hier in meiner Hosentasche am Ring zwischen meinen klammen Fingern bei der letztgültigen Entscheidung, den spontanen Einfall nicht weiter zu diskutieren: Weg, weit weg! Und wenn es dein Leben kostet.

Ich trete Schritt um Schritt zurück zunächst aus der Schlange heraus, dann aus der Postbank, ungesehen wie eine Marssonde durch die Mauer von Gaffern durch, vorbei an der verwaisten Bäckerei, lasse mich von der Drehtür auf den Parkplatz wedeln, steige in mein Auto und knalle mir die Handfläche gegen die Stirn. Bis hierhin hört man den Zweirad-Wilderer drinnen schreien. Au, Backe! Mein Schlüssel springt ins Zündschloss und der Song des Tages scheppert vom Stick. Als wäre es seit dem Aufstehen Tagesprogramm.

Born to Be Wa-ha-ha-ha-ha-haild.

Und dann sehe ich mich fahren. Tunnelblick. Und denken: Wer sind die, die jetzt im Kreis der angeschossenen und filmenden Vollidioten staunend stehen bleiben und die Welt um ihre visuellen Perversionen herum neu organisieren? Wer sind die Typen, die ihre eigenen Missgeschicke dann, wenn sie unterlaufen, auch noch mit stoischer Gelassenheit zu Ende filmen, um kurz vor dem verwackelten Schluss des Clips die für die ganze Menschheit peinliche Frage zu stellen: You're all right? ... alles cool, man? Aber klar!, würde die Antwort lauten, aus einer blutigen Nase geröchelt: Gib mir meinen Fuß, mein Auge und wir gehen auf YouTube voten!

Das Geniale in der menschlichen Natur ist der unerschütterliche Glaube an sich selbst. Steppenwolf ist Medizin. Die Band hat Flügel. Ich höre die Jungs auf meiner Fahrt die nächsten etwa zwanzig besinnungslosen Meilen in Richtung einer kalten Kiste Bier an einem Platz hinter einer soliden, von dem, was hier draußen so passiert, trennenden Tür. Eine Weile, dann kehrt Frieden ein, der Radiosender mischt sich ins Geschehen, und Tom Waits, das zweibeinige Whiskyfass, grölt sich durch die Weihnachtsgeschichte. Ich denke, dass alles nicht so schlimm ist. Fehleinschätzung.

Man kann Affen süchtig machen, erzählt das Radio. Es gibt unter ihnen Alkoholiker und Abstinente wie unter uns. Die Alkoholiker sind nach wissenschaftlichen Untersuchungen geborene Anführer. Sie haben politisches Charisma. Das erklärt mir vieles. Ich drehe den Lautstärkeknopf, um die grundlegenden Pläne der sozialen Architektur unseres Planeten nicht zu verpassen, habe aber Pech. Bei meinem Eingriff shuffelt die Anlage wieder ins Steppenwolf-Album und kommt aus dem Labyrinth der Freiheit und wilden Rockerei einfach nicht mehr raus. Ich drücke ein paar Knöpfe und habe mir eine *Born-to-Be-Wild*-Endlosschleife erzeugt. Der Song fängt immer wieder von vorne an, ich kann mir nicht helfen, aus der Nummer komme ich nicht raus. Dämonischer Samstag ohne Entrinnen. Fast hätte ich den Knall im Service-Center vergessen.

Dann der Flashback. Kalter Schweiß sammelt sich in meinem Nacken, als ich das Unheil in Gestalt eines gierigen V6 im Rückspiegel nahen sehe. Mein Radio muss es erahnt haben. Die Erkennungsmelodie der Bikergang stülpt sich über meine Ohren wie eine Verkehrsdurchsage. Auf der A3 von Köln in Richtung Frankfurt sechs Kilometer *Born to Be Wild* in beiden Fahrtrichtungen. Musik ist eine Zeitmaschine. Easy Rider, Flower-Power, Mondfahrt, Kennedy, Chrustschow, Kuba, Kirk. Mit Lichtgeschwindigkeit in der Realität zurück, enttarnt sich das Raumschiff der Klingonen hinter meiner Heckscheibe. Kann nicht sein: Die Gang aus der Post!

Allmählich kommt Mystik ins Spiel, es sei denn, man erkenne die Zwangsläufigkeit urdummen Handelns. Denn noch vor dem Autobahnrastplatz holt mich bei meinen Versuchen, das Radio aus der Vergangenheit in die Gegenwart zu tunen, besagter 70er Amischlitten unbarmherzig ein. Auch der ist im Umkreis hinreichend bekannt, weshalb man wohl noch zwischenzeitlich an einem auch bekannten etwas abgelegenen Parkplatz neben dem einzigen Steinbruch der ganzen Umgebung, in dem man nicht baden kann (#keine Frauen, #keine Kinder, #keine Zeugen), die Beförderungsmittel gewechselt und die Sturmhauben verbrannt haben wird. Leichtfertige hätten jetzt von Pech gesprochen.

Ich sollte vielleicht erwähnen, dass ich selbst auch Motorradfahrer bin. Bei jeder Helmprobe schenkt mir der Händler eine Sturmhaube dazu. Mittlerweile stapelt sich das Zeug in meinem Schrank. Mein Kopf hat offenbar Übergröße. Ich hatte ja schon mal daran gedacht, die Mützen dem BKA zu spenden oder einer anderen Hilfsorganisation. Aber die Wahrheit ist: Ich hätte sie zum Loskauf tragen sollen. Peinlich genug, an den Zufall einer richtig erratenen Zahlenkombination zu glauben, statt einen soliden Lebensplan zu schmieden. Der Zufall ist ein trauriger Versager. Schon deshalb sollte man ihm buchstäblich nichts überlassen. Nicht einmal den öden Samstag-Nachmittag. Denke ich, als das Unikum der Wochenend-Gangster in meinem Rückspiegel größer und größer wird.

Der Plan muss also mal gelautet haben: Überfall, Malle, Bier. Mein eigener Entwurf: Lotto, Malle, Bier ist ja nicht so wirklich verschieden. Aber wesentlich virtueller. Ich frage mich in solchen Momenten, was wohl geschehen wäre, wenn ich aufs Geratewohl eine Currywurst essen gegangen wäre, anstatt auf der Autobahn mein Heil zu suchen. Kann gut sein, die drei Bankräuber wären auf dieselbe Idee gekommen. Dann hätten wir uns an der Senftube wiedergetroffen. Und der Plan wäre gewesen: Überfall, Currywurst, Bier. Solange man an etwas wie Zufall glaubt, ist man ihm hilflos ausgeliefert.

Also fahre ich fort, als führe ich nur allgemein aus Langeweile oder des Wetters wegen in meine Richtung, und werde durch unsanftes Nagen an der Stoßstange von der Riesenkarre mit den drei Insassen aus meinem entspannten Überholvorgang gerissen. Nach erfolgtem Overtake, endlich!, sehe ich den Finger des Fahrers … hoffentlich war's das!, und dieselben hilflos dämlichen Gesichter, wie man sie heutzutage am Schalter der Postbank zu erwarten hat, allerdings ohne Masken, dafür aber noch mit der feucht-verstrubbelten Haartolle, wie sie Skiurlauber auf der Alm schon mal ziert, Motorradfahrer nach einem Gewalttritt an die holländische Riviera und Amateurschwerverbrecher in der Blüte ihrer Schaffensperiode.

Dann der nächste Schweißausbruch: Sag mal, hat der eine immer noch diese Scheiß-Digicam in der Hand? Dem Fluch der Dummheit kann man auch mit 180 Sachen nicht entgehen. Relativitätstheorie. Ich versuche, in die andere Richtung zu blicken, um mein komplettes Desinteresse an der Situation als solcher zum Ausdruck zu bringen und mich möglichst aus der schnellen Bilderwelt der YouTube-Channel herauszuhalten, doch gelingt mir die empathische Übertragung meiner Botschaft nur zum Teil. Das Musclecar pflügt erst links die Überholspur frei, dann schlingert es unter dem Entscheidungsprozess des Wagenlenkers oder einer angeschossenen rechten Arschbacke (?) mitten hinein in den hupenden Rechtsverkehr auf die schwarze Abfahrt zu, schließlich ändern sich Richtung und Geschwindigkeit, und der Hintern des Ford bremst sich auf eine Elle an meine Karre heran. In der Heckscheibe veranstalten zwei hirnrissige Gestalten Mimikry in der Art, wie Kasperl und Seppel sich zur Überwältigung des bösen

Krokodils verständigen würden, und die Krönung des Rücksitzkinos sind die Sturmhauben, die jetzt wieder auf den Gesichtern sitzen.

Irgendwas wollen die mir mitteilen da vorn. Die Message: sägende Finger unter den bemützten Hälsen der Insassen sollen wohl auf Messer hindeuten und die Klappdaumen an hinters Ohr gesetzten Zeigefingern Kopfschüsse, mit denen man mich als wiedererkannten Zeugen zu beseitigen gedenkt. Wenn man da vorn überhaupt was denkt, und das ist absolut nicht sicher. Hätte ich mir doch nur heute Morgen selbst eine Sturmhaube übergezogen! Wäre ich mal gar nicht erst aufgestanden! Oder geboren. *Born to Be ...*

Und wo wir schon bei guten Vorsätzen fürs nächste Leben sind: Hätte ich mal meine Reifen gewechselt! Das Profil ist nämlich schon arg angenagt. Ich zweifele in diesem Moment, ob die traurigen Verbrecher schon seit der Postbank hinter mir her sind, um den Zeugen zu beseitigen, der sie erkannt hat. Um dann zurückzukehren und die anderen hundert Zeugen zu beseitigen, die sie erkannt haben. 6 aus 49 Millionen Zeugen im Internet. Oder ob mich das Leben hier auf der Überholspur ganz gewaltig verarscht. *Wieso* ausgerechnet mich? Ich bin doch weggefahren! Warum schickt mir das Leben diese Idioten hinterher?

Wenn du dir solche Fragen stellst, bist du erledigt. Wenn in deinen Gedanken nur noch Bierflaschen kreisen und Räume, in denen absolute Stille herrscht, dann hast du auf dieser Seite der Radieschen nichts verloren. Wenn die Komponisten, die deinen Jugendträumen Flügel verliehen, allesamt schon unter der Erde sind, weißt du, dass du alt geworden bist. Mars Bonfire passte zur Situation als solcher, zur Automobilgeschichte und dem Gasolin im Blut der Hauptakteure des Filmstreifens, der in meinem Kopf dazu lief. Ihr Repertoire stellte scheinbar aber auch den Gesamtbestand meiner mobilen Diskothek. Dennoch hatte unsere gemeinsame Geburt in der Wildnis der eigenen Bestimmung nicht die Kraft, meine Seele aufzurichten. Bonfire drückte meine Nase so richtig tief rein. Trotz der schamanischen Urgewalt der Bassgitarre. Meine Stirn sank aufs Lenkrad – die Geschwindigkeit war mir völlig egal, der Blick tief in den Fußraum und eine kontemplative Minute hoffte ich, durch einen Baum geweckt zu werden. Ein toter Rocker im Ohr ist nichts gegen eine digital filmende Coverband am Rande deiner Motorhaube.

Doch das Leben geht weiter. Erbarmungslos, das ist die Krux an der Sache. Es ist zäh wie Leder, und das zäheste Material, das die Menschheit kennt – so wie Diamant das härteste ist und Lenor das weichste –, ist das zäheste Material auf diesem Planeten die Dummheit. Wie in Trance beobachte ich das Hubraummonster vorn sich von meiner Stoßstange lösen und, unter präzisen Anweisungen von der Rücksitzbank aus gesteuert, gerade so weit von meinem Karren entfernen, dass die Insassen mein Kennzeichen abfilmen können. Vermutlich haben sie einen heißen Draht zur Zulassungsstelle und planen, mich wegen Behinderung des Straßenverkehrs zu belangen.

Das Leben geht weiter und manchmal auch nicht. Und in Momenten wie diesen – ich weiß nicht, woher dieser hartnäckige Defätismus stammt – ist es mir vollkommen egal, welche der beiden Varianten den Zuschlag kriegt. Tag eins der Erkenntnis, dass die Realität eben ist, was sie nicht zu sein vorgibt, oder Tag Null der Einsicht, dass sie doch genau das ist, was uns im Web als solche verzappt wird? Auch das ist eine Frage mit digitalem Ausgang, die nicht am M.I.T. entschieden wird, sondern schon mal im Kopf einer Fliege; Motorradfahrer kennen das.

... einer Fliege, die in diesem Moment gegen meine Frontscheibe klatscht und mir den Eindruck vermittelt, ich sei soeben von vorne aus dem Auto heraus angeschossen worden. Finale Easy-Rider-Paranoia. Ich hatte die Fliege tatsächlich für eine Pistolenkugel gehalten. Was Musik alles anrichten kann! Unwillkürlich ziehe ich den Wagen zur Abfahrt rüber, im Fastback wird der Ansatz der zugrundeliegenden Absicht als Fluchtversuch missdeutet, und fast im selben Augenblick fehlen uns allen Vieren jegliche Optionen. Denn der Fahrkünstler im 70er Ford schaukelt seinen Dampfer in unkontrollierbarem Schlingern breitseits auf mich zu, Rauchsäulen steigen auf und irre Schlachtgeräusche – noch sind die Stückpforten der Kanoniere geschlossen, die Feldschlangen rasseln – ... und ich höre den besten Piraten der Welt an seinem Kompass nuckeln: Dies ist der Tag, an dem ihr Jack Sparrow um Haaresbreite verfehlt hättet.

Fliegen ist bekanntlich viel sicherer als die Autobahn. Nur nicht für Fliegen. Es knallt, irgendwas, später stellt sich heraus: eine Radkappe, zierliche fünf Kilo Chrom, die gleich zwei meiner Reifen in Gummisalat verwandeln, und nach ewigen, in Adrenalindunst getränkten Sekunden heftigster Unterlassungsversuche zu irgendeiner unsinnigen Tat an Lenkrad oder Schaltknüppel schlabbert mein Wagen mit übermenschlicher Kraft in Spur gehalten auf einem Kopfsteinpflastergässchen mit malerischem Blick auf die umliegenden Hügel zwischen zwei riesigen grünen Abfallbehältern auf dem der schwarzen Abfahrt vorgelagerten Rastplatz langsam seinem Stillstand entgegen.

Während ich mir selbst und dem geplatzten Insekt ein #schweißvonderstirnwisch in die Sprechblase hauche, rupft der Ami auf seinem Verfolgerkurs quer zu sämtlichen Fahrtrichtungen die durch einen Maschendrahtzaun verbundenen Pfähle zwischen dem lauschigen Rastplatz und der Autobahn nacheinander aus dem Boden, so dass man unwillkürlich an Möhren denkt und Maulwürfe bei der Verfolgung eines widerborstigen Regenwurms. Steppenwolf sind die einzigen im Umkreis, die das Schauspiel nicht rührt.

Bis diese Stille eintritt. In der ein Wohnmobil gestartet wird, und sich – zu gelassen, wie ich finde – Richtung Süden in Bewegung setzt. Kaum zu erkennen, ob die Insassen ganz allgemein jetzt mal langsam an Aufbruch dachten oder die Gelegenheit für günstig hielten, ernsthafteren Problemen aus dem Weg zu gehen. Ein älteres Ehepaar. Sicherlich brechen sie in der Absicht auf, von der nächsten Zelle aus die Behörden zu alarmieren, weil ihre holländischen Handys hier auf dem idyllischen Plateau in einem Funkloch stecken.

Es dauert nicht lange, dann sind wir allein, was die Sache für uns – wie sagt man? Hinterbliebenen – nicht unbedingt erträglicher macht. Denn da die Optionen, die wir vorher möglichenfalls noch hatten, nunmehr komplett zusammenschrumpfen auf Augen-zu-und-warten-bis-es-vorbei-ist, wird in der Abgeschiedenheit des Areals nun irgendwer irgendwas unternehmen müssen, um nicht in seiner grotesk demolierten Karre auf die Schmach eines natürlichen Todes durch Hunger, Durst oder Unterleibsbeschwerden warten zu müssen, der als einziger Ausweg noch einen Rest an Würde in der Hoffnung versteckt, man könnte unentdeckt bleiben.

Ich betrachte versonnen die Umgebung. Es ist wunderschön rundum. Wird die Gattin des Holländers sicher auch bemerkt haben: diese sanften Bergkuppen, die dunstigen Täler dazwischen, einzelne Lichtblitze von reflektierenden Scheiben irgendwo aus Wäldern und Wiesen heraus, in denen Menschen Felder pflügen, Bahn fahren, Dachfenster öffnen. Also, wie sagt man?: ihren täglichen Geschäften nachgehen, als gäbe es nichts anderes. Ein Segelflugzeug wird ganz weit entfernt gestartet. Die Schleppleine schneidet eine Cumuluswolke wie Butterkäse an. Die Klänge von der nahen Autobahn sind kaum aggressiv wie Hornissen – das ist morgens so gegen acht und abends um sechs – jetzt ist das Geräusch ein sanftes Brummen wie von Hummeln, die ihren Bau nicht finden. Das Radio hat durch den Schock vermutlich wieder zu Tom Waits und den saufenden Affen geshuffelt.

Ich kurbele die Sitzlehne zurück, die Scheibe etwas runter, schließe die Augen und sehe den kleinen, schwarzen Punkten hinter den schweren Samtvorhängen meiner Augenlider beim Tanzen zu. Wie lange, frage ich mich, hält so eine Autobatterie und damit der Südstaatenjazz aus gesammelten zwanzig Jahren? Nach einer Unendlichkeit kehrt eine verloren geglaubte CD aus dem Schacht zurück, Stille ein, und meine Augen öffnen sich langsam. Der Stick mit dem Bikersong ist offenbar am USB-Slot abgebrochen. Daher die Stilwechsel.

Drei Uhr nachmittags, Kaffee- und Kuchen-Zeit. Drüben immer noch die höllische Limousine, eingewickelt wie eine Roulade in Stacheldraht am letzten Zahnstocher, den das Monstrum so gerade nicht mehr geschafft hat. Ich denk', ich bringe es jetzt mal hinter mich und öffne die Tür, strecke den Rücken durch – das soll man tun, weil Autositze orthopädisch bedenklich sind – und gehe mal rüber, nachgucken. Ein Handlungsimpuls mit deutlichem Versöhnungscharakter, der dazu dienen könnte, sich gegenseitig aus der Patsche zu helfen: Reservereifen, Starthilfe zu geben, was man eben so tut in Situationen wie diesen, in denen wir ja alle nicht ganz firm sind.

Ein aufgesprungener Kofferraum ist das erste, was ich sehe. Die gigantischen Innenabmessungen wären in der Lage, meinen Kompaktwagen komplett aufzusaugen. Aber der Platz ist bereits belegt. Die Karre ist bis unters Blech nach amerikanischer Sitte mit Waffen gefüllt. Wahrscheinlich wollten die drei nach dem Bankraub Urlaub nicht in Malle, sondern in Bagdad machen, oder sie hatten sich auf eine ausdauernde Schießerei mit der Polizei eingestellt. Daraus, denke ich, als ich den Wagen umrunde, wird nichts mehr werden.

Die beiden von der Rücksitzbank jedenfalls sind friedlich entschlummert, den Umständen entsprechend friedlich. Mit aneinander gelehnten Hauben wirken sie sanft, als sähe man im Mutterleib zusammengewachsenen Agent-Orange-Kindern aus Fernost beim Schlafen zu. Der Fahrer selbst steckt mit dem Gesicht im Handschuhfach, das Knie zeigt wie im Ballett nach hinten, der Rücken nach vorn, der Fuß steckt in der Lenkradspeiche, mit der Ferse kratzt er sich am Ohr. Wäre er eine Eule, er hätte eine Überlebenschance. Wenn man eins zugeben muss: Die wilden Jungs haben ein Gespür, ihr eigenes Ableben zu inszenieren. Es ist so schön friedlich rundherum. Ein perfekter Samstag auf dem Rastplatz des Lebens.

Weiter vorn auf dem Gelände entdecke ich einen kleinen Anhänger neben dem verschlafenen Versorgungshäuschen am Ende der Mülltonnengalerie, Aufschrift: Angel- und Tauchsport Bader – *nichts ist so fisch wie Fisch*. Die Räder passen. Fliegende Montage, dann steht mein Karren wieder sicher auf den Füßen. Der Wind hat aufgefrischt. Scheine wehen über das Areal und verfangen sich in dürren Ästen. Man könnte meinen, die mexikanische Grenze sei gleich hinter dem nächsten Bergrücken. Ich stecke zwei grüne Bündel ins Handschuhfach und rolle am vermasselten Car vorbei, schön sorgsam um die Trümmer am Boden herum. Man will sich ja nicht gleich wieder einen Platten einfahren.

Das Radio läuft noch. Ihr Radio. Ich kann nicht glauben, welcher Song sich aus dem Booster quält.

ANGELA EßER

Im Keller

Eloise
Barry Ryan (1968)

Vor dem kleinen, fensterlosen Raum im Keller
fürchtete sie sich nicht mehr. Schon lange nicht
mehr.

Die schwere Stahltür fiel hinter ihr ins Schloss, und
die Welt blieb draußen. Auch die laute Musik aus dem
Wohnzimmer. Nur ein gleichmäßiges Wummern war
noch zu hören. Das Lied in der Endlosschleife. Sein
Lied. An dem dumpfen Bass, der sogar bis hierher
durchdrang, hätte sie es nicht erkennen können. Aber
sie wusste ja, welches Lied lief. *Eloise. Fucking Eloise.*

Und so hämmerte jeder einzelne Ton in ihrem Kopf,
ihrem Brustkorb, ihrem Bauch. Gleichmäßig und ruhig. Anders als ihr Herzschlag. Auch wenn sie wusste,
dass es nicht half, so hielt sie sich dennoch die Ohren
zu, bis endlich die Lüftungsanlage mit einem Brummen ansprang. Für die nächsten Stunden würde dieses monotone Geräusch ihre Musik, dieses dunkle
Loch wieder ihr Zuhause sein. In Gedanken nannte
sie die eiskalte Kammer, von der sie nie herausgefun-
den hatte, wofür sie eigentlich je gedacht war, einfach

nur: Ort. Und hatte in all den so unendlich langen Minuten und Stunden mit diesem Wort gespielt.

ORT – TOR – ROT.

ROT – TOR – ORT.

Unbekannter Ort, Tor zu Hölle, Tor zur Freiheit, Rot wie die Wut, Rot wie die Liebe, geheimnisvoller Ort, vertrauter Ort, Tor zur Welt, Rot wie Blut …

Vorsichtig massierte sie ihre brennende Kopfhaut. Es würde eine Weile dauern, bis der Schmerz nachließ. Wie immer hatte er sie in seiner Wut an den Haaren gezogen und quer durch das Haus gezerrt. Er schlug nicht. Er trat auch nicht nach ihr. Blaue Flecken wären sichtbar gewesen. Er zerrte sie jedes Mal einfach nur an den Haaren in den Keller. Ganz ruhig und entschlossen, ohne auch nur einmal seine Miene zu verziehen. Seine Wut hatte keine hässliche Grimasse. Er schrie auch nicht. Oder tobte. Nein, er forderte nur ihr Handy ein, indem er für einen kurzen Moment die Augen etwas länger schloss und die rechte Hand zu ihr ausstreckte. Dann stieß er sie in diesen dunklen Abstellraum. Mit dem Handy hätte sie hier unten eh nicht viel anfangen können. Empfang hatte sie hier keinen. Vielleicht hätte sie ein Spiel spielen oder Fotos anschauen können. Oder ab und an die integrierte Taschenlampe anmachen. Bis der Akku leer war.

Fotos von ihrem Gefängnis wären auch nichts geworden. Trotz Blitz. Was wäre auch schon darauf zu sehen gewesen? Ein Stück graue Mauer. Ein altes Holzregal.

Sie massierte noch einmal ihre schmerzende Kopfhaut.

Sich von ihren langen, schwarzen Haaren zu trennen, war ihr schwer gefallen. Sie hatte ihre lockigen Haare gemocht. Sie gerne immer zu einem Dutt zusammengesteckt. Jetzt waren sie kürzer als Streichhölzer, und er schaffte es trotzdem, völlig unvermittelt und ohne Vorwarnung mit seinen Händen hineinzupacken. Sie wusste nicht, wie er das zustande brachte. Vielleicht sollte sie sich doch eine Glatze scheren. Aber wahrscheinlich würde er sie so lange einsperren, bis die Haare nachgewachsen waren.

Die anderen hatten sich damals über die neue Frisur gewundert. Nur Marlene hatte ganz genau wissen wollen, warum sie sich die Haare abgeschnitten hatte. Was sollte sie ihr erzählen? Das, was sie ihr schon die ganze Zeit versucht hatte zu sagen, und was Marlene einfach immer nur als Blödsinn abgetan hatte. Marlene hatte ihr nie geglaubt. Konnte sich nicht vorstellen, dass man jemanden in irgendein dunkles Kellerloch für Stunden, manchmal sogar einen ganzen Tag oder eine Nacht einsperren konnte. So was kam doch nur in Grusel-Filmen vor. Richtig sauer war Marlene beim letzten Mal gewesen. Weil sie ihr andauernd so einen Schwachsinn erzählte. Noch einmal so einen Lügenkram, dann wäre es mit der Freundschaft vorbei.

Also hatte sie Marlene nichts mehr erzählt. Sie wollte nicht ihre beste Freundin verlieren. Manchmal dachte sie daran, es vielleicht der Holler zu erzählen. Die war noch die netteste Lehrerin auf der Schule. Aber jedes Mal, wenn sie einen Versuch starten wollte, verließ sie der Mut. Die Holler würde ihr doch wahrscheinlich auch nicht glauben. Und Oma war schon so lange tot.

Langsam beruhigte sich ihr Herzschlag und ihre Augen gewöhnten sich langsam an die Dunkelheit, wenngleich sie kaum etwas sehen konnte, nur erahnen oder ertasten. Sie zog unter dem kleinen Regal die Decke hervor, breitete sie auf dem Boden aus und setzte sich darauf.

Wie viele Stunden würden es wohl werden?

Eigentlich war es egal. Genauso egal, wie es all die anderen Male war. Hauptsache sie fror diesmal nicht. Hier drin gab es weder Heizung, noch Wasser oder Licht. Nichts. Außer dem Eimer und den Dingen, die sie heimlich hier hineingeschmuggelt und unter dem Regal versteckt hatte. Noch hatte er nichts davon gefunden.

Mit Gott, der Kirche und all dem hatte sie nie viel anfangen können, auch wenn die Großmutter versucht hatte, ihr das Vaterunser genauso einzutrichtern wie das Einmaleins. Aber irgendwann hatte sie tatsächlich angefangen zu beten. Hatte darum gebetet, dass er nicht auf die Idee kam, diesen Raum zu kontrollieren und damit all ihre kleinen Überlebenshabseligkeiten entdecken konnte. Die Strafe dafür hatte sie sich nicht vorstellen wollen.

Sie setzte sich in den Schneidersitz und begann zu überlegen, mit was sie diesmal anfangen würde.

Dem Einmaleins, Stadt-Land-Fluss, Kopf-Schach, Wortspiel oder Kniebeugen.

Sie entschied sich für das Wortspiel.

Welches Wort diesmal? Haare.

Haare, Paare, Mare …

Nein, Mare galt nicht, das war italienisch.

Und Italien tat weh. Nein, nicht Italien, die Erinnerung daran.

Also Locken.

Locken, Socken, trocken, hocken, Glocken, zocken, blocken, schocken, Flocken, Brocken, Kotzbrocken ...

Sie kicherte.

Elf. Nicht schlecht.

Aber es gab bessere Worte. Schönere. Am liebsten mochte sie das Wort Wasser. Und Blume. Dazu waren ihr immer viele Worte eingefallen.

Louise mochte sie auch. Louise wie Mama.

Sie schüttelte den Kopf. Sie wollte nicht an Mama denken.

Lieber Worte denken.

Oder Worte, die man rückwärts wie vorwärts lesen konnte. Wie ihren Namen. Hannah.

Reittier, Kajak, Rentner, Uhu, rar.

Oder diese Anagramme wie Regen oder Gras.

Tor. Ort. Rot. Ort. Tor.

In Gedanken malte sie jeden Buchstaben mit schwarzer Farbe und vielen feinen Schnörkeln. Malte dazu einen zum Wort passenden Hintergrund. Manchmal versuchte sie später, wenn sie nicht mehr eingesperrt war, ihr Gedankenbild auf Papier zu bringen. Aber es wurde nie so, wie sie es wollte.

Rückwärtsreden machte ihr auch besonderen Spaß.

Sie wollte, nein, sie musste sich mit irgendetwas beschäftigen, sonst kam jedes Mal die Melodie wieder in ihr Hirn zurück. Die Melodie von seinem Lied. Von Mamas Lied.

Eloise.

Sie konnte nichts dafür, dass Mama gestorben war. Und dass sie diesen Scheißunfall überlebt hatte.

Seitdem war alles anders.

Seitdem musste sie immer hierein.

Seitdem ließ er dieses Lied laufen.

Er nannte das Loch den Raum der Ruhe. Anfangs hatte sie versucht, niemals ruhig zu sein. Nicht eine Sekunde. Hatte geschrien, bis sie heiser war. Hatte mit den Händen gegen die Tür gehämmert, bis sie die Hände vor Schmerzen kaum mehr bewegen konnte. Hatte geweint, geschluchzt, geflucht. In der Hoffnung, dass er sich erweichen ließ. Bis sie irgendwann die Hoffnung aufgab. Weder er noch irgendjemand würde sie aus diesem Gefängnis befreien.

Die Tür blieb zu. Niemand, der sie hören konnte.

Sie sollte nachdenken, hatte er gesagt, aber sie wusste nicht worüber.

Darüber, warum er sie eingesperrt hatte? So viele Gründe waren ihr jedes Mal eingefallen. Sie hatte nicht ordentlich mit Messer und Gabel gegessen, die Haustür zu heftig zugeschlagen, zu wenig Milch eingekauft. Hatte zu schnell gesprochen, zu laut gelacht, zu leise geantwortet.

Was war heute anders als letzten Freitag?

Sie wollte doch auch nur wieder mal mit Marlene ein bisschen spazieren gehen. Einmal um den Weiher. Oder ein Eis essen. Und ihn in Ruhe seine Musik hören lassen, während sie eine Stunde unterwegs war. Wie immer. Sie wäre doch wieder pünktlich zu Hause gewesen.

Wie immer. Wie immer. Wie immer.

Eigentlich brauchte sie nicht lange überlegen. Sie wusste es doch. Morgen früh ging der Zug nach Rom. Zehn Tage Klassenfahrt. Die letzte. Und er hatte heute entschieden, dass sie nicht mitfahren sollte.

Aber sie wollte mitfahren. Mit Marlene und den anderen. Sie ballte ihre Fäuste zusammen. Ließ den Kopf sinken und weinte. Merkte im ersten Augenblick nicht, dass die Klimaanlage nicht mehr brummte und es im Raum immer heißer wurde. Sie griff nach der kleinen Wasserflasche und trank sie in einem Zug leer. Aber sie war immer noch durstig. Und hörte wieder das Wummern aus dem Wohnzimmer. Und spürte, wie sie schwitzte. Wurde müde. Ging langsam das kleine, dann das große Einmaleins durch, bis sie das Gefühl hatte zu ersticken. Ihr war schwindelig. Zögernd stand sie auf. Blieb eine Weile stehen, atmete tief ein und musste husten. Dann öffnete sie die Tür.

Sie hielt sich noch die Ohren zu, als sie oben im Wohnzimmer ankam und direkt neben ihm stand. Aber er hatte sie weder kommen hören, noch sah er sie.

Sie wartete, bis das Lied zu Ende war, nahm die Hände herunter.

»Papa«, murmelte sie. »Papa!«, diesmal lauter.

Er fuhr herum, gleichzeitig als wieder die ersten Töne von *Eloise* aus den Lautsprechern drangen.

»Wieso bist du nicht unten?« Gleichzeitig drückte er auf der Fernbedingung die Stumm-Taste.

»Die Klimaanlage ...«

»Ja?«

Sie versuchte es noch einmal, aber ihr Mund war so trocken. »Die Klimaanlage ...«

»Was ist mit der Klimaanlage?« Genervt. »Kommt da heute nochmal eine Antwort?«

»Sie ist kaputt!«, sagte sie kaum wahrnehmbar.

Er seufzte, schob sie grob zur Seite, sodass sie fast hinfiel und ging die Treppe zum Keller hinunter. Sah auf das dunkle Display der Lüftungsanzeige und drückte ein paar Knöpfe. Die roten Leuchten blinkten ein paar Mal kurz auf, dann wurde das Display wieder dunkel. Er schüttelte den Kopf und versuchte es erneut. Aber das Display blieb dunkel. Er stöhnte und schaute sie an, als sei sie schuld an der Störung. Sofort schaute sie auf den Boden und schämte sich. Ja, sie war schuld. Sie war nach oben gegangen, obwohl es bestimmt noch nicht Zeit dafür war. Hatte ihn gestört. Sie hätte sich ja auch solange vor die Türe setzen können, die Tür schloss er schon lange nicht mehr ab. Sie wusste ja, was sie zu tun hatte. Leise murmelte sie eine Entschuldigung.

Er drückte den Lichtschalter, der außen neben der Tür zur Abstellkammer war, ging hinein und nahm die Abdeckung der Sensoren ab. Pustete hinein. Pustete noch einmal und ging wieder in den Kellervorraum. Er versuchte erneut, die Anlage zum Laufen zu bringen und beschimpfte sie dabei. Dass man sie keine Minute alleine lassen konnte, dass sie irgendwie immer alles kaputt machte, was sie anfasste und dass sie sich überhaupt nicht wundern müsste. Sie sei einfach nicht soweit wie die anderen, sie brauche noch viel Zeit zum Nachdenken. Vielleicht würde ja dann doch irgendwann der Groschen fallen. Und deswegen sei ihr jetzt auch hoffentlich klar, dass sie nicht mit nach Rom fahren könne. Eine unvorstellbare Zumutung für die Lehrer.

Nein, er wurde nicht immer lauter. Eher im Gegenteil. Er flüsterte fast. Stand vor ihr und fasste ihr in die kurzen Haare. Zog, bis ihr die Luft weg blieb. Schüttelte sie.

Unvermittelt ließ er sie wieder los, ging noch einmal in den kleinen Raum und versuchte, die Abdeckung wieder auf den Sensor zu drücken. Fluchte, weil es nicht funktionierte. Hämmerte auf den Deckel ein, bis er in der Mitte durchbrach. Wütend warf er die Plastikstücke an die Wand und drehte sich zu ihr um. Sah ihr in die Augen und holte tief Luft.

Sie sah seinen Blick und in ihrem Kopf war Stille, während Wut, Angst und Enttäuschung in ihr zu explodieren schienen. Gleichzeitig. Mit einem großen Schritt war sie an der Stahltür, warf sie mit aller Wucht zu und drehte schnell den Schlüssel um. Lehnte sich mit dem Rücken an die Tür.

Sie hörte ihn rufen, so wie sie immer gerufen hatte.

Sie hörte ihn schreien, so wie sie immer geschrien hatte.

Irgendwann hörte sie ihn auch weinen, so wie sie immer geweint hatte.

Und dann war es still.

Sie ging in ihr Zimmer und packte den Koffer für Rom.

KARR & WEHNER

Hier in Tremonia –
Ein Krimi-Slam

In the Ghetto
Elvis Presley (1969)

Und wenn der Schnee fällt …
in Tremonia,
  hier in der Siedlung, hinter dem Damm, an der Halde, neben dem Wetterschacht, der toten Zeche, gleich am Rand der Stadt. An einem grauen, düsteren Dezember-Morgen, das Grau des Tages fließt über die Dächer und der Wind weht kühl…
  … durch die Siedlung.
  An der Zufahrt hält ein Pritschenwagen – MAGMA-Immobilien – zwei Männer steigen aus, in Blaumännern und mit Warnwesten.
  Sie holen Geräte vom Wagen, Hacken und Spaten, rotweiße Absperrungen, Warnschilder. Sie graben, zwei Löcher für Kies und Schnellbinderbeton, den sie verfüllen, in den sie die Pfosten des großen Plakates setzen, das sie vom Wagen holen.

Hier entsteht
eine moderne Wohnanlage für höchste Ansprüche
32 exklusive Eigentumswohnungen in 4 Einheiten

und Premium-Freizeitbereich
in einer Guarded Community.
Ein Projekt der
MAGMA-Immobilienentwicklungsgesellschaft

Die Männer laden ihre Geräte wieder auf den Wagen und kaum sind sie weg ...

... da kommen die ersten aus ihren Häusern.

Die Rita, der Kalle und der Schorsch.

Der Klaus und der Rudi und die Uschi.

Sie stehen vor dem Schild und wissen jetzt, was auf sie zukommt.

In der Siedlung.

Und die Kapelle spielt ...

Hier draußen in der alten Schule, in der Aula, im ersten Stock.

Die Knappenkapelle übt für das Fest, die Weihnachtsfeier, hier in der Klötzchenschule, mit den Kindern, mit den Eltern, den Großeltern. Wie sie das Fest feiern, schon immer,

hier in der Siedlung.

Sie üben »Schneeflöckchen Weißröckchen« und sie üben »White Christmas« und sie üben »Es ist für uns eine Zeit angekommen«.

Und dann ...

spielen sie die Lieder für die Siedlung.

Die Rita, der Kalle und der Schorsch.

Der Klaus und der Rudi und die Uschi.

In der Siedlung,

wo die Männer zusammenhalten.

Und die Frauen zusammenhalten. Und mitspielen in der Kapelle. Vorneweg.

Denn sie sind die Knappenkapelle Tremonia, die spielt, wann immer es etwas zu spielen gibt. Auf dem Schützenfest, der Beerdigung, der Hochzeit und bei Tremonia 06, wenn es ein Heimspiel ist.

Sie spielen das Steigerlied und sie spielen »Der Pott ist grün« und den »Mond von Wanne Eickel«. Und sie spielen den Song vom King.

Hier, mitten im Ghetto.

Und seine Mutter ist tot.

Die Mutter vom Klaus, der wohnt in der Nummer eins, an der Straße mit den Zechenhäusern. Hier in der Siedlung. Der Klaus lebt allein in dem Haus, hier lebt er schon immer und hier wird er bleiben, auch wenn sie ihm schreiben, dass er raus soll. Aus dem Haus und raus aus der Siedlung.

Die Gesellschaft hat ein paar Häuser verkauft, die Nummern eins bis drei und drüben die sieben bis zehn. Da soll die neue Wohnanlage hin, die die MAGMA bauen will.

Hier ... in der Siedlung.

Und auch der Schorsch bleibt hier.

In der Nummer acht. Mit dem kurzbeinigen Hund, dem Mischling aus allen Kötern der Siedlung, und der dreifarbigen Katze und den Karnickeln.

Im Stall hinterm Haus.

Deshalb zerreißt er den Brief, in dem steht, dass er gehen muss, und holt sich ein Bier und trinkt es im Garten.

Mit dem Rudi und der Uschi und den andern Nachbarn am Zaun.

Denn man gibt auf sich acht,
hier in der Siedlung

Und auch der Rudi bleibt hier,
das ist klar, das ist so und das bleibt so.

Denn ein Mann ist ein Mann und ein Wort ist ein Wort.

Hier in der Siedlung.

Deshalb hilft man sich, mit einem Wort und einem Rat, mit einer Hand und einer Tat. Damit es bleibt, wie es ist, wie es war und wie es wird.

In der Siedlung.

Wo die Männer zusammenhalten.

Und die Frauen zusammenhalten. Und mitspielen in der Kapelle. Vorneweg.

Wo ein Kind kein hungriges Maul ist, sondern ein Kind, mit dem man spielt und das man spielen lässt. Damit es groß wird und bleibt, damit es hilft, auf dem Pütt oder im Werk, und den Lohn nach Hause bringt, für die Frau und das Kind, das man macht, damit alles bleibt.

In der Siedlung.

Und der Schnee fällt.

Als der Mann kommt, von der Stadt, von der Bezirksvertretung. Er spricht in der Aula der Schule, hat Papiere dabei mit dem Zeichen der MAGMA. Sein Beamer wirft Pläne und Bilder an die Wand.

So wird es sein, wenn es gelingt,
hier in der Siedlung:

Mit schönen Fassaden, schneeweiß, und glatten Wänden, mit Sonnenkollektoren und Doppelverglasung und Grün auf den Garagendächern.

Einem gepflasterten Bürgertreff drüben, beim alten Schacht, dazu Büsche und Bäume und ein kleiner See, für die Enten, nicht für die Kinder. Und einem Zaun drumherum.

Das alles baut die MAGMA.

Aber nicht für die, die hier sind.

In der Siedlung.

Der Mann von der Bezirksvertretung redet lange, man hört ihm zu, denn alle sind gekommen, hier aus der Siedlung. Die, die nicht verkauft wurden und die, die nicht mehr bleiben sollen.

Die Rita, der Kalle und der Schorsch.

Der Klaus und der Rudi und die Uschi.

Und der Schnee fällt.

Es ist ein kalter Dezemberabend, eine dunkle Nacht, und kaum ein Licht brennt, hier in der Straße, als sie alle nach Hause gehen.

Nur ein paar, die bleiben noch, wollen mit dem Bezirksbürgermeister reden.

Unter Kumpels, sagt der Schorsch.

Unter Kollegen, sagt der Kalle.

Unter Freunden, sagt der Rudi.

Und macht die Flasche auf, mit dem Korn, dem doppelt gebrannten, den sie besorgt haben, im ALDI, mit dem großen Parkplatz, an der Straße am alten Schacht.

Gegenüber von der Siedlung.
Und der Schnee fällt.

Es ist ein kalter, klarer Dezembermorgen,
    als die Sonne aufgeht, über der Siedlung. Und ihr
Schein fällt auf den Mann, auf dem Schulhof. In Unterhemd und Unterhose, aber die Schuhe an.
    Der Mann von der Bezirksvertretung ist blau, er ist
steif, er ist kalt.
    Er ist erfroren,
    in der langen Dezembernacht,
    hier in der Siedlung.
    Als der Schnee fiel.

Und keiner weiß mehr, wie das war, gestern, spät in der
Nacht.
    Sie sind alle heimgegangen, sagen der Kalle, der
Schorsch und der Rudi. Gemeinsam, nachdem sie noch
ein bisschen geredet haben, mit dem Mann.
    Unter Freunden, mit ein paar Kurzen.
    Der Mann war betrunken, na klar, und wie, weil er
nichts vertragen hat, nicht so viel, wie man so verträgt,
    hier in der Siedlung.
    Und man weiß ja, dass man dann nicht mehr merkt,
wie kalt es ist, wie betrunken man ist. Dass man sogar
denkt, es wäre ganz heiß, wie am Hochofen vielleicht,
und man sich auszieht, weil man schwitzt.
    In der Nacht, in der es schneit,
    hier im Ghetto.

So wird es gewesen sein, sagt man und liest in der Zeitung vom tragischen Tod des Bezirksbürgermeisters, in der Dezembernacht,

als der Schnee fiel,

hier in der Siedlung.

Und die Kapelle spielt....

...auf dem Friedhof, am Grab des Mannes, der erfroren ist. Sie spielen das Steigerlied, und sie spielen »Amazing Grace« und »Hallelujah«.

Die Rita, der Kalle und der Schorsch.

der Klaus und der Rudi und die Uschi.

Die Knappenkapelle, sie spielt für den Mann, der nichts tun konnte – oder wollte – für sie, die sie verkauft worden sind, hier

In der Siedlung.

Und der Schnee fällt,

Auf ein frisches Grab

auf dem Friedhof.

Und Leute, versteht ihr nicht,

dass das nicht geht,

mit dem Projekt,

hier in der Siedlung?

Wo man zusammenlebt, ohne Sonnenkollektoren, mit einem Schuppen hinterm Haus, für die Hühner und die Tauben oder auch nur für die Kohlen.

Wo man sich kennt und man sich schätzt und ein Mann ein Mann ist und ein Wort ein Wort. Und die Frauen zusammenhalten. Und mitspielen in der Kapelle. Vorneweg.

Und ein anderer Mann kommt, als der Frühling über den Dächern leuchtet. Ein Mann im Anzug, mit gewichsten Schuhen und einer Aktentasche.

Und er steht an der Zufahrt bei dem Schild und er spricht mit den Menschen, die vorbeigehen, und gibt ihnen Flyer, auf denen steht:

MAGMA baut ein Haus
auch für dich!

Und später spricht der Mann am Brunnen auf dem Markt,

neben den Pappeln,

in der Siedlung.

Am Ende der Straße, da, wo es bald glatte Fassaden und gesperrte Zufahrten geben soll. Für die Bagger und die Laster und die Kräne und die Dixiklos.

Der Mann spricht zu den Leuten aus der Siedlung. Und er sagt, dass man für sie die Häuser baut und jeder eins besitzen kann, wenn er sich anstrengt und sich bemüht und den Kredit bekommt.

Dann kann auch er in dem Luxus leben, mit Granitfußboden hinter den Doppelglasfenstern und Grün auf dem Garagendach.

Und die Kinder, sagt er, können die Enten füttern im See, hinter den Häusern, den man anlegen wird, beim alten Schacht, das ist versprochen.

Denn ein Wort ist ein Wort, das weiß man doch,

hier in der Siedlung.

Und sie hören zu…

Die Rita, der Kalle und der Schorsch.

Der Klaus und der Rudi und die Uschi.

Und sie denken sich ihren Teil und der Kalle sagt, dass der Wagen des Mannes ein BMW ist, wie er ihn manchmal in der Werkstatt auf der Bühne hat, in der er arbeitet, drüben in der Südstadt, wo man spuckt auf die Leute *aus dem Ghetto.*

Der BMW steht drüben, hinterm ALDI, sagt die Uschi. Nicht vorn, als ob der Mann mit seinen gewichsten Schuhen glaubt, dass dem Auto etwas passieren könnte, während er spricht.

Mit den Leuten hier

in der Siedlung.

Die Bagger kommen, sagt er, so oder so. Und das weiß auch der Schorsch, weil er den Brief schon hat, in dem man schreibt, dass er am besten ausziehen soll. Am Letzten im Quartal. Weil, sein Haus wäre das erste, das dran glauben soll, wenn die MAGMA baut. Das Haus in dem er geboren wurde, in dem sein Kind geboren wurde, in dem er schon immer gelebt hat, mit seinen Eltern und seiner Frau, der Rita.

Hier in der Siedlung.

Und der Mann mit dem Aktenkoffer sagt: Ihr von der Knappenkapelle, wollt ihr nicht spielen, wenn wir den ersten Spatenstich machen,

schon bald,

Wenn alles genehmigt ist

für die neue Siedlung,

hier im Ghetto?

Und als der Abend kommt,

fährt der Mann fort in seinem BMW, er rollt davon, mit einem Ellenbogen aus dem Fenster, und einem Lächeln im Gesicht. Und sie stehen alle an der Zufahrt und schauen ihm nach.

Die Rita, der Kalle und der Schorsch.

Der Klaus und der Rudi und die Uschi.

Und sie wissen, dass die Knappenkapelle ganz sicher nicht spielen wird, für die MAGMA.

Denn so ist es ausgemacht.

Und dann steht in der Zeitung, dass der Mann mit dem BMW von der Fahrbahn abgekommen ist, auf dem Gefälle, zwei Kilometer hinter der Siedlung. Weil was nicht funktioniert hat an seinem BMW. Dass der Wagen nicht mehr zu lenken war und ins Bankett gerast ist und sich überschlagen hat. Und ausgebrannt ist.

Und der Kalle sagt: Ja, so kann's gehen, mit so einem Wagen.

Denn er kennt diese Karren, von der Bühne, aus der Werkstatt.

Da muss nur mal ein Bauteil ausfallen, sagt er, beim Bier, in der Kneipe am Markt, als sie es in der Zeitung lesen. Dass der Mann von der MAGMA verbrannt ist und deshalb erst einmal der Vorstand entscheiden muss, wie es weitergeht...

...in der Siedlung.

Und die Kapelle spielt ...

... am Grab auf dem Südfriedhof, vor den hundert Gästen, die gekommen sind. Der Mann wird begraben, in seinen gewichsten Schuhen und seine Familie ist aus Bayern gekommen, seine Freunde tragen teure Anzüge und ihre Frauen Kleider in Schwarz, aus München. Oder Rom.

113

Und der Bürgermeister hält eine Rede. Und der Bürgermeister spricht von der Zukunft und hat Visionen. Von der nächsten Amtszeit, wo er alles durchsetzen wird, wovon schon so lange die Rede ist. Wenn man ihn wählt, worauf er zählt, denn er kennt sich doch aus...

hier in der Siedlung.

Und die Kapelle spielt »Let it be«, »Amazing Grace« und das Knappenlied, und als die Trauergäste schon gehen, spielen sie noch leise ...

»In the Ghetto«.

Und die Kapelle spielt ...

... auf dem Bürgerfest in Tremonia. Zwischen den Plakaten mit dem Bürgermeister und dem anderen, der das Amt will. Und der Bürgermeister spricht und verspricht eine glückliche Zukunft, für die alle, und besonders seine Freunde,

hier in der Siedlung.

Er spricht von den Häusern, die die MAGMA plant und von dem neuen Glück, das hier einziehen wird,

in die Siedlung.

In der man noch gehungert hat, vor hundert Jahren, in der man nicht wusste, wie man die Kinder satt bekam.

In der Siedlung, die im Dunkeln lag, als die Bomben fielen und die verschont wurde, von den Feinden, die heute als Touristen kommen. Auf ihren Touren durch die Geschichte von Kohle und Stahl, über Zollverein und Eisenheim bis hier zu ihnen ...

In die Siedlung ...

Und die Kapelle spielt,

auf dem Bürgerfest, und der andere spricht von Verpflichtung, von Tradition und Respekt. Den man haben soll vor dem, was ist und vor allem

vor der Siedlung.

Vor den Menschen und ihrem Leben und ihrem kleinen Glück,

mit der Katze und dem Hund und den Kaninchen im Stall hinterm Haus.

Und die Leute klatschen, auf dem Markt, am Brunnen, neben den Pappeln,

in der Siedlung.

Und die Kapelle spielt »Take me home country roads« und »Mendocino« und »Ein Bett im Kornfeld« und dann ist der Bürgermeister betrunken und singt mit allen das Steigerlied, am Brunnen, auf dem Markt …

… in der Siedlung.

Und sie nehmen ihn in die Mitte.

Die Rita, der Kalle und der Schorsch.

Der Klaus und der Rudi und die Uschi,

als es schon dunkel ist, und sie sagen: Du kennst doch den Schacht?

Den Schacht, aus dem sie die Kohle geholt haben, Männer in zweifacher Nacht, unsre Väter und deren Vorväter? Den Schacht, den sie dichtgemacht haben, als es keine Kohle mehr gab und deshalb keine Arbeit mehr für die Leute hier

in der Siedlung.

Und dann zeigen sie ihm den Schacht,
wie er da liegt, so dunkel schwarz
gleich neben
der Siedlung.

Und die Kapelle spielt…
… als die Wahl ausgezählt wird. Im Rathaus, weit
weg von der Siedlung.
Wo man sich fragt
was geworden ist aus dem Bürgermeister, der so
plötzlich verschwunden ist.
Nach seinem Auftritt, vor Monaten, im Wahlkampf,
in der Siedlung.
Keine Spur gibt es, nicht die geringste, und man hat
sich mit einem Ersatzkandidaten behelfen müssen bei
der Wahl, und deshalb verloren.
Und der andere hat gewonnen, er feiert nebenan im
Saal, und spät am Abend zieht die Kapelle hinüber und
spielt für ihn …
Die Rita, der Kalle und der Schorsch.
Der Klaus und der Rudi und die Uschi.
Sie spielen »A new day is born« und »Good morning
sunshine« und »Morning has broken«, und sie trinken
und sie spielen noch ganz zum Schluss
»In the Ghetto«.

Es ist ein neuer Tag,
ein kühler grauer Dezembermorgen
und die Sonne kriecht mit kalten Strahlen über die
Dächer, in der Siedlung. Es ist früher Morgen, und die

Kinder gehen zur Schule und die Mütter zum ALDI auf der anderen Seite

von der Siedlung.

Es kommt ein Pritschenwagen und hält an der Zufahrt, zur Siedlung. Zwei Männer steigen aus, in Blaumännern und mit Warnwesten. Sie holen ihr Werkzeug von der Ladefläche, die Hacken, die Spaten, und die Motorsäge. Damit sägen sie die Pfosten des MAGMA-Schilds durch. Und weil die Tafel nicht umfallen will, geben sie ihr noch einen Tritt.

Die Frauen kommen vom ALDI zurück und schnell wissen hier alle, dass etwas passiert…

… in der Siedlung.

Die Arbeiter graben ein neues Loch, einen Meter tief und zwanzig Zentimeter im Quadrat, füllen es mit Kies und Schnellbinderbeton und montieren das Schild, das sie mitgebracht haben.

Tremonia
Städtebauliches Modellprojekt
Denkmalgeschütztes Ensemble einer Zechensiedlung
vom Anfang des 20. Jahrhunderts.
Gefördert mit Mitteln der EU
Führungen mit dem bunten Musikprogramm der
Knappenkapelle Tremonia auf Anfrage

Und die Kapelle spielt dazu,

Die Rita, der Kalle und der Schorsch.

Der Klaus und der Rudi und die Uschi.

Und sie spielen das Steigerlied, und dann den »Mond von Wanne Eickel«, und natürlich

»In the Ghetto«
hier in Tremonia.

Was für ein Traum. In der Dezembernacht. In der Siedlung.
Gefallen wie zu früher Schnee,
in den Schlaf von
der Rita, dem Kalle und dem Schorsch.
Dem Klaus und dem Rudi und der Uschi.
Hier in Tremonia.

JÖRG SCHMITT-KILIAN

Morgen wird's dich nicht mehr geben

Killing Me Softly
Roberta Flack (1972)

Das Schwein! Das wird er bereuen! Es fällt mir so schwer, darüber zu schreiben. Ich habe mit keinem Menschen darüber gesprochen und mich nur meinem Tagebuch anvertraut. Ich schäme mich, obwohl ich nichts dafür kann. Mein Chef hat mich vergewaltigt. Dieser ekelhafte Kerl! Dieser miese Typ! Das hinterhältige Stück Dreck hat K.-o.-Tropfen in meine Cola geträufelt und mich nach der Konferenz auf sein Hotelzimmer abgeschleppt. Ja, abgeschleppt ist die passende Beschreibung, denn ich war komplett willenlos – wie eine Marionette. Und dann hat er es getan. Es war so furchtbar! Ich sehe immer noch, wie er sich über mich beugt, rieche seinen widerlichen Atem, höre dieses Keuchen – jede Nacht, es ist in meinem Kopf, es ist auf meiner Haut, es ist in mir. Es ist ekelhaft. Ich fühle mich so benutzt. Missbraucht. Mir ist schlecht. Seit Wochen. Das Gefühl geht nicht weg. Ich dusche mich und wasche meine Sachen täglich – aber er ist immer da. Ich bin wie gelähmt und kann nichts essen. Kotze alles raus. Traue mich nicht mehr auf die Straße. Die Angst ist mein einziger Begleiter. Dieses Schwein hat alles kaputt gemacht. Aber nun werde ich mein Schweigen brechen. Ich habe ihm gesagt, dass ich dieses Tagebuch der Polizei geben werde. Er hat geweint, geschluchzt wie ein kleines Kind, mich angefleht, es nicht zu tun, wir könnten über alles reden, auch über Geld, ich würde sein Leben zerstören ... Dieser Arsch – und was ist mit meinem Leben? Morgen werde ich ...

»Ein Morgen wird es für dich nicht mehr geben«, flüstert der Unbekannte, der ihr gegenüber auf dem Stuhl sitzt und die letzten Zeilen ihres Tagebuchs gelesen hat. Der kräftige Mann wedelt mit dem einzigen Beweismittel dieser grauenvollen Nacht vor ihrer Nase herum. Ein verächtliches Grinsen breitet sich auf seinem vernarbten Gesicht aus. *»Hast du Schlampe wirklich geglaubt, er würde seine Karriere für dich aufs Spiel setzen?«*

Erst vor wenigen Minuten hatte sie dem Unbekannten in der gelben Briefträgerjacke ahnungslos die Tür geöffnet. Ohne Vorwarnung hatte er sie ins Gesicht geschlagen, den Knebel in den Mund gesteckt, sie ins Wohnzimmer geschleppt und an den Stuhl gefesselt.

»Weißt du eigentlich, warum ich dich um Punkt Fünf töten soll?«, fragt er und schraubt seelenruhig einen Schalldämpfer auf die Pistole.

Sie schüttelt verzweifelt den Kopf. Nur das Ticken der Wanduhr durchdringt die Stille in der Mansardenwohnung. Der Mann nimmt eine CD aus der Jackentasche, legt sie in den Recorder und drückt die Play-Taste. Sie kennt den Song vom leisen Tod. Ein eiskalter Schauer läuft über ihren Rücken. Dann dreht er die Lautstärke auf. Es ist kurz vor Fünf.

Eine Dreiviertelstunde zuvor. 16:15 Uhr:
Kommissar Loser beendet das Telefonat. Der unbekannte Anrufer hatte behauptet, ein Auftragskiller werde um Punkt 17 Uhr eine Frau umbringen. *»Zur Verdeckung einer Straftat«* hatte der Mann in korrektem Juristendeutsch ergänzt und die Adresse der Wohnung *(dritter Stock, linke Mansardenwohnung)* und den Namen des Opfers genannt, aber nicht seine eigene Identität preisgegeben. Dem Kommissar kommt diese Stimme bekannt vor, aber er kann sie keiner Person zuordnen. Er wählt die Nummer der SEK-Bereitschaft. *»Gib uns 30 Minuten«*, erwidert Roger vom SEK. Loser atmet erleichtert aus. Die Jungs werden vor 17 Uhr den Einsatzort erreichen.

16:16 Uhr:
Der unbekannte Anrufer verlässt die Telefonzelle. Er hatte weder bei seiner Doktorarbeit getäuscht noch schlüpfrige Bemerkungen gegenüber einer Journalistin an der Hotelbar geäußert und auch nicht abfällig über Flüchtlinge geredet. Von seiner Stasi-Vergangenheit weiß auch niemand etwas. Aber wenn diese Nacht im Hotelzimmer den Medien bekannt würde, müsste er sein Mandat aufgeben und aus dem engen Büro in eine noch kleinere Gefängniszelle umziehen.

16:59 Uhr:
Die Melodie von *Killing Me Softly* ertönt aus den Lautsprechern.

Sie zittert vor Angst und blickt auf die Zeiger der großen Wanduhr:

57 – 58 – 59

Das Projektil trifft sie mitten ins Herz. Sie fühlt den
brennenden Schmerz, stürzt mit dem Stuhl nach hinten, schmeckt das Blut und spürt, wie sich warme Flüssigkeit auf ihren Brüsten ausbreitet, als würde sie in eine Badewanne eintauchen.

Im gleichen Moment erschüttert eine Explosion das
Zimmer. Polizisten mit Stahlhelmen. Sie schießen. Der
Unbekannte sinkt neben ihr auf den Boden. Zwei leblo-
se Augen starren sie kurz an und verschwinden wieder
in der pechschwarzen Dunkelheit.

17:09 Uhr:

*»Zwei Tote. Täter ist vermutlich unser unbekannter Serien-
killer DER PIANIST. In dem Rekorder des Opfers steckt wieder die CD mit seiner Variante von Killing Me Softly«*, mel-
det der SEK-Leiter.

Kommissar Loser atmet tief durch. Schon wieder hat
er den Kampf gegen das Verbrechen verloren. Wie so
oft. Im gleichen Moment hört er die Stimme des An-
rufers im Nachbarzimmer. Loser stürmt in den Bereit-
schaftsraum der Kriminalwache und blickt auf den
Fernseher. Der Politiker schließt sein Statement zur
Flüchtlingsproblematik mit den Worten *»Die Kanzlerin
hat Recht. Wir schaffen das und werden das Problem lösen.«*

»Aber du nicht mehr«, flüstert Kommissar Loser und
wählt die Nummer des SEK-Leiters.

JÜRGEN EHLERS

»Convoi exceptionell«

Walk on the Wild Side
Lou Reed (1972)

Ich heiße Peter Blohm, bin 56 Jahre alt, und ich arbei-te gewissermaßen bei der Sparkasse. Nein, nicht hin-ter dem Schalter. Auch nicht vor dem Schalter mit dem Schießeisen. Ich sprenge auch keine Geldautomaten. Mit solchen Bagatellen gebe ich mich nicht ab. Ich klaue die ganze Bank. Ja, ehrlich. Es ist ja heute so einfach. Überall werden neue Bank- und Sparkassen-Filialen gebaut. Seit sie keine Zinsen mehr bezahlen, haben die Geldinstitute einfach zu viel ungenutztes Kapital. Sie wissen gar nicht mehr, wohin damit. Also werden die alten Gebäude abgerissen und neue gebaut. Größer, teu-rer, schöner. Und bevor das neue Haus fertig ist, kommt alles in einen Sparkassencontainer.

So ein Sparkassencontainer, das ist eine feine Sache. Da komme ich mit dem Volvo FM 420 vorbei, schnappe ihn mir mit dem Palfinger-Kran, lade ihn auf, und fertig. Kei-ne zehn Minuten dauert das. Ich hänge das Schild ›Con-voi exceptionell‹ auf und brause los. Mit ›Convoi excep-tionell‹ hat man keine Probleme. Das heißt sinngemäß etwa ›ungewöhnlicher Transport‹. Alle machen Platz auf

123

der Straße. Ich fahre zu meinem Baggersee. Und anschließend habe ich alle Zeit der Welt, diese schöne Blechdose zu knacken und das Geld herauszunehmen. Und die Wertpapiere, und was sonst noch so an nützlichen Dingen in so einem Sparkassencontainer zu finden ist.

Der Nachteil ist, dass bei dieser Betätigung immer wieder die Wochenenden draufgehen. Natürlich wäre es kein Problem, so einen Sparkassencontainer auch mitten in der Woche abzuholen. Nachts, wenn es nicht so auffällt. Aber da kriege ich den Volvo nicht. Der ist natürlich nur geliehen und wird in der Woche für legale Transporte gebraucht. Annika meint, ich solle mir eine andere Arbeit suchen.

Annika weiß nicht genau, was ich beruflich mache. Sie arbeitet im Zoo. Da habe ich sie kennengelernt. Ein Jahr ist das jetzt her. Sie stand in ihrer grünen Uniform vor dem Steinbock-Felsen bei Hagenbeck. Sie schaute hinüber zu den Steinböcken. Und ich – ich schaute hinüber zu ihr. Gut sah sie aus, soweit ich das beurteilen konnte. Ich hatte die Fernbrille auf. Ich schätzte, die junge Frau war höchstens 18 Jahre alt.

»Was guckst du?«, fragte sie. Die Jugend ist immer so direkt.

Ich bin nicht so direkt. »Sie sind so weit weg«, sagte ich. »So einen Steinbock müsste man mal aus der Nähe sehen …«

»Wenn es weiter nichts ist«, sagte sie. »Ich habe einen zu Hause.«

So haben wir uns kennengelernt. Sie hatte wirklich einen Steinbock in ihrer Wohnung. Einen Alpensteinbock. *Capra ibex.*

»Henry Miller«, sagte ich. »Kennst du den?«

»Nein, müsste ich?«

»Der hat ein Buch geschrieben. Das heißt ›Wendekreis des Steinbocks‹. Jede Menge Sex.«

»Ach. Mit dem Steinbock?«

»Ein Steinbock kommt nicht darin vor.«

Annika lachte. »Dieser Miller hat keine Ahnung«, sagte sie. »Bei mir gibt es auch jede Menge Sex. Und der Steinbock kommt auch dabei vor. Wenn du mit mir zusammenbleiben willst, musst du dich damit abfinden.«

»Kein Problem«, sagte ich. Dabei war der Steinbock schon ein kleines Problem. Er stank nach Bock. Ich sah ihn an und dachte darüber nach, wie ich ihn loswerden könnte.

Annika bemerkte meinen Blick. »Ich glaube, du magst ihn nicht«, stellte sie fest.

»Das hier, das ist keine artgerechte Haltung«, sagte ich zögernd. Ich wollte Annika ja nicht vor den Kopf stoßen, aber Steinblöcke gehören nun einmal nicht in eine Etagenwohnung.

Der Steinbock glotzte böse.

Annika zuckte mit den Achseln. »Für ihn hieß es ganz einfach: Etagenwohnung oder Tod. Er hatte die freie Auswahl. Es gibt einfach zu viele Steinböcke bei uns im Zoo. Besonders männliche Steinböcke. Die können wir nicht alle aufbewahren. Und ich war gerade scharf auf einen Bock …«

»Was?«

»Hörst du schwer, oder bist du prüde?«

»Ich höre schwer«, sagte ich. Ich deutete auf mein Hörgerät.

»Dann komm.«

Aus der Nähe konnte ich sehen, dass sie doch etwas älter als 18 Jahre war. Wir liebten uns auf dem Esszimmertisch. Annika sang »Doo, doo, doo ...« Das war alles, was sie von dem Text wusste. Und singen konnte sie auch nicht. Es dauerte eine ganze Weile, bis ich die Melodie erkannte. Es war *Walk on the Wild Side*. Währenddessen trabte der Steinbock Runde für Runde um den Tisch und wartete auf seinen Einsatz. Entlang seines Wendekreises war der Teppich schon stark abgenutzt.

███████████████████ [2]

So trat ich bei Annika die Nachfolge eines Steinbocks an.

Am nächsten Morgen, als Annika zur Arbeit gegangen war, war ich allein mit dem Tier. Ich sah ihm fest in die Augen. »Du oder ich!«, sagte ich. Der Bock rührte sich nicht. – Habe ich schon gesagt, dass Annika im achten Stock wohnt?

Wir begruben den Steinbock, und dann begann für uns eine schöne Zeit. Bis die Meerschweinchen kamen. Ja, Hagenbecks Tierpark hat auch Meerschweinchen.

»Sie brauchen ein neues Zuhause«, sagte Annika.

»Schweine stinken«, erwiderte ich.

Annika klärte mich darüber auf, dass die Meerschweinchen keine Schweine seien, sondern zur Gattung der Nagetiere (*Rodentia*) gehörten. Und in diesem Fall handelte es sich um das gemeine Meerschweinchen

---

[2] Dieser Absatz wurde offenbar von der Bundesprüfstelle für jugendgefährdende Medien gestrichen.

(*Cavia aperea*). – Schwein oder nicht Schwein – sie stanken trotzdem. Und gemein genug waren sie auch. Sie störten.

Es dauerte wenige Monate, bis unsere Wohnung von Meerschweinchen nur so wimmelte. Sie waren überall: auf dem Teppich, in den Schränken, unter dem Bett und natürlich auch im Bett. Haben Sie schon mal Sex gehabt, wenn eine Horde glücklicher Meerschweinchen zwischen Ihnen und Ihrem Partner herumwuselt? Annika schien das nichts auszumachen. Sie sang fröhlich und falsch: »Doo, doo, doo, doo …« So, wie sie es aussprach, bedeutete es offenbar ›Nun komm schon!‹

████████████████ [3]

Natürlich gab es auch Todesfälle. Eines der Tiere starb, als es das Elektrokabel durchgenagt hatte – Meerschweinchen sind schließlich Nagetiere! Ein anderes erfror im Kühlschrank, ein weiteres ertrank im Klo, aber der Rest vermehrte sich fröhlich weiter, bis ich eines Tages die ganze Gesellschaft in einen großen Sack stopfte und aus dem Haus schaffte.

Annika machte große Augen, als sie nach Hause kam. »Was hast du mit ihnen gemacht?«, fragte sie.

»Ich habe sie zum Kinderspielplatz gebracht und an die Kleinen verteilt«, behauptete ich.

»So, hast du das?« Ich hatte das Gefühl, dass Annika mir nicht glaubte. Und unsere Beziehung kühlte daraufhin ein bisschen ab.

Es wurde Zeit, dass ich etwas unternahm. Mir war klar, dass Annika Tiere brauchte. Nicht nur bei der Ar-

---

[3] Dieser Absatz wurde … – Also, das finde ich jetzt wirklich kleinlich!

beit – sie wollte sie ständig um sich haben. So kamen Paula und Margot zu uns ins Haus. Paula und Margot, die beiden schwarzbunten Deko-Kühe, lebensgroß. Schlappe 2000 Euro haben sie zusammen gekostet. Und noch ein paar hundert Euro Porto obendrein. Der Postbote hat ganz schön geflucht, als er sie in den achten Stock schaffen musste, denn in den Fahrstuhl passten sie nicht rein.

Ich war begeistert. Annika nicht.

»Was soll denn dieser Plastikkram in der Wohnung?«

»Plastik?« Ich war empört. »Das ist hochwertiges Material. Kunstharz in Verbindung mit Glasfaser, wasserfest und äußerst widerstandsfähig. Sie stinken nicht. Und du kannst auf den Kühen reiten, wenn du willst.«

Annika wollte nicht auf den Kühen reiten. »Ich bin schon auf einem lebendigen Tiger geritten«, behauptete sie. »Deko-Kühe sind langweilig.«

»Probier's doch mal. Die halten bis zu hundert Kilo aus!«

»Nein. Und ich wiege auch keine hundert Kilo!«

»Sie sind ideal zum Wäschetrocknen! Wenn man die Leinen von einem Kopf zum anderen spannt, jeweils von Horn zu Horn – das ist besser, als jeder Wäschetrockner.«

Ich verteidigte meine Kühe, aber es half alles nichts – Annika war sauer. Ich musste sie irgendwie ablenken. Ich brachte das Gespräch auf ihre Arbeit im Zoo.

»Wenn bei euch ein Tier stirbt, was macht ihr dann? Wird das dann einfach weggeworfen? Kannst du uns nicht mal ein paar Schnitzel mitbringen?« – Sie fand das nicht witzig. »Bei uns sterben keine Tiere. Jedenfalls keine wilden Tiere. Du weißt doch, dass ich für die Löwen und Tiger zuständig bin.«

»Und für die Eisbären, ja, ich weiß.«

Sie sah mich abschätzig an. »Du bist alt«, stellte sie fest. »Du denkst nur noch ans Essen.«

Ich widersprach. Das stimmte nicht. Ich dachte an drei Dinge: Essen, Sex und Sparkassencontainer.

Annika blieb dabei: »Du bist steinalt.«

Das stimmte erst recht nicht. Die meisten Steine sind älter als ich. Viele Millionen Jahre.

Annika konterte: »Das sagst du. Die meisten Steine, die ich kenne, die sind wesentlich jünger als du! – Einer davon liegt hier bei uns auf der Fensterbank.« – Der Stein, den Annika meinte, war der Lavabrocken vom Ätna, den sie als Souvenir von ihrer Italienreise mitgebracht hatte.

Wir haben uns zu oft gestritten in der letzten Zeit. Es war an der Zeit, dass wir uns einmal ein bisschen Ruhe und Erholung gönnten. Also mietete ich für uns ein Ferienhaus in Dänemark – sehr preiswert, jetzt in der Nachsaison. Natürlich mit Internet, damit wir auch mitkriegten, wenn irgendetwas über mich in den Nachrichten kommen sollte. Das war durchaus möglich. Bei der Sprengung des letzten Containers hatte ich das Dynamit etwas falsch dosiert. Jede Menge Blech und Kunststoffteile waren durch die Gegend geflogen. Geldscheine natürlich auch. Ich habe nicht alle wiedergefunden.

»Haustiere erlaubt!«, stellte Annika fest.

»Ein Haustier«, korrigierte ich. »Deine fünfzig Meerschweinchen hätten wir nicht mitnehmen dürfen.«

129

»Es waren 73«, widersprach sie. »Ich habe sie zweimal am Tag gezählt. Das waren Mia und Ben und Emma und Jonas und Hanna und Leon und Sofia und Anna und Elias und Emilie I und ihre Zwillingsschwester Emilie II und Paul …« Sie hatte ihnen allen Namen gegeben.

Unglücklicherweise kann man die meisten dänischen Ferienhäuser nur von Sonnabend bis Sonnabend mieten. Am Wochenende arbeite ich aber bei der Sparkasse. So musste Annika allein vorausfahren.

Annika war besorgt gewesen, dass ich möglicherweise mit meinen falschen Papieren gar nicht über die Grenze kommen würde. »Jetzt wird doch wieder kontrolliert«, sagte sie.

Ich schüttelte den Kopf. »Das ist kein Problem, die gucken nur, ob du ein Weißer bist. Weiße winken sie durch.«

»Eisbären auch?«

»Eisbären? – Ja, wahrscheinlich.« Ich lachte.

Als sie losgefahren war, stellte ich fest, dass das Schild ›Convoi exceptionell‹ fehlte. Ich musste es irgendwo verlegt haben. Nachdem ich in der Nacht zum Montag den zweiten Container gesprengt hatte, war ich auch wieder gut bei Kasse. Ich sprenge sie immer um 23 Uhr. Da endet das wöchentliche Feuerwerk auf dem Campingplatz mit dem großen Schluss-Bang, zu dem meine Sprengung so eine Art fernes Echo liefert. So auch diesmal. Anschließend sammelte ich die Früchte meiner Arbeit ein und versenkte den Rest des Containers im Baggersee. Ich schlief ein paar Stunden, trank einen starken Kaffee, und dann machte ich mich auf den Weg nach Dänemark. An der Grenze hatte ich keine Probleme. Und nun war es nicht mehr weit bis Blåvand.

Ach, Blåvand im Herbst! Ich liebe die einsamen Strände, das Plätschern der Wellen und das leichte Rauschen des Windes im Hörgerät. Die alten Bunker sind zu Kunstwerken umgestaltet, und das Schild ›Gefahr! Minen!‹, das früher am Rand der Dünen stand, das haben sie inzwischen weggeräumt.

Das Haus war leicht zu finden. Unsere Vermieter hatten einen Lageplan mitgeschickt. Da stand ja auch Annikas Transporter. Das Schild ›Convoi exceptionell‹ baumelte an der Heckklappe. Und Annika? Sie war nirgends zu sehen.

»Annika!«, rief ich.

Keine Antwort. Wahrscheinlich war sie beim Einkaufen. Und natürlich hatte sie wieder einmal vergessen, die Haustür abzuschließen. Ich öffnete die Tür ...

MORGENAVISEN JYLLANDS-POSTEN

Ein ungewöhnlicher Unfall ereignete sich gestern in einem Ferienhaus in Blåvand. Als der deutsche Mieter, ein gewisser Peter B. aus Hamburg, die Tür öffnete, wurde er von einem Eisbären angegriffen und getötet. Wie der Eisbär in das Haus gelangt ist, ist noch unklar. Das Tier wurde inzwischen von Experten aus dem Skandinavisk Dyrepark in Kolind/Djursland betäubt und abtransportiert.

VOLKER BLEECK

F5 oder Letzter Abend im Montrö

Smoke on the Water
Deep Purple (1972)

F5«, mehr steht nicht in der SMS. Zappes trinkt einen Schluck Rotwein. Auch die Marke ist neu, natürlich. So neu wie die cremefarbenen Lounge-Ledersessel und die auf alt getrimmten Regale hinter der Bar, alles perfekt abgestimmt. »F5«, liest er noch einmal, steckt dann schnell sein Mobiltelefon weg und wendet sich wieder seinem Rotwein zu. Desinteressiert schaut er einem jungen Typen zu, der an einer Verkabelung an der einen Seite der Bar herumbastelt. Da soll wohl der WLAN-fähige Multimediaplayer hin, in dem künftig jeder Besucher über eine App Songs aus einer schier endlosen Liste auswählen kann, kostenlos, das steht jedenfalls auf dem professionell gestalteten Zettel vorn neben der Tür. Die alte Wurlitzer mit ihrem nikotingebräunten Gehäuse kommt dann auf den Schrottplatz, wie alles Alte hier. Zappes nimmt einen tiefen Schluck.

Alle nennen ihn Zappes, dabei trinkt er nicht mal Bier. Und doch steht am Anfang, in einer anderen Zeit, das Anschlagen eines neuen Fasses, das dazu führt, dass der Wirt ihm mit trockenen Klamotten aushelfen muss. Seitdem kennt er Jon, der damals gerade dieses Ecklokal übernimmt, das für die nächsten Jahre Stammkneipe für Zappes und all die anderen wird. Ein Zuhause und Heimathafen, mehr als zwanzig Jahre lang, ein Ort, wo jeder deinen Namen kennt. Und bis vor kurzem ist Jon der Wirt gewesen, das Herz und die Seele des »Montrö«. Montrö mit ö, wie monströs, wie Jon immer sagt und dann so komisch lacht auf seine Jon-Art. Sein Humor.

Doch dann verkauft Jon das Montrö, muss es verkaufen. Zwei Journalisten schreiben erst ein Porträt über den Laden und über Jon, preisen das »Authentische«, wie sie sagen, nennen Jon einen »echten Typen« und beklagen laut die vielen hippen neuen Shops im Viertel. Große Ketten, die jede Miete zu zahlen bereit sind. Dann sprechen sie hinter seinem Rücken mit Jons Vermieter und machen dem ein Angebot, das der nicht ablehnen kann. Und Jon ist raus. Einen Mietvertrag hat er nicht, noch nie gehabt, immer alles per Handschlag, auf Ehre und Gewissen. Und jetzt ist er raus.

Die ersten Umbauarbeiten sind fast noch behutsam. Den Stammgästen verspricht man, sich bestimmt auch wohl fühlen zu können im »neuen, coolen Ambiente«, wie es die neue Barfrau ausdrückt. Ambiente können die meisten nicht mal schreiben.

Wie es überhaupt zum Verkauf des Montrö kommt, erfährt Zappes vom Schweizer, der es wiederum von Ritschie weiß, einem Stammgast, der jetzt ins »Rainbow« geht, einen Rockerladen in der Altstadt, schräg gegenüber von der »Weißen Schlange«. Zunächst leistet Jon noch Widerstand, ist jeden Abend da, diskutiert, kämpft. Dann schmeißen sie ihn raus und jetzt ist er weg.

Er versucht, sich Jon woanders vorzustellen, was ihm schwer fällt. »Lord Jon«, wie die von früher ihn nennen, aus alten Zeiten, als er Bürgermeister, Pubkönig und Beichtvater in einem englischen Dorf war. Angeblich. Zappes ist einer der wenigen, der weiß, dass Jon in England gar nicht in einem Dorf gelebt, sondern im Knast gesessen hat, unter anderem wegen Drogenbesitzes. Lange her. Doch Jon hat immer noch gute Verbindungen.

»F5«, denkt Zappes. Manche könnten meinen, das gehöre zu einem Zug auf einem Schachbrett, aber er weiß, dass Jon gar kein Schach spielt. Nur Poker, wenn überhaupt, und dann meist illegal im Hinterzimmer, das er immer großspurig »The Gambling House« nennt, in Wirklichkeit ist es aber nur ein größerer Abstellraum neben der Küche. Da haben die neuen Betreiber jetzt ihr Büro, Zappes kann sie durch die geöffnete Tür an ihren Designerschreibtischen sitzen sehen.

Zappes sieht sich weiter um, erblickt aber nur Unbekannte in dem neuen »behutsamen« Ambiente; neue Gäste, Wichtigtuer, einer schlimmer als der andere. »Gentrification« sagt der Schweizer mit seiner bedächtigen Art und seinem schweren Akzent dazu immer. Aber auch der bleibt inzwischen weg. Jetzt kommt einer der neuen Besitzer zu Zappes und fragt ihn, ob er eine Ahnung hat, was Jon denn jetzt so macht. Sie wissen, dass er einer von Jons ältesten Freunden ist. Zappes zuckt nur die Achseln und schweigt.

Als der Typ weg ist, steht er auf, trinkt seinen Rotwein aus – nichts verkommen lassen bei sieben Euro das Glas – und geht zur Jukebox. Bedächtig blickt er noch einmal auf das Display seines Handys: »F5«, und nur Zappes weiß, was es bedeutet. Das Geldstück fällt mit lautem Klacken durch. Er nimmt es heraus und wirft es in aller Seelenruhe noch einmal ein. Jetzt geht es. Zappes drückt die schwergängigen Tasten, ein letztes Mal.

Er wartet nicht, bis die Musik einsetzt, öffnet die Tür und geht bedächtigen Schrittes die Straße hinunter, nur nicht zu schnell, nur nicht auffallen. Im Hintergrund hört er das wohl bekannteste Gitarrenriff der Welt, dann die Akkorde der Strophe. Der Rest geht unter in einer gewaltigen Explosion, die das Montrö komplett zerstört.

Die Sprengladung gekoppelt an die Jukebox-Taste – wer zehn Jahre lang die Zelle mit einem Bombenspezialisten der IRA teilt, kriegt das locker hin. »F5«. Zappes ist mittlerweile drei Straßen weiter, tonlos pfeift er mit, dann singt er halblaut: »*Smoke on the Water, and Fire in the Sky...*«, bis die Feuerwehrsirenen alles übertönen.

HEINRICH-STEFAN NOELKE

Schläge an die Eisentür

Knockin' on Heaven's Door
Bob Dylan (1973)

Zu Beginn schlug ich wieder den Bass auf einer Galeere, ich gab die Schlagzahl vor. Wir versuchten erneut, England zu erobern und wurden am Ende fast versenkt. Drei Tage lang hielt ich mich an meinem Instrument fest, dann barg mich ein Kreuzfahrtschiff.

Heavenly Creatures war sein Name. Von nun an spielte ich im Maschinenraum. Oben vergnügte sich eine Rockband, und eines Tages warf ich den Bassisten über Bord. Niemand wird ihn je vermissen, dachte ich.

Jetzt war an Deck ein Job frei. Enna saß am Schlagzeug. Sie wollte wissen, wer ich denn sei. Ein pechschwarz gekleideter, ellenlanger Kerl mit gebeugter Haltung. Ihr Klaus sei weg und sie wohl schwanger.

Doch das sah man nicht. Sie trug einen hautengen Catsuit, blutrote Stiefel an den Füßen und das Gesicht kreidebleich. Sie könne nicht gut allein sein, ergänzte sie.

»De Bassman, yeah«, stellte ich mich vor. »Ich spiele alles, bis auf *Marmor, Stein und Eisen bricht*.«

Man sei ja gegen jede Form der Zwangsarbeit, sagte Enna. Das war dann ein Deal. Als Bassist ist man stets willkommen, denn es gibt nicht viele von uns. Doch der Chefsteward kam vorbei und verwies auf die fatale Neigung seines Kapitäns zu deutschen Schlagern. Woher ich wisse, dass man einen Bassisten suche, fragte er. Und es sei ihm aufgefallen, dass die Maschinisten keinen Takt mehr fänden.

Enna schlug rasch einen Rhythmus an, in den ich einfiel. Die Kadenz von *Knockin' on Heaven's Door*. Ich kenne eine Version, die drei Stunden dauert. So spielten wir, bis ein Gong zum Essen rief. Jeden Abend servierte man uns Toast Hawaii, und tatsächlich war es schwülwarm geworden. Ein Gewitter zog auf, das uns eine Woche lang in Atem hielt. Nachts klopfte ich an Ennas Tür. Sie ließ mich ein und fragte nicht nach Klaus.

»Ich bin kein guter Umgang«, warnte ich das ein oder andere Mal, doch sie wollte mehr.

Das schwere Wetter hatte uns noch fest im Griff, als der Kapitän uns rief. Heinrich hieß er, und er wollte Schlager hören.

»Alles, bis auf *Marmor Stein und Eisen bricht*«, sagte ich, da wurde er sehr wütend. Dies sei sein Schiff und sein Wort Befehl.

»In Japan«, sagte ich, »baut man jetzt die Gefängnisse um. Die Häftlinge werden immer älter, da lässt sich nichts machen. Man bringt Handläufe an den Wänden an, und die Duschen sind künftig mit Rollstuhl zu befahren. Da hilft auch das Befehlen nichts.«

Den Mann schockierte das, denn er sei es gewohnt, dass sich die Welt ihm beuge und nicht er sich der Welt. Unsicher sah er zu seinem Chefsteward.

Der Tod des letzten Bassisten sei noch ungeklärt, meldete dieser. Und dass ich ein Mörder sei, der aus dem Maschinenraum entkam.

Enna winkte ab. Das sei doch längst vergessen. Schnee von gestern und alles so schön bunt hier.

»Marmor Stein und Eisen bricht«, rief der Kapitän und freute sich an seiner Tatkraft.

»Heinerich, der Wagen bricht«, warnte ich, aber niemand hörte zu.

Enna legte die Stirn in Falten und gab mir einen Tritt, also lenkte ich ein. Schnell bebte das ganze Schiff, als das »Damm Damm« erklang. Der Putz fiel von den Wänden, und die Kronleuchter schwangen wild. Das kommt davon, und es kam noch mehr.

»Aufhören!«, rief der Kapitän und ergriff die Flucht. Mit einer schlaffen Geste hieß er den Chefsteward für Ordnung sorgen, nur war es schon zu spät. Bald schrillten die Sirenen. Das Schiff krängte schwer vor Sturm und Lärm.

Den Steward zerfraß eine jähe Wut, doch ich lachte ihm ins Gesicht. Er hielt Enna gepackt, da warf ich beide über die Reling und sprang hinterher.

Bald war es vorbei mit der Heavenly Creatures, sie sank mit Mann und Maus. Ich erkannte die trüben Wasser der Nordsee und wusste, wo ich war. Nicht weit von mir trieb Enna in ihrer Pauke. Niemand sonst hatte sich retten können.

»Ich dachte, dass ich dich mag«, rief sie traurig.

Unter den gegebenen Umständen fand ich den Spruch sehr nett von ihr. Ich nickte und wies gen Osten: nach Helgoland! Mein Bass trieb stets voran und sie folgte mir. Bald kamen wir an Land. Wir trockneten unsere Sachen am Strand der Badeinsel. Ich gab ihr den letzten Toast Hawaii, da lachte sie fröhlich und setzte sich zu mir. Sie war nicht leicht zu erschrecken, und für einen Moment liebte ich sie so, wie man es tun soll. Wir herzten uns, um warm zu bleiben, dann half ich ihr, das Kind zur Welt zu bringen. Endlich sprang sie auf, weinte ein wenig und lief mit ihrem Bündel davon.

Ich holte meinen Bass hervor und schlug laut den Rhythmus zu *Knockin' on Heaven's Door.* Der Wind legte sich schnell, und bald fand mich die Galeere. So ging es erneut gen England. Von der *Heavenly Creatures* war nichts mehr zu sehen. Man findet nie etwas von ihnen. Nicht den kleinsten Ölfleck.

CHRISTIANE GELDMACHER

Playing hard

Rebel Rebel
David Bowie (1974)

Einfach nur ein Popstar zu sein, war mir irgendwann nicht mehr genug. Klar, ich war erfolgreich. *Wir* waren erfolgreich. Andere hätten sich vermutlich gefreut, wenn sie so erfolgreich gewesen wären wie wir. Sie ja wahrscheinlich auch. Aber mein Plan, *obszön reich* mit der Musik zu werden, war noch nicht aufgegangen. Und ich hatte ihn noch nicht aufgegeben.

Damals, in den Nullerjahren, hatten wir als Coverband angefangen. Englische Bands vor allem. Da Kalli auf Gitarre stand, haben wir auch härtere Sachen gecovert, viel Glamrock, T. Rex zum Beispiel, und immer wieder David Bowie, vor allem *Rebel Rebel,* weil es so perfekt passte: »*We like dancing and we look divine / You love bands when they're playing hard / You want more and you want it fast …*« Später auch Punk, die Sex Pistols, The Clash, Sie wissen schon.

Nun ist covern ja gut und schön. Ich aber wollte zur Abwechslung mal *richtig* Geld verdienen. Ich wollte, dass wir von unserer Musik leben können. Man sollte von dem leben können, was man macht, oder was sagen

Sie? Von dem, was man am besten kann. Stadionrock wärs gewesen. Nicht nur Freilandfestivals (obwohl wir Hurricane und Southside wirklich liebten). In der Zwischenzeit hatte ich genug eigene Stücke geschrieben, sodass wir groß rauskommen konnten. Und kamen. Nicht wenige Stücke landeten in den Top Ten der Charts.

Aber nicht jeder wird gern groß. Nicht jeder entwickelt sich gern weiter. Manche entwickeln sich sogar zurück.

Und wird dann zu einem Bremsschuh.

* * *

Ich wollte zwei Sängerinnen haben für den Background von *Closure* (unserer Band). Erstens weil ich nicht immer alle Höhen in meine Stimme bekam, vor allem nicht, wenn ich zu viel geraucht oder getrunken hatte; und zweitens, weil *Closure* am besten zündete, wenn möglichst viele Musiker und Sänger live auf der Bühne standen. Die Sänger durften übrigens auch gerne mal Sängerinnen sein, dann zündete es noch mehr.

Aber Kalli und Sängerinnen! Nicht, dass er sie nicht gemocht hätte. Natürlich mochte er sie. Er betrachtete sie jedoch nur als Groupies, während *sie* sich als Profis einordneten. Musikalisch hasste er einfach die *Idee* von Backgroundsängern. Ebenso sehr wie er die *Idee* von Bläsern hasste oder die *Idee* von einem Piano auf der Bühne. Alle Pianos waren ausnahmslos Elton John für ihn. Und der Letzte, den Kalli covern würde, wäre Elton John. Der war für ihn pure Anbiederung ans Establishement. Kalli wollte *Reinheit* auf der Bühne: ein Sänger, zwei Gitarren, ein Bass, ein Schlagzeug, fertig.

Also, jedenfalls holte ich diese Sängerinnen in die Band. We looked divine, wenn Sie verstehen, was ich meine. Yeah, and we felt it too! Es lief auch gleich alles viel besser, zwar nicht für die Puristen unter unseren Fans – die verrissen uns auf Twitter –, aber die Kasse klingelte mit den vielen anderen, die die neue Richtung mittrugen. Von den meisten in der Community wurden die Sängerinnen angenommen und sie hatten bald ihren eigenen Fankreis. Vor allem interessierten sich jetzt auch mehr Frauen für die Band. Ich war zufrieden: Wir hatten Girlies, wir hatten einen neuen Sound, und die Bühne musste nicht mehr von meiner Stimme allein getragen werden. Der größte Konflikt – außer dem Dauerknatsch mit Kalli – bestand lediglich darin, welche TV-Serie während der Tour auf DVD geschaut würde. Die Sängerinnen setzten sich mit *The Mindy Project* durch, was, das musste selbst Kalli zugeben, ganz witzig war (auch wenn ihm *Game of Thrones* lieber gewesen wäre). Sie machten Selfies von uns allen und posteten die Bilder auf Instagram, wo sie tausendfach geteilt wurden. Das erzeugte den nächsten Krach mit Kalli: Er hasste diesen ganzen Fankram. Es war eine Sache, T-Shirts und Keramikbecher mit unserem Logo zu verkaufen, aber eine andere, an diesen Verkauf auch noch zu *glauben*. Wenn die Plattenfirma eine Marketingfirma beauftragt hatte, unser Facebook zu führen: Gut und schön. Aber Kalli war nicht bereit, sich persönlich bei den Fans – ich zitiere – anzuwanzen. Das eine oder andere Foto backstage, okay; auch mal ein Foto von ihm und seiner Frau. Aber dann sei Schicht. Ohnehin würden die Fans sie nur dazu benutzen, um zu protzen. Sie würden das Bild bei Facebook posten und »Musiklegende!« dazu schreiben. So wie ein Textbaustein. Kalli sah immer mürrischer auf diesen Fotos aus – wenn es einem Fan denn mal gelang, sich ihm in den Weg zu werfen.

Also hatten wir einen Disput darüber, wer unsere Zielgruppe überhaupt wäre. Ich hob genau auf diese jungen Fans, die *Digital Natives* ab, aber Kalli prangerte deren Geschäftsgebaren an. Was heißt Geschäftsgebaren? Sie kauften unsere CDs nicht, obwohl wir geile Cover machten, coole Textbooks rausgaben und so weiter. Die digitalen Fans lüden unsere Musik nur illegal im Netz herunter; Kalli fand es zum Kotzen. Klar hätten wir damals auch alle in Prag, als wir noch jung gewesen wären, die ganzen Raubkopien von den Kassetten mitgehen lassen. Aber da sie offen auf dem Markt angeboten worden waren, hatten wir immer irgendwie geglaubt, es wäre legal gewesen.

An diesem Punkt warf ich Kalli Heuchelei vor.

»Wir machen gute Musik, geile Cover, klasse Textbooks. Dann sollen sie gefälligst auch unsere CDs kaufen, Robbie!«

Jawohl, unser Gitarrist hatte eine andere Zielgruppe. Die Gleichaltrigen und die Älteren, da lag seiner Meinung nach das Geld, wenn es mir schon darum ginge. Nicht bei den jungen Schnorrern. Diese Zielgruppe kaufe Vinyl-Sonderausgaben zum Record-Day; diese Zielgruppe pflege er.

Und es ginge ihm um Inhalte, intellektuelle Konzepte – was immer das sein sollte – , die etwas mit dem *Le-*

ben der Menschen zu tun hätten, mit ihrer *Sinnsuche*. Ich fand Kallis Texte indes schlecht und sagte, Kalli würde sich kaum als *motivational speaker* für unsere Fangemeinde eignen. Im Gegenteil, er ziehe sie herunter. Mit Verlaub auch seine eigene Klientel. Sein Rock 'n' Roll sei doch nur noch Pose – wie er die Gitarre in den Himmel recke. Oder wie er jemanden im Publikum hervorhebe, indem er auf ihn zeige (wie diese amerikanischen Präsidenten bei Townhall-Meetings). Von Kalli gab es schon tausende dieser Fotos. Immer wieder das Gleiche: Kalli hält die Gitarre hoch, Kalli zeigt ins Publikum (ich fragte mich, wie die Stones es so lang miteinander ausgehalten hatten. Mick Jagger sprang so hysterisch wie eh und je auf der Bühne herum. Null Entwicklung. Warum waren alternde Rock 'n' Roll-Stars so oft peinlich? Das sehen Sie nicht in der Klassik oder im Jazz, nicht mal in der Volksmusik. Irgendwie halten andere Musiksparten die Linie, sie bewahren ihre Würde. Jazzlegenden würde es nie in den Sinn kommen, sich halb auszuziehen.)

We looked divine? Von wegen! Schon lange nicht mehr. Es war nicht zu übersehen: Wir hatten eine schlechte Phase.

Und dann gab Kalli dieses Interview – Sie haben es bestimmt gelesen, es erschien in *Spex* –, in dem er behauptete, meine letzten Kompositionen seien nicht mehr relevant genug. Also ehrlich! Man kann ja viel behaupten, aber nicht, dass ich nicht mehr relevant bin. Ich rastete aus und ließ sofort die Tour sausen; Kalli musste an diesem Abend meinen Gesangspart übernehmen (der Kerl hatte überhaupt kein Volumen!), und wir redeten sechs Wochen nicht miteinander. Auch der Rest des Jahres verlief unschön; die Musikkritiker, die uns bisher wohlmeinend toleriert hatten, saßen jetzt, einmal auf uns aufmerksam geworden, mit Mikroskopblick über unseren Stücken. Sie sezierten sie, hatten plötzlich überall etwas auszusetzen und fanden natürlich auch die kritisierte Irrelevanz. Kalli hatte uns schön damit ins Knie geschossen.

Der nächste Krach teilte unsere Fangemeinde in zwei Lager: In das #TeamKalli und das #TeamRobbie. Wobei #TeamRobbie keinen Facebookaccount hatte, sondern nur Instagram. Und auf Instagram kann man nicht so gut mobben wie auf Facebook. (Wenn Kalli keinen Facebookaccount gehabt hätte, säße ich heute vermutlich nicht im Gefängnis, aber das nur nebenbei). Kalli stalkte mich, wo er nur konnte; auch während wir spielten, auch während ich *sang*. Egal, was ich tat, es wurde von Kalli auf der blauen Seite kommentiert. Er hätte seinen Account *Ich.Hasse.Robbie* nennen können, er hatte kein anderes Thema als mich. Ich mit Fans, ich mit anderen Musiklegenden, ich mit Logo-Keramikbecher. Dauernd zog Kalli mich in den Dreck, nannte mich eitel und geldgierig. Seine eigene Eitelkeit und seine eigene Geldgier unterschlug er natürlich. Ich las seine Einträge meistens verspätet, weil ich viel unterwegs war, man hat ja auch noch ein Privatleben. Manchmal, wenn ich mich zu sehr ärgerte, antwortete ich irgendwann in einem Interview in der Presse. Meine Reaktion kam dann oft in eine gute Phase Kallis, in der er mich ausnahmsweise gelobt hatte: Dieser und jener meiner Songs sei ganz in Ordnung; man könne mir nachsagen, was man

145

wolle, den Roadies gegenüber sei ich fair; man habe auch schöne Zeiten miteinander gehabt. Aber dann las er mein Interview, in dem ich ihn als debil und gestört bezeichnete, und der Ofen war wieder aus. Eine Zeitlang kommunizierten wir beide nur via soziale Medien, weil sie es so einfach machten, sich gegenseitig zu beleidigen, ohne es zu einer direkten Auseinandersetzung kommen zu lassen. Wir konnten gar nicht damit aufhören, uns gegenseitig schlecht zu machen; bis es zu einer Intervention unserer Frauen kam, die die Wogen wieder für ein paar Wochen glätteten.

* * *

Aber der tiefe Riss in unserer Beziehung war nicht mehr zu übersehen. Kalli spielte die Songs kaum noch so, wie ich sie komponiert hatte. Er experimentierte während der Auftritte herum. Klar war es seine Aufgabe, meine Songs zu interpretieren, aber er ging dauernd auf eine kindische Art und Weise zu weit. Man kann aus meinen Balladen keine Jimi-Hendrix-Zerrstücke machen. Wenn ich ihm nach der Show sagte, dass er mal wieder danebengelegen hätte, erwiderte er, wenn er auf der Bühne nichts mehr spontan ausprobieren könne, seien Live-Auftritte keine Option mehr für ihn. Und Perfektionismus sei ohnehin nicht sein Ding. Und damit stünde er im Rock 'n' Roll im Übrigen nicht alleine da.

Das Fass lief über, als Kalli eines Abends bei einem Gig unter seiner Lederjacke nichts anhatte. Darauf hatte ich immer Wert gelegt – dass wir gepflegt aussähen und dass man den Fans nicht den eigenen, alternden Körper zumutete. So wie Iggy Pop. Der sprang halbnackt auf der Bühne herum und glaubte, jemand interessiere sich für seine Runzelhaut. Das sei – eben! – Rock 'n' Roll.

Also jetzt auch Kalli, halbnackt, mit Tattoos. Die Fans standen unter Schock. Von *Closure* hätten sie solchen Exhibitionismus nicht erwartet. Und ich auch nicht, wenn Sie verstehen, was ich meine. Kalli und ich, wir brüllten uns backstage an.

Die Woche drauf adaptierte Kalli das Aussehen David Bowies von der Spiderglass-Tour, ohne dass ich etwas davon wusste. Was heißt er adaptierte. Er *lehnte* sich daran *an*. Eine riesige Spinne bis in eine Höhe von zehn Metern hatte bei Davids Spiderglass-Tour die Bühne beherrscht und David war von oben – quasi wie aus dem Mutterleib – herunter gelassen worden. Kalli hatte es eine Nummer kleiner gemacht: Er hatte diese verdammte Spinne *angezogen*. Er tauchte also mit acht haarigen Beinen auf der Bühne auf und unter seiner Lederjacke hatte er nichts an. Es sollte ein Ärgernis für mich sein: Erstens weil ich mich wegen seiner neuen Tattoos aufgeregt hatte (das habe ich noch gar nicht erzählt: auf dem *Hals! Er selbst, die Gitarre auf der Bühne in die Luft gereckt! Wie bescheuert war das denn?!*), und zweitens, weil ich Angst vor Spinnen hatte. Ich verabscheute sie, ich ekelte mich vor ihnen, ich konnte kein Auge zutun, wenn eine in meinem Schlafzimmer war. Und Kalli kannte meine Spinnenphobie sehr gut. Wie oft hatte er, als wir uns noch gut verstanden und die Zimmer in den Hotels geteilt hatten, dafür gesorgt, dass das Zimmer auf alle Fälle spinnenfrei war. *Wenn* er eine entdeckte, beförderte er sie sofort aus dem Fenster.

Gereizt verklickerte ich ihm, dass David Bowie die Spiderglass-Tour gehasst hätte, dass man ihn später nie wieder auf die Tour hätte ansprechen dürfen, dass er sie als seinen größten Flop betrachtet hätte; und dass auch die Kritiker sie scheußlich gefunden hätten. Kalli gab nicht nach, er liebte die Spiderglass-Tour, er sah sie sich wieder und wieder auf YouTube an: wie erst die Musiker auf die Bühne herabgelassen wurden und dann David. Er hätte zwar gelesen, dass das theatralische Setting nicht die Kritiker überzeugt hätte – aber wer gäbe schon was auf die Kritiker!

»Die Show diente später als Blaupause für andere Shows!«, rief Kalli. »Die Spiderglass-Tour hat Generationen von anderen Musikern in ihrer Bühnenshow beeinflusst! Und in jedem Fall ist sie einfallsreicher als deine, Robbie!«

Und so stand der Idiot also, den Blick in die Ferne gerichtet, auf der Bühne in seiner bescheuerten Spinnenverkleidung. Dauernd hatte er mit dieser Montur zu kämpfen und blieb mit den Spinnenbeinen an der Dekoration oder an den Kabeln hängen. Die Fans fanden's lustig, pfiffen und johlten. Kalli aber war genervt, das konnte ich an seinem Profil sehen. Und ich war supergenervt, denn alle Aufmerksamkeit lag bei Kalli und nicht mehr bei mir.

Kalli war zu weit gegangen.

* * *

Die Discokugel samt Motor knallte ein paar Tage später direkt auf ihn drauf. Der Notarzt sagte, dass Kalli nichts davon gespürt hätte, was mir nur recht war. Er sollte ja keine *Schmerzen* haben, sondern nur weg vom Fenster sein. Er war schon tot gewesen, bevor die Schmerzen anfingen, sagte der Arzt.

Natürlich war ich trotzdem entsetzt, als es passierte. So wirkte meine Panik aber auch authentisch. Es hätte zwar *noch authentischer* sein können; ich hätte zum Beispiel von der Bühne rennen können aus Angst, dass noch mehr passieren würde. Aber zu Kalli zu rennen und zu versuchen, ihn unter dem Scheinwerfer hervorzuziehen, war auch nicht schlecht. Die Securityleute schrien mich jedoch an, ich solle sofort die Bühne verlassen. Ein paar von ihnen eskortierten mich schließlich backstage. Dann waren die Sanitäter auch schon auf der Bühne, die sowieso immer bei unseren Konzerten anwesend sind und sich durch die vor Schreck gelähmte Menge gekämpft hatten. Kalli wurde mit Blaulicht ins Krankenhaus gebracht, aber es half nichts mehr, er war schon tot.

Sie überführten mich ziemlich schnell. Zum Verhängnis wurden mir unter anderem – als Ersttäter war ich ziemlich dilettantisch vorgegangen – die Videoaufnahmen, die die Fans mit ihren Smartphones von dem Konzert gemacht hatten. Sie waren ziemlich eindeutig. Erstens war ich, anders als sonst, nicht besonders entspannt bei diesem Konzert. Ich sang schlecht und unkonzentriert. Ein paar Mal vergaß ich sogar den Text. Und zweitens schaute ich dauernd zu dem verdammten Scheinwerfer hoch, wann er endlich runterkäme. Ich war ja beinahe selbst zu Tode gekommen, als ich ihn manipuliert hatte. Die Tatwaffe fanden sie zwar nicht – im Grunde war das ja der Scheinwerfer –, dafür konnten sie auf meinem Laptop zurückverfolgen, dass ich dauernd diese Scheinwerfer auf dem Bildschirm gegoogelt hatte.

Ich hatte zwar ein Superalibi für die Tatzeit (immerhin schmetterte ich gerade unseren größten Hit ins Mikrofon), aber keines für den *ganzen Tag*. Ich war verschwunden gewesen (herumgeturnt in der Lichttechnik, um den Scheinwerfer zum Absturz zu bringen); sehr ungewöhnlich für mich, der ich gern immer mit der Crew abhänge. Kalli hatte mich sogar noch gesucht, weil er noch ein paar Hühnchen mit mir zu rupfen hatte, und alle gefragt, wo zum Teufel ich mich herumtreibe.

Schließlich hatte mich einer der Roadies oben bei den Scheinwerfern gesehen (ich weiß bis heute nicht, wer dieser Maulwurf war).

Das Verderben aber war, dass ich ein schlechtes Gewissen bekam. Kaum war der Mord passiert, tat es mir leid. Und nicht nur, weil ich selbst in Schwierigkeiten geriet. Nicht nur, weil es mir an den Kragen ging. Ich fand es unfassbar, dass ich einen anderen Menschen aus dem Leben gerissen hatte. Und nicht nur irgendeinen Fremden, nein: Meinen einstmals besten Freund, meinen Seelenverwandten! Wie hatte das nur passieren können? Und ja, auf einmal sehnte ich mich nach ihm – und nach Strafe.

Und so gab ich es irgendwann mal zu, nachdem die Beamten mir wieder und wieder die Evidenzen und Fanvideos gezeigt hatten. Ich wollte sogar mein Herz dem Hauptkommissar ausschütten, von Kallis und meinen Konflikten erzählen, um Absolution von ihm

150

zu erlangen, das interessierte ihn aber nicht besonders. Er hatte schon zu viel erlebt, zu viel gehört. Mein Geständnis reichte ihm völlig. Die Details sollte später das Gericht klären. Der Nächste bitte.

Vor dem Mord dachte ich, dass sich meine Probleme lösen würden, wenn Kalli erstmal nicht mehr wäre. *Befreie* dich von Kalli, hatte mir diese böse Stimme zugeflüstert, *befreie* dich von dem Nerv; wenn du ihn ausschaltest, wird dein Leben wieder *schön*. Du wirst dich nie wieder über etwas ärgern.

Was soll ich sagen? *Großer Irrtum!* Denn nun ärgerte ich mich über mich selbst. Und über andere Mitgefangene. So, wie ich mich niemals über Kalli geärgert hatte. Mitgefangene, ich versichere es Ihnen, sind das Schlimmste. Es ist, als wäre man jahrelang morgens um sieben in einem zu engen, zu vollen, überlasteten öffentlichen Nahverkehrssystem unterwegs.

Aber okay. Ablaufen wird es wie bei Uli Hoeneß: Promibonus. Dank guter Führung nur relativ kurze Zeit im Knast, mildernde Umstände, gute Führung. Alle kennen mich. Alle lieben mich. Selbst #TeamKalli hat mir vergeben, nachdem ich ein sentimentales Interview in der *Bunten* gegeben hatte.

Ich nutze jetzt die Zeit und habe im Knast eine Band gegründet. Zwei Insassen können Gitarre und Schlagzeug. Die Band heißt *Rebel Rebel*. Wir spielen ein paarmal im Jahr, auch gegenüber im Frauenknast. Mit den meisten Songs von mir, aber auch ein paar von Kalli.

Und von David Bowie natürlich.

Als Reminiszenzen.

SABINE TRINKAUS

Tamara Superstar

Waterloo
Abba (1974)

Und an diesem very special Abend habe ich einen very special song ausgesucht ...«, haucht Tamara ins Mikro. »Für einen very special Menschen in meinem Leben, ohne den ich heute nicht hier stehen würde.« Sie wirft lasziv die lange rote Mähne nach hinten. »This is for you, Björn – I love you.«

Mir fällt fast die Bierflasche aus der Hand. Natürlich habe ich es schon lange gefühlt. Nein, ich habe es gewusst. Ich war sicher. Aber dass sie es laut ausspricht, da oben auf der Bühne, vor allen Leuten, das haut mich schon um. Ein Teil von mir kann noch immer nicht fassen, wie schnell alles gegangen ist. Eben war ich noch ein lahmer, alternder Buchhalter mit einem öden Leben. Und plötzlich werden die Träume, an die ich fast selbst nicht mehr geglaubt habe, wahr. Ich bin, was ich immer sein wollte. Ein Rockstar! Ein Killer!

Killer jetzt nicht wie Hannibal Lecter. Eher so eine Mischung aus Terminator und Bud Spencer. Ein knallharter Typ, der alle, die sich zwischen ihn und seine Ziele stellen, aus dem Weg haut. Einer, der sich nichts

152

bieten lässt. So wollte ich immer sein. Ich hatte sogar eine Liste. Mein Chef, der alte Voss von nebenan, Astrid natürlich und ihre Mutter, und die fiese Krause von der Personalabteilung. Aber dass ich die Sache wirklich mal durchziehe, hätte ich mir eigentlich fast selbst nicht mehr zugetraut. Keiner hätte mir das zugetraut. Auch nicht Mia. Aber die weiß es jetzt eindeutig besser.

Bei dem Gedanken an Mia tastet meine Hand automatisch zur Innentasche des Jacketts, fühlt nach dem dicken Papier der Eintrittskarte. Aftershow-Backstage, exklusives Meet-and-greet. *Björn, I love you ...*

Ich starre auf den Bildschirm. Tamara in Großaufnahme, strahlend schön, das Intro läuft, dann legt sie los: *»My, my – tada – at Waterloo Napoleon did surrender ...«*

»Ha!«, kreischt Astrid, die gerade reinkommt, in der Hand eine offene Chipstüte. »Abba – ausgerechnet! Wie peinlich ist das denn?« Winzige Krümel spritzen aus ihrem Mund. »Das hat sie doch damals schon verkackt, die fette Kuh!« Sie lässt sich neben mir aufs Sofa fallen.

Es ist ganz gut, dass sie den Anfang verpasst hat. Obwohl sie dann vermutlich nicht diesen Ton am Leib hätte – etwas zwischen Triumph und Gemeinheit. Und nicht so einen Unsinn reden würde, denn Tamara hat es alles andere als verkackt, damals. Das Casting für die Frontfrau, die wir für unsere Abba-Tribute-Band brauchten. Sie hatte immer eine tolle Stimme. Eine Kuh war sie auch nicht. Fett – okay, ja, schon ein bisschen. Aber die Zeiten ändern sich ganz offensichtlich.

»Waterloo – I was defeated, you won the war ...«, singt sie jetzt, und ich versuche, das Schnaufen von Astrid neben mir zu ignorieren. Ich konzentriere mich lieber da-

rauf, dass von fett wirklich überhaupt gar keine Rede mehr sein kann. Fantastisch sieht sie aus, meine Tamara. Und dass sie für mich singt, einen *very special Menschen,* macht mich unendlich glücklich. *Björn, I love you.*

Es ist so wunderschön zu wissen, dass sie nicht mehr sauer auf mich ist. Weil sie es nämlich verstanden hat. Natürlich hat sie eingesehen, dass wir damals im Grunde keine Wahl hatten, der Burkhard und ich. Wir waren zwar erst fünfzehn, aber wir wussten trotzdem schon, wie der Hase läuft im Musik-Business. Dass es da natürlich viel um Äußerlichkeiten geht.

»In ihrem Alter, Gott wie peinlich!«, keift Astrid in meine Gedanken. Astrid, ausgerechnet. Astrid, die da hockt in ihrem schauderhaften, ausgeleierten Hausanzug – Doppelkinn, Winkefleisch und Hängebusen. Hätte ich damals geahnt, wie kurz Astrids optisches Haltbarkeitsdatum ist, dann wäre sie ganz sicher nicht Frontfrau geworden, zumal das mit dem Singen wirklich eher mäßig war bei ihr. Aber damals hatte Astrid halt noch diesen Hintern. Und das, was sie damit gemacht hat, dieses Wipp-Wackeln, das war schon irre. Astrid war im Grunde Agnetha hoch vier, optisch jetzt, blond und schlank und heiß. Und Tamara war halt nicht mal Anna-Frid im Ansatz. Außerdem hatten wir schon eine Anna-Frid, die Anke nämlich, Burkhards Schwester. Und die musste mitmachen, weil ihr Freund uns seinen Verstärker geborgt hat zum Proben. Und mit dem Namen hat es ja auch besser gepasst, Astrid, Burkhard, Björn und Anke, das musste sogar Tamara zugeben. Ohne einen gewissen Pragmatismus geht es halt nicht im Musikgeschäft.

»*And how can I ever refuse*«, schmettert Tamara: »*I feel like I win when I lose …*«

Astrid schnaubt. Abfällig. Ich werde immer wütender. Immerhin war es letztlich ihre Schuld, dass wir karrieretechnisch so vor die Wand gefahren sind, damals. Sie war ja diejenige, die keinen Ton sauber getroffen hat. Mit Tamara wäre das bestimmt besser gelaufen. Dann wären wir vielleicht sogar mal aufgetreten und hätten wenigstens die Chance auf den großen Durchbruch gehabt. Und ich würde jetzt nicht auf diesem Sofa hocken mit Astrid, sondern würde neben Tamara auf der Bühne stehen mit meiner Gitarre. Und sie würde tanzen, und bei »*Couldn't escape if I wanted to …*« würde sie in meine Richtung schauen und lächeln, und alle Männer im Saal würden fast durchdrehen vor Eifersucht.

Umso großartiger die Erkenntnis, dass es nicht zu spät ist. Dass wahre und echte Liebe irgendwann ihren Weg findet, genau wie Talent.

»*Waterloo – promise to love you for ever more …*«, singt Tamara, und ich vergesse für eine Sekunde Astrid, vergesse das alles hier, und konzentriere mich auf die Zukunft. Eine goldene Zukunft, in der ich alles wieder gut machen werde. Dafür leben, diese Frau glücklich zu machen. Wie ernst es mir damit ist, beweist die Sache mit Mia. Für Tamara habe ich das getan, für sie bin ich zum Killer geworden. Und es ist ein gutes Gefühl. Zumal es nicht einmal sonderlich schwer war. Die Sache ist total rund gelaufen, obwohl Mia nicht mal auf meiner Liste stand und ich überhaupt nicht vorbereitet war.

Die Kamera in der ausverkauften Arena schwenkt über das Publikum. Menschen heben die Arme, tanzen begeistert, hängen an Tamaras Lippen. »*My, my* ...«, juchzt sie jetzt, »*I tried to hold you back, but you were stronger* ...«

»Da ist doch nichts echt. Die hat doch alles machen lassen!«, verdirbt Astrid umgehend den Moment. Als könne sie sich auf ihrer Echtheit ein Ei backen, na herzlichen Glückwunsch. Mal ganz abgesehen davon war Tamara nie hässlich, auch damals nicht. Dick eben, aber sie hatte ein hübsches Gesicht. Sie war überhaupt toll, viel toller als Astrid, aber ich war zu jung, zu unreif, um zu kapieren, dass wir zusammengehören. Ich dachte, das mit Tamara und mir ist eher so eine Notlösung. Weil wir beide wussten, dass wir eindeutig nicht Agnetha und Björn sind, also der richtige Björn jetzt. Nicht mal Anna-Frid und Benny, das zweitklassige Paar. Tamara mit der Figur. Und ich mit der elenden Akne, jahrelang. Uns beiden war klar, in welcher Liga wir spielen, weit unter Mittelklasse nämlich. Trotzdem hat man natürlich Hormone und Bedürfnisse, auch in diesem Alter, gerade in diesem Alter. Und dann findet man sich halt entsprechend damit ab und zusammen. Das ging auch, das ging ganz gut, mit Licht aus und Kopfkino an. Aber dann waren die Pickel auf einmal weg, und ich habe die Band gegründet mit Burkhard, und auf einmal war ich cool und alles war anders. Dass die Astrid dann auf einmal auf mich stand, diese volle Agnetha-Packung mit diesem Hintern, das hat mich natürlich total durcheinandergebracht. Das war blöd für Tamara, klar war die sauer auf mich. Sie war halt damals schon reifer, klug genug, um zu wissen, dass wir beide füreinander bestimmt sind. Und darum hat sie nie aufgehört, an mich zu denken. So wie ich an sie. Also – nicht die ganze Zeit jetzt. Zwischendurch war sie ein bisschen von meinem Radar verschwunden. Aber als ich sie dann im Fernsehen gesehen habe, bei dieser Superstar-Nummer, war alles sofort wieder da. Seitdem denke ich Tag und Nacht an sie. Weil ich begriffen habe, dass sie die Frau meines Lebens war und ist und bleiben wird.

Darum tut es mir auch ein bisschen leid um Mia. Die war nämlich die Einzige, mit der ich über Tamara reden konnte. Mia war ihr größter Fan, sie wusste alles über Tamara. Sie hat verstanden, wie toll die ist. Wir teilen uns ja ein Büro in der Buchhaltung. Wir waren eigentlich nie so dicke, die Mia war ja auch viel jünger, hatte ganz andere Interessen. Aber seit sie gemerkt hat, dass ich mich für Tamara interessiere, haben wir uns echt super verstanden. War schon ein nettes Mädel, die Mia, ist echt schade drum. Aber wo gehobelt wird, da fallen halt Späne.

»Megapeinlich«, kreischt Astrid. »Die bildet sich vermutlich noch ein, dass sie gewinnt!« Ich weiß nicht, was mich wütender macht. Ihr Ton oder der Umstand, dass sie so einen Quatsch redet. Es besteht kein Zweifel daran, dass Tamara dieses Finale für sich entscheidet. Noch knapp zweieinhalb Stunden, dann ist sie ein Superstar. Der Superstar, ganz oben, dann steht ihr die Welt offen – uns! Und Astrid guckt dann in die Röhre, sie bleibt nämlich hier hocken, meine adipöse, unzufriedene, ewig nörgelnde Gattin. Ex-Gattin, korrigiere ich heimlich, denn natürlich wird Tamara mich heiraten wollen. Ganz romantisch, am Strand vielleicht, barfuß

157

unter Palmen. Und Astrid wird unser Glück in den Medien verfolgen und verrückt werden vor Wut und Neid. Ein guter Gedanke, gleichzeitig auch ein blöder, denn dabei fällt mir das Gespräch mit Burkhard ein. Neulich in der Kneipe, nach dem Kegeln, da habe ich mich mal ganz unverbindlich erkundigt bei ihm. Weil der Burkhard ja jetzt Anwalt ist und sich ganz gut auskennt. Und er hat die Augen gerollt und gesagt, dass er sich das an meiner Stelle sehr gut überlegen würde. So eine Scheidung macht jede Menge Ärger, hat er gesagt, ganz sicher von jemandem wie Astrid. Die zieht dir das letzte Hemd aus, hat er gesagt, und vorher macht sie jede Menge Stress, das dauert ewig, und es wäre vielleicht klüger, sich auf die positiven Seiten zu konzentrieren, ihre guten Seiten jetzt. Mir ist da nicht viel eingefallen. Außer ihre Königsberger Klopse und vielleicht die Dienstagabende, wenn ich vom Kegeln komme und sie noch wach ist und in Stimmung. Kommt jetzt nicht wahnsinnig oft vor, der Hit ist es auch nicht mehr, aber mit Licht aus und Kopfkino an natürlich besser als nichts.

Siehste, hat der Burkhard da gesagt, und abgesehen davon machen wir uns doch mal nichts vor – was Besseres findest du eh nicht mehr, schau dich mal an. Da hat er vielleicht vom damaligen Standpunkt aus fast irgendwie Recht gehabt. Aber dann kam die Liebe zu mir zurück, diese Liebe, die das Beste aus einem Menschen holt. Den Killer. Den Rockstar.

»*Waterloo – couldn't escape if I wanted to …*«, singt Tamara wieder und schwenkt Hüfte und Busen. Ich denke daran, wie es sein wird, morgen neben ihr aufzuwachen, splitternackt in einem schicken Hotelzimmer, neben dem Bett der Champagnerkühler, und das lenkt mich sehr erfolgreich und nachhaltig von den unerfreulichen Gedanken ab.

»Ich könnte kotzen«, sagt Astrid. »Hat die keinen Spiegel? Und kein Schamgefühl? Dieses Kleid! E-kel-haft!«

Boshaft. Giftig. Ekelhaft ja, es ist ekelhaft, dass ausgerechnet Astrid sich anmaßt, hier von Schamgefühl zu faseln. Wenn sie davon auch nur einen Funken hätte, dann hätte sie mich längst verlassen. Die kann mich genauso wenig leiden wie ich sie. Aber dann hätte sie ja nicht mal mehr das schäbige Reihenhaus und mein mickriges Gehalt gehabt. Dann hätte sie ja womöglich selber mal arbeiten müssen und hätte keine Zeit mehr gehabt, mit ihrer fiesen Mutter in meiner Küche zu hocken, von meinem Geld Sherry zu saufen und darüber zu reden, was für eine Enttäuschung ich bin.

Jetzt wird sie natürlich alles tun, um richtig Stress zu machen, die Scheidung so lange wie möglich zu verzögern, schon, um unsere Traumhochzeit zu sabotieren. Dabei hat Tamara wirklich genug gelitten, all die Jahre ohne mich. Jahre, in denen ich hier gehockt habe, neben Astrid auf dem Sofa. Jahre, in denen sich meine feine Frau Gemahlin keinesfalls eines ihrer fetten Beine ausgerissen hat, um unsere Beziehung ein bisschen nett zu gestalten, die undankbare Schlampe.

»Waterloo – knowing my fate ist to be with you.« Tamara jubelt die letzte Zeile. »Waterloo – finally facing my Waterloo …« Das Publikum singt mit, dann bricht es in frenetischen Jubel aus. Alle liegen ihr zu Füßen. Ich muss wieder an Mia denken und wische mir verstohlen ei-

159

ne Träne aus dem Augenwinkel. Es ist traurig, dass sie das nicht mehr erleben kann, das hätte ihr so gut gefallen. Die anderen Finalisten müssen gar nicht mehr antreten, es ist völlig klar, wer gewinnt. Aber natürlich werden sie das trotzdem tun, darum habe ich noch ein bisschen Zeit.

Zeit, die ich nutzen werde, begreife ich auf einmal. Denn so bin ich, so bin ich jetzt. Einer, der ein Problem erkennt und aus der Welt schafft. Einer, der alles tut, um die Frau, die er liebt, zu beschützen. Einer, der nicht aufzuhalten ist. Da muss man nur Mia fragen, wobei man natürlich von der keine Antwort mehr zu erwarten hat.

Ich stehe auf und gehe in die Küche. Ich suche die Flasche. Sehr teurer Sherry, den liebt Astrid. Nach diesem Gespräch mit Burkhard über das Thema Scheidung hatte ich da einfach mal was vorbereitet. So als Versuch, und weil Astrid nun wirklich schon ewig auf der Liste steht. Und darum habe ich den Sherry gekauft, der eigentlich viel zu teuer ist, den sie aber sehr mag, und hab das Zeug reingemischt. Ich habe die Flasche versteckt und gehofft, dass sie sie findet, ein Unfall, quasi. Hat nicht geklappt, ist aber egal, jetzt bin ich froh, dass der Sherry da ist.

»Was ist denn jetzt los? Haben sie dir in den Geldbeutel geschissen?«, fragt Astrid, als ich zurück ins Wohnzimmer komme. Sie klingt misstrauisch, aber ihr Blick saugt sich gierig an der Flasche fest.

Ich sage nichts. Muss ich nicht. Auf Astrids Gier kann man sich blind verlassen. Während der nächste Finalist auf dem Bildschirm erscheint – ein melancholisches Bübchen mit Schmalzhaaren und Akustik-Gitarre –, trinkt sie, ziemlich schnell, ein Glas, noch eins, dann ein drittes. Nach dem vierten sinkt ihr Kopf langsam auf die Brust. Sie murmelt noch kurz etwas Unverständliches, sabbert dabei ein bisschen, dann ist sie still. Im Unterschied zu Mia tut es mir um Astrid kein bisschen leid. Letztlich wäre sie ohne mich vermutlich sowieso zugrundegegangen. Und ein glücklicher Mensch war sie nie. So ist es besser für alle. Trotz der spontanen Plan-Erweiterung liege ich noch gut in der Zeit. Ich gehe ins Arbeitszimmer, werfe den Computer an und überlege einen Moment. *›Ich kann nicht ertragen, dass Björn mich verlassen hat und nun mit Tamara sehr, sehr glücklich wird‹,* tippe ich. *›Darum scheide ich freiwillig aus dem Leben.‹* Abschiedsbriefe mit dem Computer sind nicht ganz optimal, das weiß ich, aber heutzutage schreibt ja niemand mehr mit der Hand, es wird schon reichen. Ich gebe den Druckbefehl.

Es klingelt.

Verdammt. Wer kann das sein? Freitagabend um diese Zeit hocken alle, die wir kennen, vor der Glotze. Da klingeln nicht mal die Zeugen Jehovas. Ich bleibe ruhig, hoffe, dass der Störenfried von allein verschwindet. Ein »Juchu« aus dem Flur macht meine Hoffnung zunichte. Astrids Mutter, ausgerechnet! Sie hat einen Schlüssel, natürlich, sie geht ja hier ein und aus, als gehöre ihr das Haus. Das ist jetzt blöd, sehr blöd, ich muss improvisieren. Ich springe auf, fange sie im Flur ab. »Mutti«, sage ich. »Was machst du denn hier?«

Mutti mustert mich missbilligend, wie immer. »Astrid?«, kreischt sie dann. »Bist du da? Kannst du es fassen – dieser Auftritt da eben, Björn, I love you?« Sie kichert laut und hysterisch, ihr Blick wird hämisch.

Gestern noch hätte mich das furchtbar aufgeregt. Ich wäre womöglich in Panik geraten. Ich bin froh, dass ich mich so verändert habe. Herr der Lage bin, ein gelassener Killer. »Es hat sie ziemlich mitgenommen«, sage ich schlau. »Sie hat ein bisschen zu viel getrunken, fürchte ich, es wäre vielleicht besser, wenn du morgen ...«

»Papperlapapp!« Mutti schiebt mich zur Seite und geht ins Wohnzimmer. Sie rüttelt Astrid an der Schulter. »Ey, wach auf. Hast du das gehört, Gott, wie lächerlich, und dieses Kleid, was denkt die, wer sie ist, Madonna oder was?« Astrid reagiert nicht. Natürlich nicht. Muttis Blick fällt auf die Flasche. Ihre Augenbrauen rucken nach oben, sie stößt einen anerkennenden Pfiff aus. Sie hat denselben Geschmack wie Astrid. Und dieselbe Gier. Bevor ich irgendetwas sagen oder tun kann, sitzt sie neben ihrer toten Tochter, schnappt sich das Glas und schenkt ein. Trinkt, schenkt nach. Meinen winzigen Impuls, sie davon abzuhalten, habe ich in Sekunden im Griff.

»Ich bin gleich wieder da«, sage ich stattdessen. Gehe zurück ins Arbeitszimmer. ›*Der Schmerz über den Freitod meiner Tochter, die nicht ertragen konnte, dass Björn sie verlassen hat und mit Tamara sehr, sehr glücklich wird, ist überwältigend. Daher scheide auch ich freiwillig aus dem Leben.*‹ Ein bisschen zu blumig für Mutti, aber es wird schon gehen, denke ich, und drücke wieder auf Drucken. Natürlich ist es möglich, dass ich mit der Nummer nicht so ganz glatt durchkomme. Aber eigentlich spielt es ja keine Rolle. Tamara ist gleich ein Superstar. Wir werden einfach verreisen, gleich morgen, in ein Land, wo die Sonne scheint und man nichts von Auslieferungsabkommen hält. Weg von all dem Rummel, wir brauchen ja ohnehin Zeit für uns nach all den langen Jahren der Sehnsucht. Vermutlich ist es sowieso klug, sich dauerhaft im Ausland niederzulassen. Karibik oder so. Eine internationale Fahndung kollidiert zwar eventuell mit meinen Rockstar-Plänen. Aber ich bin bereit, Opfer zu bringen für unsere Liebe. Möglicherweise würde es unsere Beziehung ja auch belasten, wenn ich ihr gleich Konkurrenz mache auf der Bühne. Abgesehen davon, habe ich die Gitarre ewig nicht mehr angefasst. Ich müsste vermutlich ziemlich viel üben. Eigentlich macht es mir nicht so viel aus, meine eigenen Wünsche und Pläne ein paar Jahre zurückzustellen für Tamara. Ich komme mit der Rolle als ihr Seelenverwandter, ihr künstlerischer und musikalischer Berater, der ihren Stil maßgeblich prägt, ganz gut zurecht. Denn natürlich muss sie sich entwickeln. Abba ist super, klar, aber nicht mehr so ganz up to date. Langfristig muss sie auch ein jüngeres Publikum erreichen. Sie wird mir dankbar sein für meine klugen und sensiblen Ratschläge und natürlich auch dafür, dass sie mir wichtiger ist als meine eigene Karriere. Ab und zu jammen wir einfach zu Hause, in der Villa, wenn Mick Jagger vorbeikommt oder Adele. Die sehen dann eh, was ich drauf habe, musikalisch, da wird sich schon was entwickeln über kurz oder lang. Darüber denke ich nach, als ich schon im Auto sitze, über die Autobahn nach Köln brause. Mir ist ein bisschen schwummerig, drei Morde an einem Tag, das schlaucht schon. Vermutlich muss ich ein bisschen an meiner Form arbeiten. Denn das Leben an der Seite eines Superstars fordert ja auch seinen Tribut. Allein die ganzen Partys, Jagger, Adele, die anderen Superstars, die sich die Klinke in die Hand geben, ständig gibt es Champagner und Whisky und weiche Drogen und Orgien am Pool. Es ist vielleicht ganz gut, dass ich nicht so bald selbst auf Tour gehe oder ins Studio.

Der Weg zum Künstlereingang der Arena ist zum Glück gut beschrieben in dem Brief, der bei der Meet-and-greet-Karte liegt. Blöderweise steht da dieser Typ und macht Theater. Wegen des Namens auf der Karte. Natürlich steht da Mias Name, sie hat das Ding ja gewonnen bei dem Radio-Anruf-Gewinnspiel. Aber das ist egal, denn Mia ist tot und kommt nicht, und obwohl es mir noch immer leid tut, ist das letztlich ihre eigene Schuld. Sie hätte mir die Karte einfach nur geben müssen, freiwillig, dann wäre gar nichts passiert. Ich habe ihr ja erklärt, dass ich sie wirklich dringend brauche, dass das wirklich auch ganz und gar in Tamaras Sinn ist, aber sie war total bockig.

So ähnlich wie der Typ an der Tür, dem ich das jetzt nicht alles im Detail erklären kann. Es sollte ja auch reichen, wenn ich ihm sage, dass ich der zukünftige Mann von Tamara, dem Superstar, bin, dass ich es eilig habe, weil ich den großen Moment nicht verpassen darf. Ich muss bei ihr sein, wenn sie gewinnt, sie braucht mich doch. Aber er kapiert gar nichts. Darum zögere ich nicht lange, als ich den Feuerlöscher im Augenwinkel sehe. Es erwischt ihn kalt, auch er hat mich unterschätzt. Jetzt liegt er auf dem Boden und rührt sich nicht. Ich krame in meiner Aktentasche. Die habe ich mitgenommen, zur Sicherheit, Reisepass, Geburtsurkunde, Versicherungsunterlagen, braucht man vermutlich nicht im Privatjet, aber sicher ist sicher. Ich finde den Notizblock. ›Dass mein alberner Job mich gezwungen hat, mich zwischen Björn und Tamara zu stellen, die miteinander sehr, sehr glücklich werden, ist zu viel‹, schreibe ich. ›Darum scheide ich freiwillig aus dem Leben.‹

Gut, das wird vermutlich so nicht funktionieren. Aber es geht ja darum, die Bullen erst auf die falsche Fährte zu locken. Bis die kapieren, was Sache ist, bin ich längst mit Tamara irgendwo am Strand und trinke Cocktails.

Im Gebäude ist es dann ganz einfach. Die Bühne ist gut ausgeschildert, und eigentlich muss ich nur dem Lärm nach. Die Stimmen müssten jetzt gleich ausgezählt sein. Ich beeile mich, renne, obwohl ich davon sehr schwitze und weiß, dass mein Gesicht rot wird. Ich würde lieber nicht so rot sein, gleich, wenn ich sie in meine Arme schließe. Andererseits sind wir über die Phase der Äußerlichkeiten ja hinweg – es geht um andere Sachen.

Ich biege um eine Ecke – und da steht sie. Tamara. Sie dreht mir den Rücken zu, sie scheint zu zittern, schaut hinaus auf die Bühne. Draußen hört man Jubel, sie muss raus, die Fans warten. Und ich begreife, dass ich eben noch rechtzeitig komme. Sie wartet, hat vermutlich schreckliche Angst, dass ich nicht komme, obwohl sie mich braucht, den Schritt nicht ohne mich machen kann und will, diesen Schritt hinaus ins gleißende Licht der Scheinwerfer, diesen Schritt in ein neues, glückliches und perfektes Leben.

Ich umarme sie von hinten, sie zuckt zusammen und kreischt auf. »Ruhig, Tamara, Darling«, hauche ich in ihr Ohr. »Ich bin es doch. Ich bin jetzt da. Alles ist gut!«

Leider ist sie zu aufgeregt, um zu verstehen, schreit nach »Security«, aber ich weiß ja, worauf es jetzt ankommt. Sie muss da raus, sie muss zu ihren Fans, darum schiebe ich sie einfach vorwärts, auf die Bühne. Sie wehrt sich, aber erst, als wir draußen sind, schafft sie es, sich zu befreien, sich umzudrehen. Sie starrt mich fassungslos an. Ich nutze den Moment. Umarme sie wieder, küsse sie. Und ich höre das Publikum jubeln, es fühlt sich toll an, es ist großartig, und der Moderator sagt: »Was zum Teufel … Regie? Regie bitte???« und ich öffne die Augen und Konfetti fällt vom Himmel. Dann fühle ich einen scharfen Schmerz, weil Tamara mir eine geknallt hat.

»Wer sind Sie? Was soll das?« Sie starrt mich an, fuchsteufelswild, Gott, das steht ihr, sie ist so wunderschön.

»Tamara …«, sage ich. »Tamara, ich bin es doch. Dein Björn. Ich bin gekommen. Wir sind jetzt endlich zusammen! Heirate mich, Geliebte!« Und ich falle auf die Knie, weil so ein romantischer Antrag vor Millionenpublikum eine so große Geste unbedingt fordert. Und sie starrt mich an, ungläubig, dann verzieht sich ihr Gesicht und sie fängt an zu lachen. »Ach du Scheiße, das kann doch wohl nicht …«, keucht sie. »Das ist ja wohl der Hammer. Björn, die alte Pickelfresse?« Sie lacht noch immer, es klingt furchtbar hysterisch. »Gott, ich hab' dich echt nicht erkannt. Aber die Pickel standen dir eindeutig besser als Plautze und Glatze, du Arsch.« Sie klingt ziemlich giftig, fast ein bisschen wie Astrid. Das steht ihr nicht, überhaupt sieht sie von Nahem gar nicht so gut aus, zu viel Schminke eindeutig, und sie hat mehr Falten als man auf dem Bildschirm gesehen hat. Bevor ich etwas sagen kann, packt mich jemand von hinten an der Schulter, reißt mich hoch. Ich sehe in ein Gesicht, glaube kurz, zu träumen, aber als der Kinnhaken mich trifft, bin ich sicher, dass ich wach bin. Er kauert jetzt über mir, hält mich an den Schultern fest. »Leave her alone, you fucking sick bastard!« Ich hätte nicht gedacht, dass er so vulgär ist. Er hat sich verändert, alt ist er, obwohl er noch ganz gut aussieht, Björn jetzt, Björn Ulvaeus ist das, von Abba, der Echte, alt, aber unverkennbar. Er schaut hoch. »Are you okay, hon?«, ruft er Tamara zu.

»Fuck no«, kreischt die zurück. »I'm so embarrassed.« Sie klingt wütend, wirklich wütend. »Kill him, kill that guy!« Und Björns Gesicht sieht aus, als wolle er genau das tun. Aber dann höre ich die anderen Stimmen. Und weiß, dass er mich nicht mehr killen muss. Weil ich nämlich schon tot bin, ich höre tote Menschen, dann sehe ich sie auch, da ist Mia und der Türsteher, da ist Astrid und ihre Mutter, alle schwenken einen Zettel, plärren durcheinander und zeigen auf mich. Dann holt Björn wieder aus und das letzte, was ich höre, ist die Stimme des Moderators. »Scheiße«, schreit der. »Was ist denn das für eine verdammte Scheiße hier?«

»Kommt Ihnen das bekannt vor?« Der Polizist legt einen Zettel auf den Tisch.

›Ich ertrage den Schmerz darüber, meine Meet-and-greet-Karte für ein Backstage-Treffen mit Tamara verloren zu haben, nicht. Getröstet durch das Wissen, dass sie mit meinem

*Kollegen Björn sehr, sehr glücklich werden wird, scheide ich
daher freiwillig aus dem Leben.‹*

»Was haben Sie sich dabei gedacht? Warum haben Sie
das geschrieben?«

Ich überlege kurz. Die Frage kommt mir ziemlich
komplex vor, ich kann im Moment nicht so gut denken.
»Ich dachte ja, sie ist tot«, sage ich. Burkhard rammt mir
den Ellbogen in die Rippen. »Er dachte, das ist … tot-
lustig«, sagt er hastig. »Mein Mandant wollte sich einfach einen Spaß erlauben, und wir hatten ja schon klar-
gestellt, dass er einen sehr eigenartigen Humor hat und
sich zudem an diesem Tag in einem altersbedingt ver-
wirrten Zustand befand. Er kann sich an nichts erinnern und wird sich daher hier und jetzt auch nicht weiter zur Sache einlassen.« Bei den letzten Worten wirft er
mir einen warnenden Blick zu.

Der Bulle seufzt. Er wirkt genervt. Legt die anderen
Zettel daneben. Die Briefe. Astrid, Mutti. Der Türste-
hertyp.

Mir ist schlecht. Keiner tot. Alle am Leben.

Alle am Leben und Tamara kein Superstar. Der
Schmalzhaarjunge hat nämlich gewonnen. Sie ist trotzdem glücklich, hat ihre Verlobung mit Abba-Björn, dem
uralten, abgehalfterten Sack, bekanntgegeben, ein paar
Tage nach der Show, als ich schon in U-Haft saß.

»Mir ist wieder schlecht«, sage ich.

Der Bulle erhebt sich missmutig. »Ich hole den Eimer«,
sagt er, klingt jetzt sehr, sehr angestrengt, und schlurft
aus dem Raum.

»Keine Sorge«, sagt Burkhard. »Ich krieg dich hier
raus. Kurzfristige Unzurechnungsfähigkeit, ein Kinder-

spiel mit dem Psychiater. Ein bisschen Zeit auf der Geschlossenen, dann bist du ein freier Mann. Ist ja schließlich nochmal gut gegangen, keiner ist gestorben.« Er klingt, als wäre das eine gute Nachricht. Nicht der endgültige Beweis dafür, dass ich kein Killer bin. Von Rockstar gar nicht zu reden. Nur ein lahmer, alternder Buchhalter. Mit einem öden, wenn auch kurzfristig recht komplizierten Leben.

»Bei dieser Mia und dem Türsteher reden wir von minderschwerer Körperverletzung. Und die Tabletten im Sherry hätten nicht mal eine Maus umgebracht in der Dosierung. Ein Unfall, ein Schabernack, ein Versehen. Vermutlich macht nicht mal Tamara Scherereien. Die Nummer ist ein viraler Hit, millionenfach geklickt auf YouTube, mit der Stalker-Nummer kriegt sie ordentlich Presse, und das ist gut für ihre Plattenverkäufe.« Er seufzt kurz, vielleicht denkt er an unsere Band-Geschichte. »Außerdem zieht sie eh nach Schweden, dann ist es auch kein Problem für dich, dich an das Näherungsverbot zu halten.« Wieder schaut er so. Als wäre das gut. »Halt jetzt einfach den Mund und lass mich reden. Dann bist du in null Komma nix hier raus und kannst mit deinem Leben weitermachen. Gruß von Astrid, übrigens, sie ist gar nicht mehr so sauer auf dich.« Jetzt lächelt er. Er lächelt tatsächlich.

Ein Geräusch vom Flur. Jemand pfeift. *Waterloo,* pfeift es, *finally facing my Waterloo …*

Ich kann nicht auf den Eimer warten. Lasse es raus, einfach so, neben meinem Stuhl. Und dann fange ich an zu weinen.

STEFFEN KÖNAU

Hotel California –
... was wirklich geschah

Hotel California
The Eagles (1976)

Ich pfiff. Ich pfiff eigentlich schon die ganze Zeit, seit ich die Tankstelle mit dem bärbeißigen Kerl unter der speckigen Texaco-Mütze hinter mir gelassen hatte. Ich pfiff etwas in h-Moll, danach ein Fis-Dur, gefolgt von A und E, was dem Ganzen etwas Bluesartiges gab. Ich konnte nur pfeifen, denn ich war allein und musste fahren. Meine Gitarre lag hinten auf dem Rücksitz meiner Corvette Sting Ray, ein gutes Stück aus dem Hause Martin, edel anzusehen und lupenrein im Anschlag. Also die Gitarre, nicht das Auto.

Ich bin Musiker, müssen Sie wissen, kein ganz schlechter, kein ganz erfolgloser. Wenn ich mir nicht gerade in meiner Corvette den Wind um die Nase wehen lasse, spiele ich in einer Band, von der Sie unter Umständen vielleicht sogar schon gehört haben. Wir sind fünf, und auch wenn Sie jetzt lachen, wir nennen uns Adler. Naja, das war so eine Idee, als wir anfingen. Wie alle jungen Leute wollten wir etwas Großes, Mächtiges. Wenn Sie uns heute manchmal nach einem Konzert sehen würden, fielen Ihnen sicher eine ganze Menge anderer Na-

170

men ein. Aber eins muss ich sagen: Wenn wir singen, fünfstimmig, meine Herren! Dann können wir tatsächlich fliegen.

Hier flog jetzt allerdings nur der Straßenstaub, denn ich war auf einer Strecke unterwegs, die wirkte, als hätte sie seit Jahren niemand mehr befahren. Okay, ich bin auch nur der Schlagzeuger meiner Band, Sie wissen schon, der Typ ganz hinten, den Sie im Konzert kaum sehen und wenn ein anderer da sitzt, bemerken Sie es gar nicht. Aber ich bin auch einer der Songschreiber der Truppe, ich selbst würde sogar sagen: *der* Songschreiber. Wobei mir klar ist, dass meine Kollegen da energisch widersprechen, wenn Sie ihnen sagen, dass ich das sage. Lassen wir es so stehen. Ich schreibe Songs, wohlgemerkt, ich sage nicht, dass ich ein Komponist bin wie Händel, Beethoven, diese Typen. Die haben Noten aufgeschrieben. Ich pfeife, seit die Ladenkasse des Texaco-Kerls diesen Vierklang gespielt hat: b-Moll, Fis-Dur, A-Dur, E-Dur.

Klang für mich gut, klang ausbaufähig, klang jedenfalls besser als das Geräusch meiner Corvette-Reifen auf dem, was sie dort Straße nannten. Sie wurde immer enger, es wurde immer dunkler, und ich wurde nach sieben Stunden Fahrt auch langsam müde. Ich sehnte mich nach einem Bier, nach etwas zu rauchen und einem Bett. Außerdem wollte ich diese Melodie loswerden. Ich war schon kurz davor, sie kaputtzupfeifen. Das passiert manchmal, wissen Sie, man macht und macht und weiß, es wird gut. Aber man kommt nicht weiter, kein Stück. Und am Ende ist alles im Eimer.

Zum Glück sah ich ein Licht am Horizont, geradeaus rechts, glänzend hell. Mein Fuß ging von allein noch ein bisschen mehr aufs Gas. Ich sagte mir, Don, egal, was da ist, du nimmst es.

So schlimm war es gar nicht. Ganz im Gegenteil. Eine Einfahrt, ich sage mal später Jugendstil, aber verlassen Sie sich nicht drauf. Meine Mom war zwar Lehrerin, aber mein Daddy hat bloß mit Autoteilen gehandelt. Da kam das Schöngeistige meist ein bisschen kurz, wenn es nicht T-Bone Walker betraf, einen Gitarristen aus unserem Nest, den mein alter Herr bis heute für eine Art Blues-Gott hält.

In der Einfahrt jedenfalls stand, was wir als kleine Jungs oder jetzt als große Kerle spät nachts nach einem Auftritt als feuchten Traum bezeichnet hätten. Eine Frau wie Ursula Andress, Sie wissen schon, die Honey Ryder aus »James Bond jagt Dr. No«. Sie hielt eine Kerze und winkte mir damit, und wenn der Lichtschein auf ihr Haar fiel, erinnerte sie mich auch ein bisschen an Jean Seberg. Hey, die aus Jean-Luc Godards »Breathless«, klingelt's? Die konnte mit einem kleinen Seitenblick mehr Erotik zaubern als die Damen heute mit hinter dem Kopf verschränkten Füßen. Meine Meinung.

Ich also scharf rechts rein, stoppe die Corvette kurz, nun nicht mehr pfeifend.

Ich sage: »Kann ich Sie irgendwohin mitnehmen oder warten Sie auf jemanden?« Mein Daddy war bloß Autoteilehändler, aber seine Jungs gut erzogen, das hat er.

Sie lächelt. Sie hätten sie lächeln sehen müssen! In dem Lächeln war mehr Verführung und Versprechen als die Andress und die Seberg in allen ihren Filmen hingekriegt haben. Sie sagt was, aber ich verstehe kein Wort. Wahrscheinlich sah ich aus wie ein Grundschüler, der gerade erfahren hat, dass er die Torte ganz allein mit der Homecoming-Queen essen darf.

Ehe ich raus kann, um ihr die Tür zu öffnen, springt sie schon rein. Lange nackte braune Beine, ein Kleidchen, ich glaube mit Blumen oder so was. Obenrum boom! Die Haare fliegen, blond wäre gelogen, ich würde sie eher als golden bezeichnen. Aber Sie wissen, wir haben unsere Band auch Adler genannt. Und ich gebe zu, das war meine Idee.

Als sie die Kerze ausbläst, formen ihre Lippen einen Kussmund, wie ich noch keinen gesehen habe. Meiner steht wohl immer noch offen. Als sie sagt, wollen wir dann, würge ich auch noch den Wagen ab.

Ich denke *Trottel*. Sie sicher auch. Aber sie schaut mich an, als wäre ich das Beste, was ihr seit ihrer Homecoming-Party passiert ist. Ich habe das Gefühl, das kann der Himmel auf Erden werden – oder die Hölle tief drunter. Aber erst mal fahren wir durch nachtschwarzes Nichts, geradeaus, linksrum, Lichter, eine Auffahrt, ein riesiges Haus, meiner Meinung nach später Jugendstil, nachgebaut natürlich. Aber Sie wissen ja, wetten Sie nicht drauf.

Es ist ein großer Kasten, Balkone außen, geschnitzt, Lichterketten, Glanz und Gloria. Sie dirigiert mich zum Parkplatz neben dem Gebäude, ziemlich voll, muss ich sagen, für diese Ecke und die miese Zufahrtsstraße. Ich parke die Corvette vorn neben einem '69er Ford

Mustang und einem Buick Riviera, wenn ich das richtig erkenne, und das tue ich eigentlich immer. Sohn eines Automannes, Sie wissen schon. Weiter hinten steht ein Cadillac Fleetwood, neben dem mein Sting Ray aussieht wie ein Hering. Gegenüber eine Shelby Cobra und ein deutsches Mercedes-Benz-Cabrio. Wären beide was für mich nach der ersten Goldenen Schallplatte, wenn Sie es wissen wollen.

Sie steht neben dem Wagen, während ich mein Säckchen aus dem Kofferraum hole und die Gitarre vom Rücksitz zerre. »Das Haus ist gut gebucht, aber für weitgereiste Gäste wie Dich ist immer ein Zimmer frei«, sagt sie. Diese Augen. Das Lächeln.

Fragen Sie mich nicht, wo ich eingecheckt habe oder was die Zimmer hier kosten. Ich habe bar bezahlt, das wollte der Kerl an der Rezeption so. Als Musiker kennt man das aber gar nicht anders, wissen Sie. Welchen Einfluss auf die Kreditwürdigkeit so ein Gitarrenkoffer in der Hand hat, können Sie übrigens leicht selbst rausfinden. Lassen Sie sich doch einfach mal das Wort »Loser« auf die Stirn tätowieren.

Ich weiß, was Sie jetzt denken. Aber Sie irren sich.

Sie ging immer noch neben mir, als ich vor meiner Zimmertür ankam. Und sie sagte ja, als ich fragte, ob wir uns später auf einen Drink an der Bar treffen könnten, wenn ich mich ein wenig frischgemacht hätte. Dieses Lächeln! Heller als die Diamanten in ihren Ohrläppchen.

Daddys gute Erziehung versagte hier völlig. Als ich ins Zimmer stolperte, schob sie sich mit rein. Und ehe ich fertig darüber nachgedacht hatte, ob sie mir jetzt die Wasserhähne erklärt, die in diesen alten Kästen manchmal wirklich ziemlich tricky sind, zerrte sie schon an meinem Hemd.

Es war eine Nacht, über die man Lieder schrübe, wenn man auch nur kurz eine Hand frei hätte. Mein Lied war sie, aber sie komponierte und spielte es, nochmal und nochmal, erst mit dem Kleid, dann ohne, von hinten und vorn, von oben und unten und dann alles nochmal von Anfang an. Den Drink nahmen wir irgendwann aus der Minibar, sie pinkfarbenen Champagner, ich Wodka on the rocks. Und danach noch einen, und ich wusste ihren Namen nicht und ich konnte nicht fragen, weil ich im siebten Himmel war, und sie steckte mir einen Joint in den Mund. Und ich glaube, sich selbst meine Pfeife. Sorry, die Damen, ein echt übler Schlagzeugerwitz.

Als ich wach wurde, schimmerte draußen der Morgen. Sie war fort und ich hatte einen kleinen Brummschädel. Mir war, als seien da Stimmen in der Luft. Sie sangen »Willkommen im Hotel California, liebliche Aussicht, liebliches Gesicht, es sind viele Zimmer frei im Hotel California, zu jeder Jahreszeit ist ein Platz bereit«. Ich schlief wieder ein. Im Traum pfiff ich G-Dur und D-Dur, e-Moll und ein b-Moll.

Erst am Nachmittag schreckte ich wieder hoch. Es war brutal. Ich bin Musiker und Leistungssport fällt überhaupt nicht in mein Metier. Mir taten alle Knochen weh, meine Haut war wund und zerbissen und als ich mich gegen 17 Uhr endlich hinausschleppte, fühlte ich mich nicht wie 26, sondern wie mindestens 56. Sie hatten kein Frühstück mehr, also fragte ich an der Bar nach ihr. Der Kerl dort kannte allerdings weder Andress noch Seberg. Und er behauptete ziemlich dreist, die Blonde im Blümchenkleid noch nie gesehen zu haben.

Ich setzte mich raus auf die Empore und rief den Kellner. Er sagte, meinen Stammwein, einen Cabernet Sauvignon Dollarhide aus dem Napa-Valley, hätten sie schon seit '69 nicht mehr da. Auch gut, dann gleich einen Longdrink. Ein dick bebrillter Junge aus Michigan hockte sich zu mir. Er trank Bier, natürlich, er kam ja aus Michigan.

Wir schauten runter in den Innenhof, dort tanzten sie. Lauter hübsche Kerle aus lauter Footballteams, immer der Quarterback-Typ. Und lauter Mädchen, die sicher irgendwo mal Homecoming-Queen gewesen waren. Es war warm, die Musik war laut, die Nacht dunkel, die Getränke billig und eine süße Wolke Spaßrauch lag in der Luft. Schweiß glänzte auf den Schultern der Mädchen, Verlangen stand in den Gesichtern der Jungs.

Mich erstaunten manche Kostüme. Klar, es gab viel Hippie-Zeug, Blumenkleider und Jeans, Batikhemden, das volle Programm. Aber mindestens die Hälfte dieser Entrückten trug steinzeitliche Gehröcke, alte Uniformen und Ballkleider wie aus dem Bürgerkrieg.

»Manche tanzen, um sich zu erinnern, manche tanzen, um zu vergessen«, sagte der Typ aus Michigan, der behauptete, seit drei Monaten im California abzuhängen. Ich hatte da meine Zweifel, denn der kleine Philosoph plapperte, dass er '61 im Wahlkampfteam von

Richard Nixon gearbeitet hatte, der dann ja von John F. Kennedy geschlagen wurde. Sein erhoffter fetter Posten in unserer geliebten Administration löste sich in Wohlgefallen auf. »Ich wollte danach zurück nach Hause«, erzählte der Kerl, »bin aber nur bis hierher gekommen.« Wegen ihr, sagte er, und blinzelte hinter seinem Flaschenboden-Glas. Ich wusste sofort, wen er meinte.

Ich verschluckte mich an meiner dritten Margarita. Leute, wir hatten '71, Kennedy war tot und Nixon schon zwei Jahre Präsident! Wo lebte der?

Ich verdrückte mich aufs Klo, um dem Traumtänzer irgendwie zu entkommen, geriet später an der Bar aber an eine weibliche Version des Kerls. Ein Mädchen aus Portland, Oregon, blass, grüne Augen und ein herzzerreißendes Lächeln, das einem wie eine Klinge ins Herz fuhr. Andress? Seberg? Ehrlich, für sie hätte ich beide von der Bettkante geschubst. Zumindest, bis sie erzählte, dass sie seit sechs Wochen hier wohne, weil sie erst hier ihre wahre Sexualität entdeckt habe. »Ich ahnte es bis dahin nicht mal, aber sie hat es mir gleich in der ersten Nacht klargemacht«, sagte sie. Mir war sofort klar, wer. Und als sie mir erzählte, dass sie eigentlich auf der Rückfahrt vom Woodstock-Festival sei, nur eben halt mal eine kleine Pause mache, bekam ich Gänsehaut.

Woodstock war, als sie hier noch Napa-Valley-Roten ausschenkten. Vor zwei Jahren. Noch mal Klo, und nicht mehr zur Bar zurück. Ich irrte durch dieses Riesenhaus, einen Kasten, der im Inneren mehr Bunker als Hotel war. Die Musik vom Hof wurde leiser, in den tieferen Gängen war es dunkel. Die Teppiche wirkten hier hinten durchgetreten, ein paar Lampen hatten den

Geist aufgegeben. An einer Stelle der Gruft glaubte ich, wieder diese Stimmen zu hören. Sie wissen schon, die Nummer mit *»liebliche Aussicht, liebliches Gesicht«*. Der Rest hörte sich diesmal an wie *»Willkommen zur Party im Hotel California, wo es immer Überraschungen gibt, willkommen zur Party im Hotel California, bring doch all deine Ausreden mit«*.

Ich verstand kein Wort, oder jedenfalls nicht den Sinn dahinter, Sie wissen schon. Ich bin ein einfacher Junge aus Texas, wir haben es gern direkt. Keine Ausreden, keine Überraschungen. Kein fis-Moll sieben plus, sondern C, F und G.

Mir war das alles nicht mehr geheuer. Mir fiel ein, dass auf dem Parkplatz weiter hinten Karren gestanden hatten, die nach Chevy Bel Air, DeSoto Firedome und einem Dodge Meadowbrook ausgesehen hatten. Rostig, aber hey, Sie wissen, Sohn eines Autoteilehändlers! Ich erkenne die Steinzeit, wenn ich sie sehe. Ganz am Ende, das kantige, bemooste Ding unter den Bäumen, das war in meines Vaters Sohns Augen sogar ein Ford Model T von 1911. Ja, wetten Sie diesmal ruhig drauf.

An den Decken hier hinten im Wirtschaftstrakt hatten sie Spiegel, aber die waren stumpf vom Alter. Ich hörte Geräusche und ging weiter. Vor mir fiel Licht aus einer offenen Tür. Vorsichtig trat ich näher, den Kopf vorgeschoben wie eine Schildkröte. Vier Männer umringten einen Stuhl. Darauf sie, die Blonde im Blumenkleid, mit beiden Handgelenken an die Armlehnen gefesselt. Die Männer hielten Messer in den Händen, mit denen sie das Mädchen so sacht zu piksen schienen, als würden sie gern richtig zustechen, trauten sich aber nicht. Ich verstand gar nichts mehr. Was ging hier vor? Wo war ich hingeraten?

Ich krallte mich an den Türrahmen und starrte fassungslos auf die Szene. Natürlich war ich bereit, jederzeit einzugreifen, falls die Kerle der Frau etwas richtig Schlimmes antun würden. Vorerst redeten sie aber nur auf sie ein. »Cali, du musst damit aufhören«, sagte der, der mir vorhin von der Wein-Ebbe im Keller berichtet hatte. »Wir können dich nicht die ganze Zeit gefesselt halten, aber du kannst auch nicht all diese Leute hier einsperren«. Das Mädchen schüttelte den Kopf mit den blonden Locken. »Was habt ihr nur, die sind doch alle freiwillig hier,« sagte sie und ihr Mund lächelte dazu, als seien Handfesseln und Messer nur ein harmloser Scherz unter Freunden.

Sie schnitten nun tiefer, vor allem der Kerl, der am Nachmittag an der Bar noch behauptet hatte, die Blümchenkleidschöne noch nie gesehen zu haben. Blut lief jetzt über ihren Hals und ihre Arme, aber während ich noch nachrechnete, wie gut meine Chancen standen, mit vier bewaffneten Typen fertigzuwerden, sah ich verblüfft, wie sich die klaffenden Schnitte in ihrer Haut wieder schlossen.

Es war beängstigend. Eine kalte Faust umklammerte mein Herz, falls Sie wissen, was ich meine. Dammdamm dadadammdamm, machte es im Kopf, immer b-Moll, Fis-Dur, A-Dur, E-Dur. Ich wich langsam von der Tür zurück, drehte mich um und machte, dass ich schleunigst wegkam.

Ein Gang und noch einer, links, rechts. Wände, die auf mich zuzukommen schienen. Spiegel an der Decke, Teppiche, die aussahen wie in Blut getränkt. Ich rannte, ich musste raus hier, schnell, zurück dahin, woher ich gekommen war.

Zum Glück hatte ich meinen Autoschlüssel in der Hosentasche, ich checkte nicht aus, ich ließ mein Gepäck und meine geliebte Martin, wo sie waren. Scheiß auf die paar Hemden und Unterhosen, dachte ich. Verzeihung, die Damen, aber so war es. Als ich endlich Licht vor mir sah, wurde ich langsamer. Schweiß lief mir übers Gesicht. Ich grüßte den Mann am Ausgang freundlich, nur nicht auffallen, dachte ich. Er nickte mir zu und sagte: »Du kannst jederzeit abhauen, nur verlassen kannst Du uns nie«.

Komiker. Ich würgte die Corvette zweimal ab, ehe ich in die Gänge kam. Voll aufgeblendet jagte ich die Auffahrt entlang, einmal rechts, durch einen Tunnel aus schwarzer Finsternis, die das Licht meiner Scheinwerfer zu verschlucken schien wie es die Hölle mit den armen Seelen tut. Die Straße, endlich. Ich kurvte nach links, ohne vom Pedal zu gehen, und gab noch mehr Gas.

Das war '71 im Frühjahr und glauben Sie mir: Jedes Wort ist wahr. Ich träumte bis in den Herbst von ihr, jede Nacht. Ich sah das Haus, die Lichter, meine einsame Gitarre. Ich sah die Tänzer, die Kostüme, den Jungen aus Michigan mit der dicken Brille, das zarte Oregon-Mädchen mit den grünen Augen. Und ich sah sie, im Blümchenkleid und nackt, ich sah sie über mir, unter mir, vor mir, ich sah sie auf dem Stuhl, gefesselt, zerschnitten, absurd schnell heilend wie eine Außerirdische. Sie hielt ein Glas rosafarbenen Champagner in der Hand, der schal schwappte wie Blutwasser.

Dann hatte ich das Lied endlich fertig, das Sie sicher kennen. Sie wissen schon, dammdamm dadadammdamm. b-Moll, Fis-Dur, A-Dur, E-Dur. Ein Welthit, unser größter bis heute. Er hat mir, das reden Sie mir nicht aus, das Leben gerettet.

Warum das Ding erst '76 auf Platte erschien, ist ein bisschen komplizierter. Ich war zwar nur drei Tage fort, aber meine Mutter, meine Freunde und meine Band vermissten mich viel länger. Die Familie hat nach einer Woche Vermisstenanzeige erstattet, ein paar gute Kumpels nach zweien. Selbst unser Manager ging nach anderthalb Monaten zur Polizei, weil ich zu einem gebuchten Studiotermin nicht erschienen war. Das ganze schöne Geld war im Arsch. Meine Entschuldigung an die Damen. So reden wir im Rockgeschäft.

Als ich im September wieder auftauchte und behauptete, es sei immer noch März, wollten sie mich vorsichtshalber in die Rehab schicken. Beste Klinik, Betty Ford und so weiter. Dabei nehme ich nie Drogen, mal abgesehen von einem bisschen Gras und den üblichen geistigen Getränken. Mein »Quatschlied von der Geisterabsteige« mochte dann monatelang einfach keiner einspielen. Schlechtes Karma. Der Song klinge nach zu vielen düsteren Gedanken, meinten die Kollegen, nach zu vielen dunklen Erinnerungen.

Ich habe sie gelegentlich immer noch. So schwer. So leicht. So süß.

GISA KLÖNNE

Casting Show

Davy's on the Road Again
Manfred Mann's Earth Band (1978)

Sein großer Moment – jetzt ist er gekommen! Zwar hat ihm die Jury nur mickrige zwei Minuten zugestanden. Aber das werden sie bald bereuen, denn sein Auftritt wird ihn in den Rockolymp aller Hitparaden katapultieren. Wochenlang hat er schließlich dafür geknechtet und kein Risiko gescheut, nein, wirklich keines.

»Hey, du musst raus, und toitoitoi!« Eine der Backstage-Mäuse, die um ihn herumwuseln, schiebt ihn Richtung Bühne.

»Cool, Jeanie-Liebling, ganz easy!«

»He – ich heiß' Jenny!«

Jenny – Jean. Er zwinkert ihr zu und knöpft sein Satinjackett auf. Es sitzt zu stramm und ist gar nicht sein Stil, aber was kann er machen, wenn die das so wollen?

Davy's on the road again, wearing different clothes again.

Wirklich schicksalhaft ist dieser Song, wird ihm klar, während ihn ein Scheinwerferstrahl zu dem Synthesizer auf die Bühne lenkt, das gibt ihm Mut. Er rückt seine Sonnenbrille zurecht, setzt sich, klopft mit dem Knöchel ans Mikrofon, pustet.

Das Publikum raunt. Er nickt ihnen zu.

Ein bisschen unfair ist es ja schon, dass dieser Möchtegernbohlen aus der Show geflogen ist, und dass er nun sogar dessen Outfit anhat. Aber das Leben ist nun mal kein Waldorfkindergarten und Casting ist Casting. Die Karten mischen sich neu, alles ist in Bewegung, genau wie bei Davy. Und die Jeanies dieser Welt müssen Daumendrücken und warten.

Welche Tasten nochmal, welcher Anfangsakkord? Er ruft sich das Griffschema aus dem Internet ins Gedächtnis. Wenn ihn jetzt dieser Aktenfutzi von der Arbeitsagentur sehen könnte, der partout nichts von seiner Musikerkarriere hören wollte. Und seine Mutter, Gott hab sie selig. Und erst diese Komiker, die seine erste Bewerbung für diese Castingshow einfach abblitzen ließen! Von wegen, sein Vorname Manfred habe nichts zu bedeuten, sei schon gar kein Auftrag. Von wegen, nur mit einer Elektroorgel und dem Repertoire seiner 27 Lieblingslieder von Manfred Mann's Earth Band könne er keine Bühnen füllen, ja nicht einmal als Alleinunterhalter in abgehalfterten Dorfkaschemmen überleben. Und dann dieser ewige Blödsinn von den Noten, die er damals im Akkordeonclub nicht gelernt hat.

Banausen, alles Banausen! Wahre Kunst ist Gefühl, Musik kommt von innen, nicht aus einem Lehrbuch. Auch der Sachbearbeiter vom Arbeitsamt hat das schließlich eingesehen und ihm das Startkapital für seinen Original-Manfred-Mann-Minimoog-Synthesizer und den Tourbus bewilligt.

Der erste Akkord – ein Hall wie in der Kirche, so festlich, so göttlich! Tränen schießen ihm in die Augen. Die Welt ist jetzt bereit für ihn und er für sie, das fühlt er mit jeder Faser seines Körpers, fühlt es mit einer innigen, überwältigenden, ja regelrecht schmerzhaften Intensität, als das Orchester –

Das Orchester? Wieso eigentlich das Orchester, was sind das für Stümper? Die spielen falsch, die geigen und trommeln und klampfen noch nicht mal im richtigen Rhythmus. Aber gut, wenn sie meinen, dann verzichtet er halt auf den Soloeinstieg mit der Orgel und fängt gleich an zu singen.

Aber das funktioniert auch nicht, denn was die da so dreist intonieren, ist nicht sein *Davy*, nein, ganz und gar nicht. Ein grässlicher Diskostampf ist das, völlig niveaulos, der Song dieses Möchtegernbohlen, der gar nicht hier ist!

Still sein sollen die, verdammt noch mal, einfach still, das ist seine Show! Aber das Orchester spielt dennoch unbeirrt weiter, und jetzt zerrt ihn plötzlich so ein Türsteher-Gorilla von der Bühne und durch den Hinterausgang auf die Straße, nicht mal von der kleinen Jeanie darf er sich noch verabschieden.

Sein großer Moment, sein Sprung in den Rockolymp. *Manfred das Hitwunder* – alles vernichtet.

Er taumelt zu seinem Tourbus, hievt sich hinein, hört im selben Moment etwas klopfen und stöhnen: Herr Möchtegernbohlen, geknebelt und gefesselt, in Unterwäsche auf der Rückbank – den hat er über all dieser Aufregung doch glatt vergessen.

Das Klopfen von hinten wird lauter, als er seinen Bus in die Nacht lenkt. Aber das wird sich legen, das weiß er aus Erfahrung. Wenn sie diesen Waldsee erreicht haben, herrscht wieder Ruhe. So war das ja auch mit dem Arbeitsamtsmenschen und so wird es auch mit der Jury gehen. Sie haben ihre Chance gehabt. Sie hätten ihm zujubeln können, an ihn glauben, ihn wenigstens unterstützen.

Er schiebt seinen Manfred-Mann-Sampler in die Stereoanlage, zappt zu seinem Lieblingssong, dreht die Lautstärke hoch und lächelt. Davy ist bei ihm. *On the Road Again.*

THOMAS HOEPS

Dance. Hookah. dance!

Le Freak
Chic (1978)

G ordon, ich muss dich unbedingt sprechen!«
»Ich bin beschäftigt, Bug.« Gordon Roger drehte die
auf der Lehne des Sofas ruhende Hand leicht in Richtung des blonden Juniorreporters, der seit einer Stunde
eifrig mitschrieb, was Gordon ihm über den Kampf des
afro-amerikanischen Kinos gegen das Hollywoodkartell
diktierte.

»Es ist wichtig, Gordon.«

»Okay, mach's kurz.«

»Und absolut vertraulich.« Thorsten Bug, Marketingchef von Bad Berserka, knetete seine Hände und schaute
den Jungen verlegen an, was diesem ein apartes Rot auf
die Wangen unterhalb der schwarzrandigen Nerd-Brille
zauberte.

»You're killing me, man!« Gordon schenkte dem Reporter
sein süßestes Lächeln. »Also gut, treffen wir uns unten im
Restaurant zum Dinner. So um acht? Ich erzähle dir mehr
von den Disco-Clubs in Manhattan, und später feiern
wir backstage noch eine kleine Party mit ein paar Freunden. Du wirst ihnen gefallen. See you later, sweetheart!«

Der Junge schnappte seine Upcycling-Tasche und versuchte nicht allzu überstürzt aus der Suite zu fliehen.

Gordon lachte laut. »Bug, Ihr Deutschen seid echt komisch. Wenn Ihr das Fremde wittert, seid ihr sofort gestresst. Und warum? Weil Eure Toleranz nicht von Herzen kommt, sondern aus dem Verstand. Der Kleine hier – nach fünf Minuten Interview glaubte er, ich wäre schwul und würde ihn gleich ins Bett zerren. Unglaublich, wie man euch triggern kann. Keine drei Sätze und Eure Fassade zerfällt zu Staub.«

Er lachte wieder. Obwohl er fast ein Dutzend Jahre in München gelebt und dabei ein ziemlich passables Deutsch gelernt hatte, liebte Gordon es, den Namen seines Auftraggebers englisch auszusprechen. Es passte einfach zu gut. Dieser Bug strampelte sich ab wie ein auf dem Rücken liegender Käfer, der wieder auf die Beine kommen wollte. Schon gleich bei ihrer ersten Begegnung hatte Gordon die feinen Risse in der Fassade dieses fast geckenhaft elegant gekleideten Erfolgsmenschen entdeckt und Bug danach via Google abgecheckt.

Vor mehr als vier Jahren schon war Bug als Marketingchef in Bad N. von der Kurverwaltung entlassen worden – so betont still und leise, dass die Kündigung erst recht alle Aufmerksamkeit auf sich zog. Schließlich war Bug erst kurz zuvor verdächtig gewesen, an der Entführung von mindestens einem Dutzend Kassenpatienten mitgewirkt zu haben. Die Polizei hatte ihm zwar nichts nachweisen können, aber dann trotz offenbar erfolgreicher Arbeit aus dem Amt gejagt zu werden, kam einem Schuldspruch gleich. Jemand hatte sogar einen Krimi über diesen Fall geschrieben und so den armen

Buddy Bug bis in alle Ewigkeit der Lächerlichkeit preisgegeben.

Danach hielt das Internet, abgesehen von einigen veralteten Einträgen in den üblichen Business-Netzwerken, dreieinhalb Jahre Funkstille in Sachen Bug. Ein großes schwarzes Loch, aus dem er erst vor sechs Monaten als neuer Marketingleiter von Bad Berserka wieder hervorgekrabbelt war.

Der Ort war völlig auf den Hund gekommen. Zwei der drei großen Kliniken hatten dichtgemacht, die Hotels und Pensionen, alle in den Boomzeiten der 1970er eröffnet, zerfielen im Sanierungsstau, die Übernachtungszahlen waren unterirdisch, und vor kurzem war der einzige Minigolfbetreiber und Tretbootvermieter durch einen morschen Steg gebrochen und hatte keinen Erben hinterlassen.

Thorsten Bug hatte alles auf eine Karte gesetzt und eine radikale Neusetzung vorgeschlagen: Bad Berserka sollte das Themenbad der Diskogeneration werden. Einer Generation, die schon jetzt, künftig aber noch exponentiell zunehmend, rehabilitativer Betreuung bedurfte.

Sein Masterplan »Stayin' Alive! Magic-Dance-Wellness im Disko-Bad« spaltete mit einem Schlag den Gemeinderat. Den einen erschien Bug wie eine Wiedergeburt August von Strarotzkys, des Entdeckers der Berserkanischen Heilquellen und erstem Kurdirektor des Ortes. Für die anderen war Bug nichts als ein Hochstapler, der die große Tradition des Bades auf dem Scheiterhaufen des Zeitgeistes opfern wollte. Am Ende waren beide Lager gleich groß und nur die Stimme des

Bürgermeisters gab den Ausschlag, dass »Stayin' Alive« den Kurort in eine glänzende Zukunft führen solle. Die Luft im Gemeindesaal brannte lichterloh.

Als Herzstück seiner Marketingkampagne hatte Bug die Produktion eines Imagevideos auserkoren, das sich aufgrund einer stylischen Exklusivität wie ein Virus im Netz verbreiten sollte. Eines, das Bad Berserka zudem mindestens den Videopreis auf der Internationalen Tourismus-Börse und vielleicht sogar eine Grammy-Nominierung einbringen würde.

Bug hatte gut recherchiert. Gordon Roger war genau der richtige Regisseur dafür. Ein einstmals großer Name im Musikvideo-Business, ähnlich wie Berserka von den Zeiten überrollt, nun halbwegs bezahlbar und scharf auf einen Neustart. Nach einer Woche Bedenkzeit, in der Gordon der Hydra des Stolzes eine Unzahl von Köpfen hatte abschlagen müssen, war der Deal perfekt gewesen.

Und was war jetzt los? Bugs Augen glänzten so wässrig wie die Drinks, die sie in diesem Hotel servierten.

»Gordon, was soll ich sagen. Der Bürgermeister ...« Bug ließ sich umständlich auf einem Stuhl nieder. »Also, der Bürgermeister. Er möchte den Song für das Video austauschen.«

»He wants what?«

»Einen anderen Song. Und ein paar Änderungen im Script.«

»Morgen ist Drehbeginn!« Gordon sprang von dem goldfarbenen Samtsofa auf. »Setting und Technik sind aufgebaut! Wir haben tagelang geprobt. Was ist los mit diesem gottverdammten motherfucker?«

Er lief zum Fenster, riss es auf, atmete tief durch.

Draußen umrundeten einige Senioren mit ihren Rollatoren ein ovales Beet voller Usambaraveilchen. Gordon musste an Ben Hur denken. Ben Hur in Super-Zeitlupe.

»Welcher Song?«

»*A Walk in the Park*«, antwortete Bug kleinlaut.

Gordon fuhr herum. »Dafür wollt Ihr einen Hammer wie *Le Freak* zum Mond schießen?«

Cool down, baby, stay cool, du darfst den Jungen nicht in die Panik treiben. Atme ein, atme aus! Er zog sich einen Stuhl heran und setzte sich freundlich lächelnd neben Bug.

»Hey Buggy, nichts gegen One-Hit-Wonder-Nick. Ein nicer Disco-Song, keine Frage. Aber im Prinzip ist das doch nur eine Euro-Palette mit etwas Bling Bling, oder? *Le Freak* dagegen ist Disco superb. Geboren aus dem Spirit von Soul und Funk, erschaffen in Downtown New York, die Love & Peace-Antwort der Black Community auf Erniedrigung und Abweisung, ein Feuerwerk der Hoffnung für die Unterdrückten dieser Welt!«

Den Zusatz »Unterdrückte wie dich« schluckte Gordon gerade noch rechtzeitig herunter. Trotzdem war Bug mit jedem Wort tiefer auf seinem Stuhl zusammengesunken.

»Du musst mich nicht überzeugen, Gordon, ehrlich! Ich finde *Le Freak* auch besser.«

»So tell me, what's the fuckin' problem?«

* * *

Ich habe den Bürgermeister gewarnt. Mehrfach! Stell dich deiner Verantwortung gegenüber deinem Volk. Geradezu angefleht habe ich ihn. Aber wenn die staatlichen Organe so total versagen, dann muss der Bürger eben zur – zur – zur Herz-Lungen-Maschine werden. Starkes Bild. Ja, genau so kann ich das später sagen. Damit alle das verstehen. Das Land schützen. Bis die Ordnung wiederhergestellt ist. Das ist auch gut.

Mensch, wie war das jetzt noch? Erst der blaue Draht oder der rote? Wo ist der Zettel? Ach da, unter der Knete. Die Kameraden aus Pirna haben das eigentlich idiotensicher gemacht. Aber morgen früh muss das schneller gehen. Sonst erwischen sie einen.

Von unserer Zukunft mal abgesehen, allein den Triumph gönne ich dem Martin nicht. Wer zuletzt lacht und sowas, das lass ich mir nicht sagen, schon gar nicht von einem Berufsbürgermeister, das lässt sich ein Höcker nicht gefallen. Die Sache muss perfekt laufen. Also, der rote in die Knete, und dann soll der Neger es mal richtig krachen lassen.

* * *

»Bug! Wir wollten doch dieses trübe Bad mit einem absoluten Burner-Video aus dem Dornröschenschlaf schütteln?«

Bug nickte vorsichtig.

»You're a man of vision, Bug! Du musst doch wissen, was du gerade von mir verlangst? Dreißig Siebzigplus-Weißbrote in hässlichen Trainingsanzügen aus Ballonseide abfilmen, wie sie durch den Park schleichen? Während sie ihre zitternden Lippen zu diesem Wischi-waschi-Text bewegen? *Life can be fun – depending on the situation?* Sag mir, wer ich bin! Nur damit ich weiß, dass du dir nicht dein verdammtes Hirn weggekokst hast. Sag es mir!«

»Gordon. Gordon Roger.«

»Stell dich nicht dumm! Wer – bin – ich? Los, lies vor, was im Lexikon der Musikgeschichte geschrieben steht!«

Das Häufchen Elend hob hilflos abwinkend die Hand.

Gordon zeigte ungeduldig auf Bugs iPhone und starrte ihn an, bis Bug endlich etwas eintippte und stockend vorzulesen begann.

»›Gordon Roger. Berühmter afro-amerikanischer Filmregisseur. 1978 verhalf sein Promo-Video dem Song Disco Fever der schwarzen Sängerin Donna Ward zum Welterfolg.‹ Genug?«

»Weiter!«

»›Das Video, das der damals 20-Jährige mit einem Budget von 300 Dollar drehte, gilt als einer der ersten Musik-Video-Clips überhaupt und wurde trotz zahlreicher Proteste von weißen Zuschauern regelmäßig im amerikanischen Fernsehen gezeigt.‹« Bug sah ihn fragend an.

Gordon nickte gnädig. »Und jetzt sag mir, wie viel Ihr mir für diesen Job zahlt.«

»Dein Honorar bleibt natürlich unverändert.«

»Say it!«

»Sechzigtausend.«

»Plus First-Class-Flug und Spesen von Achthundert pro Tag. Korrekt?«

Bug nickte.

»Diese ganze fette Kohle willst du jetzt für einen lächerlichen Krankenkassenspot verpulvern, Buggy Bug?«

»Doch nicht ich, Gordon, der Bürgermeister! Wegen der Wahlen. Er steht unter Beschuss von rechts!«

»Fuck the Bürgermeister, Bug! Wenn wir auf ihn hören, wird das für Berserka zum totalen Desaster. Und noch mehr für uns! Keiner von uns beiden wird jemals wieder einen Job bekommen. Willst du das? Bloß, weil dein Bürgermeister sich aus Angst vor diesen Nazis in die Hosen macht?«

Bug wand sich. »Es sind nicht wirklich Nazis. Da muss man genauer hinschauen. Sie sind besorgt. Wenn man die radikalisiert, dann…«

»Shut up, Buggy. Wenn ich hier durch die Stadt gehe, was meinst du, was ich dann erlebe? Als Mr. Pumpernickel unter Weißbroten? Welche Texte sie mir reinreichen?«

»Mr. Pumpernickel war der Spitzname eines weißen Radiomoderators«, wagte Bug einzuwerfen.

»Sehr witzig, Bug. Lenk nicht ab. Nennt eure Nazis, wie Ihr wollt. Fakt ist: Sie wollen alle vertreiben, die anders sind als sie – und das sind verdammt viele. Und sie wollen alle Ideen verbieten, die sie nicht verstehen – und das sind fast alle! Die radikalisieren sich ganz von alleine, Buddy Bug. Jeder Kompromiss, jeder Zoll, den du an Freiheit preisgibst, sorgt dafür, dass in good old Germany bald wieder das Recht der Dümmsten gilt. Und dann geht gar nichts mehr, nothing, got it?«

»Aber was soll man da tun?« Die Resignation fiel aus Bugs Stimme in schweren Tropfen zu Boden.

»Wir tun das einzig Richtige, Mann! Du hast nur dieses eine Leben, oder?«

Bug nickte.

»Also reiß dich zusammen. Bist du bereit?«

Bug schluckte und nickte wieder.

»Also: *Le Freak!* Morgen Abend um sieben geht's los.«

»Und der Bürgermeister?«

»Der ist doch morgen eh nicht in der Stadt. Geh jetzt zu ihm. Versprich ihm, dass alles in seinem Sinne geregelt wird. Aber damit der Zeitplan nicht platzt und die Kosten nicht explodieren, müssten wir morgen alles so aufnehmen wie vorgesehen. Erkläre ihm, dass ich in der postproduction alles an *A Walk in the Park* anpassen würde. Über den Schnitt und mit ein paar kleinen Nachdrehs.«

Bug sah ihn verwirrt an. »Wie soll das gehen? Was, wenn wir ihm später nur *Le Freak* zeigen können?«

»Er wird ausflippen. Erst vor Wut und dann vor Begeisterung. Hyperlebendige, funky und sexy tanzende Bürger aller Generationen – das wird das Video zu seinem Mega-Wahlsieg. Glaub mir, wenn wir Amis von etwas Ahnung haben, dann von Wahlkampagnen!«

* * *

Martin, habe ich gesagt, Martin, glaubst du wirklich, dass du unser schönes Bad ungestraft in den Ruin treiben kannst? Nach den Wahlen haben wir das Sagen und dann zahlst du dafür. Wenn du wüsstest, wer schon hinter uns steht!

»Helmut? Mit wem redest du denn da die ganze Zeit? Komm jetzt mal hoch zum Essen! Helmuuut!«

»Ja doch, Gretchen. Ist nur der Michi am Telefon. Ich komme gleich.«

Nicht mal mit sich selbst reden darf man in seinen eigenen vier Wänden. Die Margarethe, die wird ihre Haltung auch noch mal befragen müssen, wenn ich erst an der Spitze stehe. Da wird sie dann endlich wieder etwas Respekt zeigen müssen.

So wie der Michi. Hat sich bewährt, der Bursche. Wie er sich unter die Statisten von dem Neger gemischt hat. Wie ein echter Agent. Und ich sein Führungsoffizier. Die anderen Statisten alles Verräter. Hat der Michi bestätigt. Manche auch nur dumm und verführt. Aber um die ist es dann auch nicht schade.

Immer wie ein Luchs, der Junge. Eigentlich verdanke ich den Plan doch ihm. Hätte der mir nicht erzählt, dass dieses eine Feld auf der Bühne nicht betreten werden darf, bis der Neger selbst zum Schluss die Kugel drauf haut …

So, jetzt nur noch den Zünder mit dem Sekundenkleber auf die Plastikscheibe, die Halterung daneben, Knete rein, und morgen früh um vier vor Ort dann noch die Drähte.

»Helmut! Die Haxe wird kalt!«

»Komme, Gretchen, komme ja!«

»Und bring dein Bier mit hoch! Ich laufe nicht wieder für dich.«

* * *

Es war natürlich alles etwas improvisiert. Lauter Leute, die noch nie etwas mit Film zu tun hatten, nur halbherzige Absperrungen, die Schaulustigen viel zu nah, und ein Durcheinander von Statisten, Tänzern und Leuten vom Set.

Aber Nile war mit seinem ganzen Kameraequipment extra aus L. A. herübergekommen, Ernie machte für ein Zehntel seines üblichen Honorars den Sound und Anita als Producerin würde mit entwaffnender Sanftmut am Setting wieder alle Fäden in der Hand behalten. Das Kernteam seines letzten Films, an den Gordon nur unter Schmerzen zurückdenken konnte. Was für ein super Script, eine fantastische Crew, eine grandiose Schauspielerbesetzung bis in die kleinste Nebenrolle. Und was für ein Versager von Executive Producer, dessen grenzenlose Großkotzigkeit den Film schon in den Vorzimmern der Verleiher verbrennen ließ, so dass es Gordons Meisterwerk erst gar nicht in die Kinos schaffte.

Sieben Jahre war das her, und inzwischen mussten die Türklinken Hollywoods und New Yorks im Kunstlicht leuchten wie der Sternenhimmel über Kitt Peak, Arizona, so demütig hatte Gordon sie auf Hochglanz poliert – oft mehrfach und immer vergebens.

Bis ihm der Videoclip in diesem Nest angedient wurde. Ein peinliches Angebot, aber Gordon hatte schließlich seine Chance erkannt. Er würde diesen Werbeclip auf eine Weise drehen, dass das Publikum danach gieren würde, endlich wieder opulentes und hochironisch-theatrales Gordon-Roger-Kino zu erleben. Und er würde ein politisches Statement setzen; zeigen, dass die geballte Energie der Diskomusik wie die fast aller Musikstile der letzten hundert Jahre vor allem dem Spirit und der Kreativität der Black Community zu verdanken war.

»Also Leute, auf Eure Plätze. Denkt daran, was ich euch bei den Proben gesagt habe. Ihr tanzt nicht zu Disko! Ihr seid Disko! Egal ob dick oder dünn, jung oder alt, krank oder fit – Ihr seid großartig! Ihr seid stark! Ihr seid schön! Euch gehört die Bühne!«

Einige auf dem Set schrien »Yeah!«, andere applaudierten, auf allen Gesichtern wurde die Nervosität für ein paar Sekunden von einem stolzen Lächeln verdrängt.

Nur aus der Gruppe der Schaulustigen kamen ein paar böse Bemerkungen und Buhrufe. Gordon, der für seinen kleinen Auftritt am Ende des Videos einen silbernen Glitzeranzug angezogen hatte, drehte sich zu ihnen um.

»Love you too, motherfuckers!«

»Geh zurück in den Urwald«, brüllte ein junger Bursche, der als Statist eine so gute Figur gemacht hatte, dass Gordon schon überlegt hatte, ihn weiter nach vorne zu holen. Doch dann war er am letzten Probentag überraschend und mit einigem Getöse ausgestiegen.

»Soll ich besser die Polizei rufen?«, fragte Bug.

»Kennst du den Typen schon?«

»Nein, nur den Älteren daneben, den im gestreiften Hemd. Helmut Höcker, sitzt im Stadtrat für die ASS, ›Alternative für Sicherheit und Sauberkeit‹, und ist stellvertretender Bürgermeister.«

Gordon grinste. »Äss? Schön, wenn sie wissen, was sie sind.«

Höcker bemerkte, wie die Röte in sein Gesicht stieg, während Gordon ihn intensiv musterte. Er drehte sich halb weg, flüsterte seinem Begleiter etwas zu.

Dieser Höcker mit seinem hochroten kleinen Kopf, der direkt auf einem schmalen Brustkorb mit anschließendem voluminösen Bauch zu sitzen schien, aus dem wiederum die beiden Beine wie dünne Schläuche hervorkamen, erinnerte Gordon irgendwie an eine falsch zusammengesetzte Wasserpfeife. Und tatsächlich, »Höcker« und »Hookah«, das passte ja auch sprachlich ganz fantastisch zusammen.

»Lass mich raten, dieser Höcker steht nicht auf deinen Masterplan, was?«

»Der hält mich für den Teufel persönlich.«

»Okay, vergiss die Cops erstmal, unsere Securities sollten reichen. Und sobald das Soundsystem abgeht, hört man die sowieso nicht mehr. Ach, und für diesen chief of assholes habe ich auch schon eine Idee – Töten durch Umarmen, you know? Ich werde dir gleich das Leben ein wenig leichter machen, Buggy.«

Bug sah ihn verständnislos an, Gordon klopfte ihm auf die Schulter, ging herüber zu Nile und Anita und flüsterte mit ihnen. Die drei schauten in Richtung Höcker. Dann begab sich Gordon zu den Tänzern, einer bunten Mischung aus Hamburger Ballettprofis und Hobbytänzern aus Berserka.

»Wie besprochen, Leute: Wir ziehen es ein Mal komplett durch. Wir lassen die Kameras zwar laufen, aber das ist nur eine Probe für unser Team. Erst ab Take Zwei wird's ernst. Okay, let's get ready to disco!« Gordon gab Ernie ein Zeichen.

Aus den Lautsprechern zählte es *One Two*. Im selben Augenblick leuchteten unter der aufgeständerten Tanzfläche, die aus milchigweißen Kunststoffquadraten zusammengesetzt war, rote und grüne Strahler auf und verwandelten die Bühne in ein Schachbrett.

Auf den Feldern für Turm, Pferd und Läufer befanden sich bereits Akteure mit Rollatoren, Rollstühlen und Krücken. Mittels Tricktechnik würde Gordon sie später als Vorspiel vor dem »One Two« quasi auf die Fläche zaubern.

Jetzt blinkten auch die Lämpchen an den kleinen Showtreppen auf, die auf beiden Seiten zu den noch leeren Feldern für Dame und König führten. Während die göttlichen Chic-Sirenen ihre Stimmen hochfuhren und das *Freak out*-Intro die Luft über der Tanzfläche erfüllte, tanzten acht weiß und acht schwarz gekleidete Darsteller auf die Bühne und nahmen die Bauernpositionen ein. Von Trockeneisnebel mystisch umwabert, folgten ihnen die schwarzen und weißen Damen und Könige.

Niles Assistenten filmten diese lebenden Figuren eines Kurbad-Schachspiels mit zwei Handkameras ab. Die weißen Akteure trugen kecke Salzkristallhütchen, die Gesichter der schwarzen waren mit Moorpackungen gefärbt. Icons auf ihren Overalls wiesen sie als Reha-Fachkräfte aus: Pfleger, Masseure und Diätassistenten. Für Turm, Pferd und Läufer reichten die metallenen Bewegungshilfen, um sie als Patienten zu identifizieren, und Damen und Könige wurden standesgemäß mit LED-befeuerten Straßstein-Icons als Psychologinnen und Fachärzte hervorgehoben.

Die erste Strophe des Songs setzte ein. *Have you heard about the new dance craze? Listen to us, I'm sure you'll be amazed.* Und das Blitzschachspiel begann.

Schnell aufeinanderfolgend lieferten sich die Betreuer kleine Tanzgefechte, an deren Ende die Verlierer in theatralischer Sterbepose von der Tanzfläche rollten.

Als die Schwarzen in die Minderzahl gerieten, drehten sie sich um und begeisterten ihre bisher nur leicht mitswingenden Rehapatienten mit einer so hinreißenden Choreographie, dass diese ihre Rollatoren, Rollstühle und Krücken von der Tanzfläche schleuderten. Eine wundersame Heilung, die ihnen erlaubte, ebenfalls in den Tanzbattle einzusteigen.

Sofort taten es ihnen die Weißen nach, wieder flogen die Bewegungshilfen in weitem Bogen von der Bühne und kurz darauf schalteten sich auch die Damen und Könige ein. *Freak out! Le Freak – c'est chic!* Alles lief auf einen wirbelnden tänzerischen Höhepunkt zu, in dem immer mehr weiße Figuren von der Fläche stürzten, bis zuletzt der weiße König auch noch seine Dame verlor und tapfer zum finalen Duell vor den schwarzen Regenten trat. Ein Tanzbattle voller ungewöhnlicher Moves und Twists, aus dem der schwarze König schließlich als groovemächtiger Sieger hervorging. Umjubelt von den Seinen, während ihm der weiße König zerknirscht huldigte.

Dann wurde über ihnen eine hüpfballgroße Diskokugel, die an einem unsichtbaren Nylonfaden hing, von einem Hubsteiger heruntergelassen, ganz so, als schwebte sie vom Himmel herab. Der schwarze König nahm sie, betrachtete sie, lächelte verschwörerisch in die Kamera und warf sie Gordon zu. Der stand in seinem silbernen Anzug lässig an eine neoklassizistische Trinkbrunnenattrappe angelehnt und nippte an einem Champagnerkelch. Ein goldenes Icon auf dem Jackett wies ihn als Kurdirektor von Bad Berserka aus. Cool ließ er das Glas aus seiner Hand fallen und fing die Kugel in einer eleganten Bewegung auf. Sogleich tanzten vier Krankenschwestern in äußerst knappen Uniformen herbei und eskortierten ihn zur Bühne.

Es lief einfach super, dachte Bug, als Gordon plötzlich scharf »Cut!«, rief.

Abgesehen von Nile und Anita, die diese Unterbrechung nicht aus der Ruhe zu bringen schien, starrten ihn alle überrascht an.

»Okay, Leute! Ihr wart fantastisch, das war ganz großes Kino. Und dabei habe ich gerade eine Erleuchtung gehabt.«

»Hört, hört«, rief der junge Bursche aus der Menge.

»Nicht ich darf dem schwarzen König die Kugel zu Füßen legen und damit das finale Feuerwerk auslösen. Diese Ehre kann nur einem Bürger dieser Stadt gebühren!«

Gordon ging auf die Menge der Schaulustigen zu, von denen einige applaudierten und johlten. »Was meint Ihr? Sollte das nicht der Bürgermeister himself sein?«

Einige in der Menge grummelten, andere lachten, der junge Ex-Statist applaudierte frenetisch. »Ja, lass das den Trottel machen! Holt ihn her!«

»Er ist nicht da?«, spielte Gordon verwundert. »Aber wen sehe ich denn hier? Ist das nicht…? Das ist doch der Vice-Bürgermeister von Berserka Mr. Hookah! Großartig! Bitte kommen Sie, kommen Sie nur. Es wird Ihnen nichts geschehen.«

Die Schaulustigen begannen wieder zu klatschen und zu pfeifen, einzelne »Höcker«-Rufe wurden laut. Der junge Bursche versuchte Höcker aufzuhalten, aber der trat unter dem zunehmenden Jubel der Leute wie be-

201

täubt nach vorne und ließ sich von Gordon an die Hand nehmen wie ein kleiner Junge.

»Mr. Hookah …«

»Ich heiße Höcker!«

»Sag ich doch, Mr. Hookah. Nehmen Sie doch bitte mein Jackett. Sitzt an den Schultern perfekt, zumachen müssen Sie's ja nicht. Und die Hose ist auch egal, wir filmen sowieso nur Ihren beeindruckenden Oberkörper.«

Während eine Kostümbildnerin Höcker das Jackett richtete, ging Gordon zu Bug und grinste ihn an.

»Im 2. Take läuft das wie vorgesehen mit mir. Aber jetzt drehen wir etwas, das ganz schnell bei YouTube erscheinen wird, sobald Mr. Asshole vorhat, dir Ärger zu machen.«

Ehe Bug antworten konnte, entstand in der Menge der Schaulustigen Aufruhr. Fortwährend »Halt! Stop!« schreiend, wühlte sich der junge Ex-Statist wie ein Footballspieler durch die Menge und stürzte schließlich über das Set auf Höcker zu. Doch die Security-Leute hatten ihn längst auf dem Kieker, fingen ihn ab, begruben ihn unter sich, rissen ihn hoch und schleppten ihn fort.

Höcker sah ihm verloren hinterher. Das alles überforderte ihn. Es war doch ganz anders geplant. Wieso durfte der Neger hier einfach alle Pläne umwerfen? Das war doch Deutschland. Da wurde doch gemacht, was einmal geplant war. Das musste einer dem hier doch mal verklickern, einbläuen, in den Kopf hineinprügeln, anders lernten die das ja nicht, mussten wir ja auch durch.

»Mr. Hookah, wir machen es so: Ich werfe Ihnen die Kugel zu. Sie fangen sie auf und tanzen so cool, wie Sie nur können – Sie können doch tanzen?«

»Natürlich«, brummte Höcker, »aber ich möchte das gar …

»… so gern. Das dachte ich mir. Sie tanzen also über die Showtreppe auf die Tanzfläche, knien vor dem schwarzen König nieder und crushen die Kugel mächtig auf das Feld vor ihm. Sehen Sie? Genau dieses Feld dort in der Mitte. Es ist präpariert. Sobald Druck darauf kommt, entstehen rundherum Elektroblitze.«

»Elektroblitze?« Höckers Augen weiteten sich.

»Mr. Hookah, Mr. Hookah! Klitzekleine Blitzchen. Vollkommen ungefährlich! Aber nicht aus Versehen schon vorher drauftreten, okay? Im Video wird danach ein Hammerfeuerwerk abgehen, aber das drehen wir erst heute Nacht. Also nicht komisch gucken, wenn nach dem Crush außer den Blitzen nichts passiert. Verstanden?«

Höcker wandte sich hilflos der Menge zu. Die Leute begannen wieder seinen Namen zu skandieren und reckten die Daumen in die Höhe. »Zeig's ihm, Helle! Zeig ihm, wie ein Deutscher tanzen kann!«, rief ihm einer seiner Anhänger zu. Oder war es einer seiner Feinde, der ihn provozieren wollte? Die hatten ja alle keine Ahnung, was sie von ihm verlangten!

Plötzlich überwältigte Höcker die Angst. »Ich muss aber nach Hause, jetzt sofort. Wissen Sie, Gretchen. Die wartet auf mich, Einkäufe. Ganz wichtige Einkäufe. Sie kennen das Gretchen nicht.«

»Ach, nur fünf Minuten! Fünf Minuten, um richtig berühmt zu werden, Mr. Hookah, worldfamous! So, stellen Sie sich dahin, okay? Ball fangen, lostanzen, okay? Kamera?«

»Kamera läuft!«

Nile rückte mit der Kamera dicht an Höcker heran und Gordon warf Höcker die Diskokugel zu wie einem Kleinkind.

»Und jetzt Musik! Tanzen Sie, denken Sie an Ihre Jugend, an Ihre erste Liebe. Dance, Hookah, dance!«

Höcker setzte sich ganz langsam in Bewegung.

Noch konnte er einfach weglaufen. Aber wie würde das aussehen? Und später würde ihn die Polizei verhören, ob er von der Bombe gewusst, sie vielleicht sogar gelegt hatte.

Wie die Leute seinen Namen skandierten. Die liebten ihn doch. Wie auch er sie liebte. Also einige von ihnen. Die durfte er doch jetzt nicht enttäuschen? Sein Gesicht verlieren. So kurz vor der Wahl. Wie sie jubelten, angestachelt von diesem Neger, der ja nur darauf wartete, dass er kapitulieren würde.

Niemals! Höcker straffte sein Kreuz. Er würde es tun, auf seine Art. Auch dieses Tanzen. Kein albernes Herumgehopse! Ein Höcker war kein Hüpfball! Wie ging das noch gleich? Ja, eins-zwei-drei, eins-zwei-drei. So ging's. So tanzte ein deutscher Höcker. Ein Höcker kapitulierte nicht, ein Höcker tanzte offenen Auges in sein Unglück, wenn es das Glück seines Landes verlangte.

Schon war er an der Tanzfläche angelangt, er erinnerte sich an Fred Astaire, den er als Kind gerne gesehen hatte. Auch so ein Ami, immerhin weiß. War der eigentlich schwul gewesen, Tänzer, Schmalhans, überfeines Lächeln? Und was hatte der eigentlich für eine Nase? Aber elegant hatte er getanzt, das schon. So Steptanz. Und Höcker versuchte ähnlich elegant die drei Stufen der Showtreppe zu bewältigen. Geriet ins Straucheln, kämpfte sich ins Gleichgewicht zurück. Ein Höcker stürzte nicht! Ein Höcker fing sich und erledigte die Arbeit, die zu erledigen war.

Ein paar Meter vor ihm stand der schwarze König. Nein, auf die Knie gehen vor einem Schwarzen, das würde er nicht tun, selbst nicht, wenn der nur schwarz geschminkt war. Gerade nicht, weil er schwarz geschminkt war! Ein Weißer zum Neger gemacht. So entwürdigend. Auch das hier würde Höcker auf seine Art machen. Er würde dem Schwarzen die Kugel mit Abscheu und Todesmut vor die Füße schmettern und dann, dann wäre es vollbracht.

»Tun Sie's nicht, Herr Bürgermeister! Nicht tun! Die Bombe, die Bombe!«

Der junge Bursche hatte sich losgerissen und stürzte zurück zum Setting. Ein dürrer Sprinter, dem zwei Muskelpakete mühsam hinterherhechelten.

»Herr Höcker! Alle Hoffnungen, alle Hoffnungen ruhen. Auf Ihnen! Ganz auf Ihnen!!!!«

Die Menge starrte den Jungen nur an, keiner stellte sich ihm in den Weg. Schon war er nahe der Tanzfläche, als sich einer der Securities hinter ihm her warf, ihn an den Waden zu fassen bekam und fällte wie ein Birkenstämmchen.

Nur Gordon bemerkte, dass Höcker sich von dem warnenden Geschrei nicht hatte ablenken lassen und unbeirrt mit kleinsten Tippelwalzerschritten weiter auf das Blitz-Quadrat zu tanzte. Höcker wollte hier seinen eigenen Film drehen! Gordon begann nun selbst zu brüllen, schrie die Leute an, sie sollten sich retten und weglaufen. Alle! Sofort!

205

Geistesgegenwärtig sprang der schwarze König von der Tanzfläche und trieb eine Horde verwirrter Tänzer und Statisten vor sich her. Die Securities schleppten den Jungen davon, Nile rettete die Kamera auf seiner Schulter, Ernie trug den Galgen wie eine Lanze, und Anitas Script wirbelte in Einzelblättern durch die Luft, als sie Bug, der entgeistert am Set verharrte, einen mächtigen Stoß gab.

Sie alle rannten, aber Gordon blieb.

Höcker hatte das Feld auf der Tanzfläche erreicht, die Diskokugel in seinen Händen fixierend.

»Höcker, leg die Kugel weg. Peace, Mann!«, beschwor Gordon ihn.

Der Michi, ja, der war ein guter Kerl, dachte Höcker, wollte ihm eben doch tatsächlich das Leben retten. War einfach noch zu jung, um zu begreifen, dass man manchmal Opfer bringen musste. Und ins Gefängnis, dahin würde ein Höcker nicht gehen. Zu all den Türken und Albanern und Russen. Damit sie ihn zu ihrem Gretchen machten. Niemals.

Er hob die Kugel in die Höhe.

»Don't crush it, Höcker! Gib auf!«

Aufgeben? Das steckte nicht in den Genen eines Höcker. Es brauchte ein Fanal! Ein Zeichen, dass Deutschland wieder sauber werden musste. Wie früher. Also irgendwann damals. Wann war das? Egal. Alle raus! Meine Explosion bläst Euch alle aus dem Land raus! Und dann blüht auch mein Bad Berserka wieder auf!

Höcker kam ein Lied in den Sinn. Er summte. Was war das noch gleich? Ach, der Krickie Mause, *Supa Deutschland, olé, olé*. Nur ein paar Worte, aber genau auf den Punkt. Die Wahrheit brauchte immer nur einfache Sätze. Ohne Wenn und Aber. Wobei *olé olé* ja mehr spanisch war, oder war das im Ursprung mal Deutsch und dann durch Tourismus und so, über Mallorca irgendwie zum Stierkampf, du musst dich konzentrieren, Höcker! Ein Höcker ist nicht unkonzentriert, wenn es drauf ankommt. Also. Jetzt.

Gordon sieht, wie sich Höcker fast neugierig über das Feld beugt, die Kugel so genau wie möglich über der Mitte justiert. Ein paar Idioten rennen mit ihren Handys herbei, schieben Gordon grob beiseite. Das ist jetzt ihre Zeit, die Zeit der Zeugen Facebooks.

Gordon wendet sich ab und geht.

An Polizisten vorbei, die aus zwei Streifenwagen springen und mit acht Händen versuchen, ein Megaphon aus seiner Schutzhülle zu nesteln. Er nimmt sie nicht wahr.

In Gordons Kopf läuft ein Film ab, den er nicht drehen, nicht sehen, nicht erleben möchte. Eine Großaufnahme von Höckers Händen an der Kugel. Schon spreizen sich in Zeitlupe die Fingerkuppen ab und die Handballen lösen sich. Die Kugel schwebt eher zu Boden, als dass sie fiele. Jetzt keine Diskokugel mehr, sondern eine, nein, die Weltkugel, blau, weiß, gelb, rötlich und grün aus sich heraus leuchtend. Ein Wunder von Schönheit und Vollkommenheit, ein unermessliches Geschenk. Man kann sich nicht sattsehen.

Bis sie im Blitz einer Detonation verschwindet, von einer explodierenden Rauchwolke verhüllt bleibt, aus der fast im selben Augenblick Milliarden von Bruchstücken herausschießen, schrecklich zertrümmert, zerrissen, zerschmolzen, zerstört. Kaum noch erkennbare Fragmente. Von Kontinenten. Von Ländern, von Städten und Dörfern.

Gordon weint lautlos.

Eine Druckwelle stößt ihn zu Boden.

SANDRA LÜPKES

Blinkendes Herz

Roxanne
The Police (1978)

M ach dat rote Licht aus, verdammtnochma!«
Ulli Schnarkenhorst hat eine Stimme wie ein
Laubgebläse: Laut, nervtötend und immer dann zu hören, wenn man seine Ruhe haben will. Roxanne steckt
die Stöpsel ins Ohr und macht die Musik an: »... *you
don't have to sell your body to the night ...*«

Das rote Licht bleibt an! Schließlich hat sie die
höchstrichterliche Erlaubnis, dass ihr Herz an der Au-
ßenseite des Wohnmobils so viel blinken darf wie es
will. Wie sonst sollen die Kunden von der Bundes-
straße aus erkennen, welche Dienstleistung links hinter Ulli Schnarkenshorsts scheißakkurater Zypressen-
hecke angeboten wird? Wie gesagt: Das hat Roxanne
schriftlich mit Brief und Siegel. Soll der alte Nervsack
da draußen mal schön den Rand halten. Ausgerechnet der!

Roxanne linst durch die pinkfarbene Jalousie: Er
steht noch immer da! Inzwischen hat sich Jutta Pommel-Rosenschmied neben ihm postiert, die Fäuste in die
speckigen Hüften gestemmt.

Wegen der Musik aus ihren Ohrstöpseln hört Roxanne das Geläster nicht, aber sie ahnt jedes einzelne Wort: »Ulli, haste dat Kleid gesehn, das wo die heute anhat? So 'n Fummel, da ist an meinem Wischmopp mehr Stoff dran, aber Hallo!«

Roxanne summt mit und überlegt für einen Augenblick, vor der Meute blank zu ziehen: »... *you don't have to wear that dress tonight* ...« Jalousie hoch, Kleid hoch, Blutdruck hoch! Amüsante Vorstellung.

Seit Wochen jeden Abend dasselbe Theater: Der ganze Kleingartenverein »Fuchs & Hase« versammelt sich und macht Krawall. Ulli Schnarkenhorst – den Roxanne eigentlich noch aus ihrer Zeit im Casanova kennt –, Jutta Pommel-Rosenschmied – deren Mann sich überhaupt nicht für Gartenarbeit interessiert, trotzdem beim Sex gern Gummistiefel trägt – und die anderen Moralheinis.

Roxannes rotlackierte Fingernägeln klackern den Takt auf die Lackstiefel. »*You don't care if it's wrong or if it's right* ...« Schöner Song! Durch alle Instanzen haben sich die da draußen geklagt, ohne Roxanne und ihr Wohnmobil auch nur einen Millimeter vom Grundstück neben den Schrebergärten zu bewegen.

Trotzdem wollen die es einfach nicht kapieren. Dieses stundenlange Rudelmeckern vor ihrer Tür raubt ihr den letzten Nerv. Außerdem: Kein Freier traut sich mehr zu kommen. Schöne Scheiße. Da sind nämlich noch ganz fette rote Zahlen auf ihrem Konto, bis das Wohnmobil abbezahlt ist. Wie soll das gehen, wenn die Kunden wegen dem Kleingärtnermisthaufen vor ihrer Tür ausbleiben?

Okay. Dann soll es so sein. Roxanne zieht die Handschuhe an, rückt den schweren Metallbehälter aus dem

Küchenschränkchen und dreht den Hahn auf. Dann nimmt sie die Heckenschere und durchtrennt den Schlauch. Als sie die Ohrenstöpsel kurz herausnimmt, hört sie mit leisem Pffff das Gas entweichen. Noch bleibt Zeit. Sie zieht die Strapse nach oben und zurrt die Halter fest, danach schnürt sie das Mieder. Routine. Den Pelzmantel muss sie zurücklassen, leider. Aber wenn sie vollständig bekleidet die Flucht ergreift, glaubt ihr die Polizei hinterher kein Sterbenswörtchen. Sie wird den Nerz einfach auf die Liste setzen, die sie später der Versicherung vorlegt, fertig.

Draußen jammert Jutta Pommel-Rosenschmied gerade, dass man ihr die Heckenschere geklaut hat. Einfach so aus dem neuen Gartenhäuschen. Frechheit, wer macht denn so was?

Roxanne lächelt, während sie sich die Lippen nachzieht. »... *I know my mind is made up, so put away your make-up* ...« Dann schiebt sie sich nach vorn auf den Beifahrersitz und wartet ab. Sie meint mittlerweile das Gas riechen zu können. Es ist schwer und sammelt sich am Boden. Der Schalter, mit dem sie seit Jahren ihr rotes Herz vom Wageninnern aus zum Blinken bringt, hat schon lange diese Macke, Funken zu schlagen. Er hängt nur ein paar Handbreit über dem Boden.

Es ist höchste Zeit. Sie klettert aus dem Wagen und rennt in den Wald. Bloß weit genug weg!

»... *Told you once I would tell you again it's a bad way* ...«

Von Weitem sieht sie die Kleingärtner da stehen, ganz nah bei ihrem Wohnmobil. Sie schimpfen und sie gestikulieren wie beim Heimattheater. An, aus, an, aus, an, aus. Das blinkende Herz färbt ihre wütenden Visagen im Sekundentakt rot. An, aus, an, aus, an, aus.

»*Roxanne, you don't have to put on the red lights. Those days are over ...*«

Der Knall übertönt den Rest des Songs.

KLAUS STICKELBROECK

Hartmann und der Kolibri

Da Ya Think I'm Sexy
Rod Stewart (1978)

D er Job ist vollkommen ungefährlich.«
Rainer Rattkamp beugte sich über den Schreibtisch und drückte die Taste der Gegensprechanlage.
»Nadine? Bring uns noch eine Tasse Kaffee!«

Hartmann runzelte die Stirn. Mit ähnlich harmlos klingenden Sätzen hatten ihm in der jüngeren Vergangenheit gleich mehrere Klienten extrem üble Fälle aufs Auge gedrückt. Und auf extrem üble Fälle hatte Hartmann aber mal überhaupt keine Lust.

»Wenn das alles so vollkommen ungefährlich ist, wozu brauchst du dann einen Privatdetektiv?«

Rattkamp bleckte kurz auf. »Weil ich nicht ausschließen kann, dass die ganze Sache ein linkes Ding ist. Das Risiko, dann auf die Sache angesprungen zu sein, will ich nicht eingehen.«

»Es kann also so ein Filmchen von dir geben?«

»Na klar! Ich war regelmäßig in diesem Saunaclub. Und ich geh da nicht hin, um mal in Ruhe ein Buch zu lesen. Ob mich dabei jemand gefilmt hat, weiß ich natürlich nicht. Ich weiß nur, dass ich erpresst werde.«

»Aha.«

Rattkamp strich über seine grell-bunte Seidenkrawatte, die in schrillen Farben schreiend den Rückschluss zuließ, dass in der Färberei in großen Dosen Ecstasy konsumiert wurde. »Ich kann mir fünf Wochen vor der Bürgermeisterwahl keine schlechten Schlagzeilen leisten. Ich werde zahlen.«

Hartmann musterte die 20.000 munteren Gesellen, die sich auf dem Schreibtisch zwischen ihnen eng aneinander drückten. »Woher weißt du, ob du wirklich das Original bekommst oder es nicht irgendwelche Kopien gibt? Wer einmal zahlt, der zahlt auch ein zweites Mal.«

Rattkamp zeigte seine kleinen, spitzen Zähne, die einem seiner entfernteren Vorfahren den unschönen ersten Teil seines Nachnamens eingebracht hatten. »Das lass meine Sorge sein! Nach der Wahl werde ich mich dieser Angelegenheit auf meine ganz besondere Art und Weise widmen. Aber bis dahin brauche ich fünf Wochen Ruhe.«

»Die Übergabe soll in dem Saunaclub stattfinden. Wie heißt der?«

»*Kolibri*.«

»*Kolibri*? Okay. Und wie sollen die mich da im Club erkennen? Soll ich eine rote Rose tragen? Und wenn ja, wo soll ich sie mir hinstecken?«

Rattkamp verdrehte die Augen. »Ich gebe dir das Geld. Du wickelst es in ein Handtuch. Dann setzt du dich an die Theke, man wird dich ansprechen. Du heißt Robin.«

Die Bürotür wurde geöffnet, und Nadine brachte den Kaffee. Hartmann hielt die Luft an. Meine Hacke, da ging Mitte Februar aber die Sommersonne auf. Lange blonde Haare, noch längere Beine und den coolen Sharon-Stone-Blick aus der Vernehmungsszene in den Augen. Ein blonder Scheidungsgrund. Eine Frau, die einen dazu brachte, mehrmals am Tag kalt zu duschen.

Hartmann seufzte innerlich. Seine und Rattkamps Karrieren hatten sich sehr unterschiedlich entwickelt, seit sie beide gemeinsam für Fortuna Düsseldorf über die Fußballplätze der Zweiten Bundesliga gestürmt waren.

Nadine stellte ein Tablett ab und glitt wortlos hinaus ins Vorzimmer.

Rattkamp grinste. »Super Schlitten, oder? Die Zettelschubse kannste aber leider gleich wieder vergessen! Ist eine Lesbe. Eine überzeugte ›Ich-hab-alles-probiert‹. Eine meiner wenigen Fehlbesetzungen.«

Er schwang sich aus dem Ledersessel, schritt ans Fenster, drehte Hartmann den Rücken zu und nickte nach draußen auf den historischen Marktplatz und das Rathaus. »Eine Fehlbesetzung, die ich in fünf Wochen korrigieren werde, wenn ich diese öde Kanzlei dichtmache und nach gegenüber ziehe.«

Hartmann beäugte mit einem abschätzenden Blick nach unten seine fleckige Jeans, deren saubere Zeiten schon einige Tage zurücklagen. Und seine abgelatschten Turnschuhe ... Er musste dringend etwas an seinem äußeren Erscheinungsbild tun. »Okay, ich übernehme den Job. Ich bekomme 500 Euro am Tag.«

Und als ihm einfiel, in welchem Milieu er tätig werden sollte, fügte er hastig hinzu: »Plus Spesen.«

* * *

Um nicht seinen potentiellen Wählern über den Weg zu laufen, hatte Rattkamp die für seine konservative Wählerschaft möglicherweise anstößigen, sexuellen Aktivitäten aufs flache Land verlegt. Genauer gesagt, in einen idyllischen Ort nahe der niederländischen Grenze mit Namen *Leuth*, der entweder zu Kaldenkirchen oder zu Nettetal gehörte. Hartmann, nicht im Besitz eines Navigationsgeräts, hatte sich eine genaue Wegbeschreibung geben lassen, sicherheitshalber lag ein aufgeklappter Faltplan auf seinem Beifahrersitz. Über die A 40 Richtung Venlo, Ausfahrt Straelen, dann nach links auf die B 221.

Er passierte das Naherholungsgebiet *Blaue Lagune* und ein hell angestrahltes Hinweisschild:

Bunter Faschingsball
Akademie Schloss Krickenbeck

Ein bunter Faschingsball wäre Hartmanns Ding gewesen, aber unter dem Faltplan versteckte sich ein brauner Briefumschlag mit Rattkamps Kohle, und diese 20.000 Eierchen wollten unters Volk gebracht werden. Einen knappen Kilometer weiter entdeckte er an einem umgebauten Bauernhof den leuchtend-roten Schriftzug, der ihm verriet, dass der dortige *Club Kolibri* der letzte Saunaclub vor der Autobahn war. Hartmann fuhr direkt auf einen Parkplatz neben dem Gebäude und checkte die Uhrzeit. 23.45 Uhr.

»Just in time.«

Zwanzig Minuten später saß er in roter Unterhose, dunkelgrauem Satinunterhemd und weißen Badeschlappen am Tresen. Zufrieden nippte Hartmann an seiner Apfelschorle. Das Getränk war kühl, die Musik klasse. Eine sich glitzernd unter der Decke drehende Discokugel funkelte flackernde Lichtsplitter über eine kleine, verspiegelte Tanzfläche. Hartmann erkannte einen frühen, schwül-heißen Disco-Klassiker von Rod Stewart, den er viel zu lange nicht gehört hatte. Was für eine coole Nummer!

»Hallo, Fremder«, schob sich plötzlich eine vollschlanke Frau in schwarz-roter Spitzenkorsage auf den Barhocker rechts neben ihn.

Hartmann zuckte zusammen, denn das frivole Kleidungsstück saß obenrum ein wenig spack. Glänzend-silberne Häkchenverschlüsse hatten Mühe, alles verpackt zu halten. Und das war eine Menge.

»Och, hab ich dich erschreckt? Das wollte ich aber nicht. Wie kann ich das nur wieder gutmachen?«

Sie hatte augenscheinlich klare Vorstellungen, wie das zu bewerkstelligen sein könnte, denn sie schob eine Hand hinten unter Hartmanns Shirt. »Ich bin die wilde Hildegard.«

»Ich heiße Robin.«

»Robin?«

»Wie der Gehilfe von Batman«, erklärte Hartmann.

»Batman?«

»Schon gut.«

»Bist du das erste Mal hier, Schatz?«

Hartmann beugte sich ihr entgegen. »Äh, ja. Und du? Bist du für … alles offen?«

»Das will ich meinen«, schnurrte Hildegard, klimperte wild mit den Wimpern und legte Hartmann die andere Hand auf einen der blanken Oberschenkel, knapp unterm roten Hosensaum.

»Das ist ja super«, flüsterte Hartmann. »Ich war ein paar Jährchen weg. Im Knast. Ich kam irgendwie mit meiner damaligen Freundin nicht klar. Ein Wort gab das andere. Dann die unglückliche Sache mit dem Hammer.«

»Mit dem Hammer?«, fragte Hildegard, plötzlich mit einem leichten, unsicheren Zittern in der Stimme.

»Nur einmal. Ganz kurz. Weil ich mich doch immer so schnell aufrege.«

»Oh …«

»Na ja, fünf Jahre hab ich gekriegt. Und im Knast …« Hartmann hob vielsagend die Augenbrauen. »Da gab es ja nur Männer. Alles ein bisschen grob. Und behaart.«

»Grob? Und behaart?«

»Ja. Fünf Jahre können ganz schön lang werden. Seit gestern bin ich wieder draußen und hab gedacht, heute, heute is' genau der Tag, um mit einer rundum aufgeschlossenen Partnerin aber mal so richtig …«

Hildegard zog hastig ihre Hände zurück, blinzelte heftig und entdeckte am anderen Ende der Theke einen alten Bekannten. »Ich muss mal ganz schnell weg, äh … Schatz.«

Hartmann grinste ihr hinterher. Wohl doch nicht so ganz offen.

Im gleichen Moment spürte er auf der anderen Seite eine weitere Dame, die sich an ihn schmiegte. Hartmann drehte sich ihr zu und erschrak erneut, denn diese Frau trug eine dunkelblaue Maske. Mit Fransen. Sonst trug sie nicht viel. Hui. Granate! Die hatte der liebe Gott nicht an einem Montagmorgen geknetet. Das fand auch der kleine Hartmann. Eilig zog Hartmann deshalb das Handtuch samt Inhalt vom Hocker und raubte dem kleinen, neugierigen Kerl die Sicht.

»Du bist neu hier, oder?«, fragte die Gefranste mit angenehm tiefer, rauchiger Stimme.

Außer ihrer blauen Maske trug sie ihre pechschwarzen Haare kurz geschnitten und einen nahezu durchsichtigen Hauch von sündig-schwarzem Nichts. Unten. Oben trug sie noch nicht mal das.

»Ja«, flüsterte Hartmann mit trockenen Lippen und spürte nervösen Herzschlag.

»Wie heißt du, Süßer?«

Ein knalliger Tusch verschluckte Hartmanns Antwort. Mehrere helle Strahler wurden auf eine dunkelhäutige Tänzerin gerichtet, die sich zu plötzlich einsetzenden, brasilianischen Sambatrommeln schlangengleich um eine glänzende Eisenstange aalte.

»Hart-, äh, Robin!«, rief Hartmann.

Seine Gesprächspartnerin stand auf. »Okay. Ich denke, wir haben was Besseres vor, als uns die Show anzutun.«

»Äh, ich bin quasi verabredet und warte …«

Sie beugte sich rüber und drückte eine ihrer beiden Brüste gegen Hartmanns Oberarm. »Relax, Baby, hast du die Kohle dabei?«

Ach so. Hartmann verstand, nickte und klemmte sich das wertvolle Handtuch unter die Achsel.

»Gut. Komm mit!«

Sie nahm Hartmann an die Hand, zog ihn durch einen schweren, roten Vorhang in einen mit Wandkerzen ausgeleuchteten Flur und dann in einen Raum im hinteren Teil des Gebäudes. Hartmann strich sich eine verschwitzte Strähne hinters Ohr. Saunaclub hin oder her, hier wurde eindeutig zu kräftig geheizt! Sonst gefiel ihm das Zimmer. Richtig gemütlich, mediterran, auf Strand gemacht. Statt eines Bettes bot sich ein breiter, blau-weiß gestreifter Strandkorb zum lustvollen Verweilen an.

Seine maskierte Bekannte schien deutlich weniger beeindruckt und interessierte sich schon wieder für einen Vorhang. Diesmal war er orange, und dahinter verbarg sich eine Notausgangstür, die sie vorsichtig einen Spalt weit öffnete.

»Du willst nach draußen, in die Kälte? Ich hab fast nichts an«, protestierte Hartmann.

»Mein Wagen hat eine Standheizung.«

Sie schlüpften nach draußen und dort in einen kleinen, dunklen Audi mit Münchener Kennzeichen. Hartmann hatte nicht vergessen, weshalb er hier war. Nummernschild aus München – wahrscheinlich ein Mietwagen. Er merkte sich die Kennung trotzdem und drückte beim Einsteigen das Frotteehandtuch samt Inhalt fester an sich.

Sie bog mit ihrem Wagen zügig rechts auf eine Straße, die in den Ort hinein führte, dann ging es an einer Kirche links ab. Sie hoppelten einen mit laublosen Kopfweiden gesäumten, asphaltierten Feldweg entlang, der in der Hauptsache aus Schlaglöchern bestand, überquerten eine Brücke über die *Nette* und passierten ein Hinweisschild: *Achtung Viehtrieb.*

Hartmann musterte seine Fahrerin. »Du kennst dich hier aus.«

»Keine Sorge, ich schaffe es, auf der Fahrbahn zu bleiben.«

»Ich liebe Frauen, die wissen, wo es langgeht.«

Einen knappen Kilometer weiter bog sie plötzlich nach rechts in einen finsteren, unbefestigten Waldweg und stoppte vor einer mit Brettern vernagelten Holzhütte.

»Noch ein Club?«, fragte Hartmann.

Und stockte. Seine immer noch maskierte Fahrerin hatte von irgendwo her einen kleinen Revolver hervorgezaubert. Das unangenehme Ende der Knarre deutete auf seine Brust.

»Aussteigen! Raus! In die Hütte!«

Hartmann befolgte hastig die klare Anweisung. Die Wumme war klein, sah aber echt aus. Auch mit einer kleinen Waffe kann man fiese Löcher machen, die wehtun.

Sie dirigierte Hartmann drei morsche Holzstufen hoch. Er spürte etwas Hartes, Rundes hinten auf seinem Unterhemd. Die Holztür war unverschlossen, die Hütte verlassen und ungeheizt. Sie stieß Hartmann hinein, der sich umdrehte. Die Mündung zeigte jetzt wieder vorne auf sein dunkelgraues Unterhemd.

»Das Geld steckt im Handtuch?«

»Erst den Film«, forderte Hartmann.

Unter der Maske schien sie zu grinsen. Jedenfalls verzog sich ihr Kinn. »Mach keine Witze, und leg das Handtuch da vorne auf den Tisch! Genau so. Und jetzt vier Schritte zurück an die Wand!«

Hartmann machte sogar fünf.

»Und nun ausziehen!«

221

»Bitte?«, fragte Hartmann ungläubig.

»Ausziehen!«

Hartmann schüttelte den Kopf. »Das hättest du im *Club* einfacher haben können!«

»Du schätzt mich vollkommen falsch ein, Süßer.«

»Sicher. Vorspiel wird überbewertet. Wann kriege ich den Film?«

»Du bleibst am Leben. Das sollte genügen.«

Hartmann schlüpfte eilig aus Shirt und Retro, schob seine Hände vorne vor und versuchte Haltung zu bewahren. »Er ist sonst größer, aber die Aufregung ...«

»Schieb die Klamotten rüber!«

Das tat Hartmann und hatte sich immer noch nicht daran gewöhnt, dass ihn eine barbusige Frau mit einer Knarre bedrohte. Passte einfach nicht zusammen. Irgendwie.

»Jetzt noch die Schlappen!«

»Aber ...«

Sie wedelte mit der Knarre. Hartmann flappte die Gummidinger von den Füßen und kickte sie nach vorn. Die Maskierte kramte alles zusammen, die Mündung der Plempe blieb starr auf Hartmanns Brust gerichtet.

Der speicherte derweil jede ihrer Bewegungen ab. Das Gesicht hatte er unter der blauen Maske nicht erkennen können, aber ihren Körper würde er unter Tausenden wiedererkennen. Jeden Leberfleck prägte er sich ein, das Pflaster am Knöchel, das vermutlich eine Tätowierung verbarg und die kleine, für eine Meniskusoperation typische Narbe am rechten Knie. Sie kannte sich hier aus? Nun denn. Tausende von diesen wohlproportionierten Körpern dürfte es am linken Niederrhein nicht geben. Man sieht sich immer zweimal.

»Du zählst bis 20.000, bevor du die Hütte verlässt!«

»Rattkamp wird mächtig sauer sein, wenn ich ohne den Film und ohne das Geld wieder bei ihm auftauche.«

»Das ist dein Problem, Schnüffler!«

Da hatte sie recht, fand Hartmann.

Sie zog die Hüttentür hinter sich zu. Hartmann sprang ans zugenagelte Fenster und sah durch einen schmalen Spalt schemenhaft, wie sie ihre Beute auf den Beifahrersitz warf, filigran in den Audi glitt und mit durchdrehenden Reifen in der Dunkelheit verschwand.

»Mist!«

Er musste hier weg. Und sah an sich runter. Seinem kleinen Freund war die Kälte da draußen unverhüllt nicht zuzumuten. Seinen Zehen auch nicht. In dieser Reihenfolge. Er blickte sich in der spärlich eingerichteten Hütte um. Es roch staubig und muffig. Er befand sich in der Hütte eines passionierten Jägers. Ausgestopfte Tiere beobachteten ihn mit glasigem Blick, Geweihe hingen an den Wänden, historische Jagdutensilien, vor dem Kamin lag ein Wildschweinfell. Unterm hölzernen Ecktisch entdeckte er ein Paar dunkelgrüner Gummistiefel.

Ein Kleiderschrank. Leer geräumt.

»Verdammt.«

Hartmann seufzte … und bückte sich nach den Stiefeln.

* * *

Fluchend stolperte Hartmann ein paar Minuten später in viel zu großen Gummistiefeln mit schwappendem Schritt durch die Dunkelheit. Seit einigen Metern spürte er seine Nase nicht mehr. Vielleicht wäre es besser gewesen, in der Hütte zu bleiben. Andererseits war sein Zinken sowieso ein wenig zu groß, und wenn sich der Frost zwei Zentimeter nehmen würde, wäre das fürs Profil wahrscheinlich gar nicht so schlimm.

Endlich tauchten zwei Lichtkegel auf. Er schob eine Keule hinter seinen Rücken. Sollte es ein Kleinwagen aus München sein, brauchte die maskierte Fahrerin nicht sofort zu wissen, dass er willens war, ihr – Knarre hin, Knarre her – eine Jagdkeule aus dem vorletzten Jahrhundert über die Rübe zu ziehen!

Breitbeinig stellte er sich auf die Landstraße. Der Wagen verlangsamte das Tempo. Das war kein Audi. Gut. Vielleicht … Der Motor des Fahrzeugs heulte auf, der Wagen beschleunigte! Die Keule schwingend sprang Hartmann ein paar Zentimeter vor dem rechten Kotflügel keine Sekunde zu früh in den Graben neben der Fahrbahn. Die Kiste rauschte vorbei, die Rücklichter verschwanden in der Dunkelheit. Hartmann rappelte sich hoch. Er zog das um seinen Körper geschlungene, mit einer Kordel befestigte, braune, borstige Wildschweinfell wieder gerade, bedeckte alles, was wichtig war und klopfte sich den Dreck ab. Dann sah er das Schild.

Club Kolibri
Let's spend the Night together!
1500 Meter links

Kolibri bedeutete Auto. Sein Auto. 1500 Meter sollten so gerade eben noch zu schaffen sein. Rod Stewarts treibenden Disco-Rhythmus im Ohr, nahm er entschlossen Takt und Schritt auf.

»*Da Ya Think I'm Sexy?*«

Alles wird gut!

* * *

Zwanzig Minuten später kurbelte Hartmann die Heizung in seiner Kiste auf *Feuer* und warf beunruhigt einen Blick in den Rückspiegel.

»Bullen!«

Er sah an sich runter, das Wildschweinfell pikste. Die hatten ihm jetzt noch gefehlt. Blaulicht. Stopp, Polizei! Hartmann fluchte, rollte rechts ran und fuhr die Seitenscheibe runter.

Die Cops stiegen aus. Einer der beiden Polizisten rief ins Funkgerät. »Wir haben ihn. In einem Auto. B 221 Richtung Straelen. Ja. Mit Fell.«

Der andere Bulle trat mit breitem Schritt an Hartmanns Wagen und beugte sich runter. »Wenn Sie bitte mal aussteigen wollen.«

»Ich will eigentlich nicht. Es ist kalt, und Sie sehen ja selbst, ich habe nur mein Kostüm an.«

Der Cop runzelte die Stirn. »Kostüm?«

Sein Kollege trat hinzu, eine Hand am Waffenholster. »Eine Autofahrerin hat uns angerufen. Sie haben eben an der Straße gestanden und versucht, ihr Auto anzuhalten.«

Hartmann schüttelte den Kopf. »Ich fasse es nicht. Ich hab kurz ausgetreten, da fährt mich die Alte mit ihrem

225

verschisselten Wagen fast über den Haufen. Ich musste zur Seite springen, sonst hätte die mich platt gemacht!«

Die beiden guckten sich fragend an, der Kleinere setzte nach. »Schicken Anzug haben Sie an! Sie haben mit einer Keule nach dem Fahrzeug geschlagen.«

»Geschlagen?« Jetzt wurde Hartmann sauer. Aber so richtig. »Nach dem Auto geschlagen? Die Keule, das ist die da auf dem Rücksitz, die brauche ich zum Jonglieren. Ich hatte einen Auftritt auf dem Faschingsball auf Schloss Krickenbeck.«

Dem größeren der beiden Polizisten entglitten die Mundwinkel, der kleinere guckte weg.

»Was denkt die Alte sich eigentlich? Dass hier ein Neandertaler im haarigen Wildschweinfell auf Kriegspfad herumläuft, Autos anhält und Frauen anfällt?«

Jetzt platzten beide lachend los. Der Lange beugte sich ins Auto. »Echt scharfes Outfit!«

»Du findest schon, dass ich sexy aussehe?«, nahm Hartmann bereitwillig den Stimmungsumschwung auf.

»Absolut. Hat was Animalisches.«

»Du kannst alles tragen, Honey«, griente auch der Kleinere. »Kauf dir morgen die Zeitung! Wir schreiben einen Bericht an die Pressestelle. Das ist echt mal was anderes. Gute Fahrt noch!«

Lachend gingen sie zurück zum Streifenwagen. Hartmann blies Luft durch die Lippen und drehte den Zündschlüssel. Hatte er nicht heute Vormittag noch mit seinem äußeren Erscheinungsbild böse gehadert? Er strich übers borstige Wildschweinfell.

»Quatsch!«

Sein Outfit war ganz offensichtlich absolut in Ordnung!

* * *

Rattkamp hämmerte die flache Hand auf den Schreibtisch. Zum achten Mal in Folge. »Die Kohle ist weg! Und den Film hast du auch nicht!«

Hartmann ging dieser Typ mächtig auf den immer noch kalten Sack. »Sie hatte eine Knarre dabei. Einen Revolver, Rainer. Damit kann man Menschen tot machen.«

»Du bist Privatdetektiv!«

»Aber nicht unsterblich.«

»Eine reife Leistung, Hartmann! Eine *ganz* reife Leistung!«, bellte Rattkamp, und kleine Speicheltröpfchen flogen an seinen Hauern vorbei in Hartmanns Richtung.

Krach! Das neunte Mal.

»20.000 Schleifen! Weg! Für nix!«

Hartmann hatte sich auf der Rückfahrt ein paar Gedanken gemacht. Mit durchaus interessanten Erkenntnissen. »Ich sollte mich in die Sache noch mal reinhängen.«

Rattkamp wischte mit der Hand durch die Luft. »In die Sache hängst du dich bestimmt nicht mehr rein! Du bist gefeuert! Vollkommen unbrauchbar! Kein Wunder, dass du als jämmerlicher Schnüffler gerade mal …«

Weiter kam Rattkamp nicht. Hartmann war's leid. Seine Rechte schnellte nach vorn. Er zog Rattkamp mit festem Griff über den Schreibtisch. So, wie Rattkamp es mit seiner Sekretärin vorgehabt und nicht gedurft hatte.

»Noch ein Satz, Rattkamp, und ich haue dir die fiesen Zähne ein!« Er drückte ein bisschen fester zu. »Ich schick dir eine Rechnung. Das Geld überweist du zügig und vollständig, klar? Einschließlich Spesen und Trinkgeld!«

Er stieß den Bürgermeister in spe über den Schreibtisch zurück in seinen protzigen Ledersessel, der nach hinten kippte. Die Tür wurde aufgerissen. Die vom Tumult aufgeschreckte Nadine starrte Hartmann erschrocken an.

Der schob sie zur Seite und knurrte. »Für mich heute keinen Kaffee.«

* * *

Hartmann drückte seinen dritten Hamburger zwischen die Zähne. Der schmeckte nicht besser, als die beiden davor, aber hier in der Hamburgerbude hatte er den Eingang zum Bürogebäude auf der anderen Seite des Rathausplatzes prima im Auge. Eine knappe Viertelstunde später kam sie mit lockerem Hüftschwung durch die Drehtür, ihre langen, blonden Haare wehten im Wind. Hartmann entsorgte den Burgerrest in einem Abfalleimer und startete den Japaner. 16 Uhr. Berufsverkehr. Er folgte ihr problemlos bis in eine kleine Seitenstraße, fuhr ein paar Häuser weiter rechts ran und beobachtete im Rückspiegel, wie sie im hellblauen Kostüm elegant ihrem Wagen entstieg und zügig zur Haustür ging.

Er gab ihr fünf Minuten.

Dann fischte Hartmann seine Smith & Wesson aus dem Handschuhfach und schob sie hinten in den Gürtel. Langsam stieg er aus, warf die Tür hinter sich zu, überquerte die Straße und beugte sich über das Türschild unter der Hausnummer 16:

N. Salm / M. Waerder

Hartmann klingelte. Nein, er würde die beiden nicht erschießen. Natürlich nicht. Wenngleich M. nicht wirklich nett zu ihm gewesen war. Da, in der Hütte, als sie ihn einen *Schnüffler* nannte, obwohl die gefranste Unbekannte gar nicht wissen konnte, dass Rattkamp ausgerechnet einen Privatdetektiv mit der Geldübergabe beauftragt hatte. Erschießen wäre übertrieben.

Die beiden hatten immerhin einen triftigen Grund, Rattkamp um ein paar Mäuse zu erleichtern. Na, zumindest Nadine hatte einen, denn für sie war beim Bürgermeister Rattkamp im Vorzimmer kein Platz. Und das hatte nicht unwesentlich mit ihrer sexuellen Ausrichtung zu tun und einer respektablen Einstellung, was Rattkamps Schreibtisch anging.

Das waren eindeutig mildernde Umstände! Deshalb durften sie die 20.000 Mücken auch behalten, hatte Hartmann entschieden. Quasi als Schmerzensgeld.

Er drückte voller Vorfreude auf die Klingel. Nein, erschießen würde er die beiden Mädels ganz sicher nicht. Er hatte etwas viel Besseres mit ihnen vor.

* * *

»Streife Viktor 13/45 für Leitstelle.«

Der kleinere der beiden Streifenbeamten, der auf dem Beifahrersitz saß, griff zum Funkgerät. »Viktor 13/45 hört.«

»13/45, ihr hattet doch gestern den merkwürdigen Kerl im Wildschweinfell. Ich hab hier schon wieder so was Komisches. Fahrt mal nach Leuth, B 221, am *Kolibri* auf die B 509 bis nach Hombergen. Dann links ab. Da muss irgendwo weiter durch am Wittsee eine Jagdhütte sein. Mich ruft einer an, der angibt, dass man zwei Frauen in der Hütte eingesperrt und deren Auto entwendet hat. In dem Wagen befand sich deren Kleidung. Die Frauen sind also nackt. Fahrt aber trotzdem langsam und vorsichtig! Ich weiß nicht, ob an der Sache was dran ist. Hatte den Eindruck, der Melder platzt gleich vor Lachen. Ach ja, ich hab nach seinem Namen gefragt. Der Anrufer heißt Robin.«

ARNOLD KÜSTERS

Trecker ins Jenseits

Highway to Hell
AC/DC (1979)

Zuckerrüben hin oder her. Johannes hatte sich entschieden. Er konnte nicht länger warten. Auch
wenn die Rüben noch in dieser Nacht zur Fabrik
mussten. Vornübergebeugt hielt er das Steuer seines
56er Schlüters fest umklammert. Schweigend starrte er
hinaus in die Dunkelheit. Rein und eiskalt wie Bom-
merlunder: Er liebte diese klaren Nächte!

Noch sieben Kilometer. Sein Trecker ratterte wie eine gut geölte Nähmaschine. Nervös rieb er sich über
die Wangen. Der Handschuh kratzte. Mit einer Hand
schraubte er den Stopfen von der Thermoskanne, die
zwischen seinen Beinen steckte. Kaffee, mit Gin ge-
streckt. Er leckte sich die Lippen. Vielleicht ein wenig
zu viel Wacholder, um Trecker zu fahren. Aber auf jeden Fall genug – für das, was er vorhatte. *Highway to
hell. I'm on the highway to hell.* Er kicherte.

»Der Schnaps wird dich noch umbringen.« Ihre Stimme verlor sich im Fahrtwind.

Oder dich!, dachte Johannes. Peter Pause, sein ältester
Kumpel, hatte recht. Er würde Christa abräumen wie

231

überreifen Weizen. Sie irgendwo unterpflügen. Noch in dieser Nacht! Erst Christa, dann die Rüben. Niemand würde Christa vermissen. Rein niemand! Er grinste. Teufel auch, ha, am wenigsten er.

Verstohlen beobachtete Johannes seine Frau, die auf ihrem Sitz über dem Radkasten im Takt des Motors leicht auf und ab hüpfte. Er genoss das Bild, wenn er absichtlich durch eine Bodenwelle fuhr und sie mühsam gegen die Schwerkraft ankämpfen musste. Es gab also doch noch etwas, gegen das auch sie nicht ankam.

Christa hatte ihr Haar unter eine Russenmütze gestopft und die Ohrenklappen unter dem Kinn zusammengebunden. Aus dem Kragen des dicken Wintermantels quoll ein verfilzter Schal.

»Warum sagst du nichts?« Christa ließ die Landstraße nicht aus dem Blick.

»Ich muss mich konzentrieren.«

»Du solltest weniger saufen.«

Ha! Das ewige Genörgel hatte bald ein Ende. Noch heute Nacht. Gut, gut! Er summte leise: *Livin' easy, lovin' free.* Johannes presste seinen Hintern in die Sitzschale. Er hoffte auf eine tiefe Bodenwelle. Vielleicht würde sie ihm die Arbeit abnehmen.

Er hatte sehr lange und ausgiebig mit Peter über diese Nacht philosophiert. Peter Pause. Alle nannten ihn nur Pause. Freund, Roadie und gute Seele ihrer Rock-Kapelle.

Pause hatte ein paar Mal vielsagend genickt, als ihnen beim Schrauben am Motor des Schlüters klar geworden war, was passieren musste. Dann hatte Pause von der Rückbank seines Opels zwei frische *Astra* gefischt und wie Ausrufezeichen aus den Dosen zischen lassen.

Anerkennend hatte er gemeint: »Dein Plan ist genial. Ja – du musst es tun. Aber warte nicht zu lange. Es wird nicht besser.«

Pause schwor auf sein Astra: »Dieses Bier ist die heilige Inspiration.« Das war sein Spruch, wenn es mit dem Aufbau der alten Verstärkeranlage mal wieder nicht so recht klappen wollte. Johannes wusste, mit Pauses Zuspruch würde er es schon richten: *No stop signs, speed limit.*

Und nun war er mit Christa auf dem Weg ins *Jenseits*. Er genehmigte sich noch einen tiefen Schluck aus der Kanne. Sie war mit »den Mädels« verabredet: Papierrosen drehen fürs Schützenfest! Mein Gott. Phh. Halbherzig unterdrückte Johannes einen Rülpser. Besser konnte es nicht kommen.

Die Scheinwerfer des Treckers zitterten noch eine Weile an den dicht am Fahrweg stehenden Tannen entlang. Dann kam das Ausflugslokal in Sicht: Das *Jenseits*. Den Namen fanden nur die Touris seltsam, dann aber auch gleich geheimnisvoll. Weil das Lokal jenseits eines tiefen und dunklen Waldes lag.

Johannes wurde mit jedem Meter, den sie sich dem *Jenseits* näherten, nervöser.

Wie war noch der Plan? Er würde sie nur kurz absetzen. Genau. Niemand würde ihn verdächtigen, wenn er sie morgen als vermisst melden würde. Zwischen dem *Jenseits* und seinem Hof konnte schließlich viel passieren. Wusste man ja. Es würde eine lange Nacht werden. Wie gesagt, erst Christa, dann die Rüben.

»Tschüüss.« Christa kletterte vom Sitz und wartete, bis die Lichter des Schleppers verschwunden waren. Johannes würde sich noch wundern. Aus dem Schatten der Parkplatzlampen hörte sie das Öffnen einer vertrauten Autotür.

»Ich liebe dich.« Pause küsste Christa zärtlich. Er drehte die Boxen auf, als sie vom Parkplatz des *Jenseits* bretterten: *I'm on my way to the promised land.*

RAOUL BILTGEN

Und dann macht es boum

Reality
Richard Sanderson (1980)

Die roten und grünen Lichter flackern über kitschige Ölschinken und altdeutsches Mobiliar. Dazwischen zappeln sie, sie springen und schwitzen und verausgaben sich, die Kinder, die keine mehr sind. Die Musik ist laut, der Beat durchdringt ihre Körper, niemand kann sich dem entziehen.

Nur er.

Und sie.

Genau in der Mitte des Raumes stehen sie, umarmen sich, halten sich fest, Körper an Körper, bewegen sich in ihrem eigenen Rhythmus, und sie spüren sich, die Hitze des anderen, ihren Herzschlag, der tausend Mal stärker schlägt, als David Guetta es jemals hinkriegen wird. Sophie Marceau und Johann Breitenbacher. Er hat die Augen geschlossen und er weiß, Sophie Marceau auch, und doch sehen sie sich, und doch sieht er sich, er sieht sich, wie er mit ihr tanzt, umschlungen und eng und eng und er spürt ihre Arme an seinem Nacken und ihren Kopf auf seiner Schulter und ihre Brüste an seiner Brust und er spürt seinen Bauch an ihrem Bauch und seinen Schritt an ihrem Schritt, seinen Penis an ihrer Vagina, und zwei Reißverschlüsse scheuern. Und er weiß, dass Sophie Marceau Tanja Wagenknecht ist, mit der er tanzt und die sich anfühlt, wie sich Sophie Marceau mit Sicherheit auch anfühlt, und er weiß, dass er beiden nie mehr so nah sein wird wie jetzt, und er spürt, wie sich etwas tut in seiner Hose, und er ist sich sicher, dass auch Sophie und Tanja das spüren müssen und es ist ihm nicht peinlich und er spürt etwas anderes, das gegen seine Erektion drückt, er schaut und er hält in seinen Armen Max, Tanjas Freund, der ihn anschaut, böse, angewidert, der Johann von sich weg drückt, auf Armlänge, und ihm dann das Knie in die Weichteile, die alles andere als weich sind, rammt. Und Johann wird wach und merkt, wie ihm das Sperma in den Schaft schießt. Er greift in die Hose seines himmelblauen Pyjamas, um zuzudrücken, doch zu spät, es pumpt und er spritzt auf seine Finger und in die Hose und er sagt ganz leise: fuck.

Und nun die Entscheidung: Hose wechseln oder nicht? Wie spät ist es? Drei. Es könnte reichen. Wenn er jetzt einfach wieder einschläft, so tut, als sei nichts passiert, könnte die Hose am nächsten Morgen trocken sein. Er schließt die Augen und versucht es, doch es geht nicht, das merkt er gleich, denn die Sauerei klebt an seiner Hand, und sie verklebt die Hose und fühlt sich eklig an und er weiß, bald auch noch kalt. Er steht auf und schleicht sich aufs Klo. Im Haus ist nichts zu hören, seine Eltern schlafen, alles ist gut. Trotzdem schließt er vorsichtshalber hinter sich ab, schlüpft aus seiner Hose, passt auf, nicht auch noch alles an seine Beine zu schmieren. Wär er noch nicht gekommen, er hätte wenigstens jetzt weitermachen können. Lustlos versucht er es, er reibt zwei, drei Mal rauf und runter, doch sein Penis ist bereits zu schlaff, das bringt nichts mehr. Er setzt sich aufs Klo. Und denkt an Sophie Marceau. Das ist alles die Schuld seines Vaters. Alles. Immer will er sich so aufgeschlossen geben, immer will er alles richtig machen, immer will er besonders jung wirken, wie ein Kumpel, ein Freund. Aber das ist er nicht. Und dann zwingt er Johann dazu, diesen blöden Film zu schauen, »La Boum – die Fete«, was für ein endschlechter Titel, bitte, nur weil Papa meint, das hätte er in Johanns Alter mindestens zwanzig Mal gesehen. Und sich jedes Mal aufs Neue in Sophie Marceau verliebt. Wenn Johann sich das nur vorstellt, wie der alte Sack ein Mädchen im Alter seines Sohnes liebt und geil findet und … Und Johann hat gegoogelt und hat sich die anderen Filme mit Sophie Marceau reingezogen, die, in denen sie nackt zu sehen ist, und dann hat er bemerkt, dass sie voll alt ist, und dass er sie trotzdem geil findet, dass er nicht einmal weiß, ob er sie jetzt geiler findet als so, wie sie damals ausgesehen hat, und das findet er eklig, an sich, dass er auf eine Alte steht, eine, auf die schon sein Vater gestanden ist, und sehr oft, wenn er sich in seinen Tagträumen bei Sophie Marceau aufhält und er dabei ist, wenn er sich einen runterholen will, und ihm dann sein Vater in den Sinn kommt, vergeht es ihm schneller, als er schauen kann. Wenn irgendwer wüsste, dass er diesen Song von damals auf seinem Handy geladen hat, er würde zu Tode gedisst.

Wenigstens in seinen Träumen könnte es ihm doch endlich gelingen, was tagsüber wohl nicht mehr möglich ist. Jeden Abend stöpselt er sich die Ohren zu und hört, wie Richard Sanderson »*Reality*« winselt, und er stellt sie sich vor, Sophie Marceau. Und jedes Mal verwandelt sie sich in Tanja Wagenknecht. Und jedes Mal weiß er, dass das viel besser ist. Und jedes Mal taucht Max auf, der eingebildete Arsch, und funkt dazwischen. Wie am Tag sein Vater.

Das Schlimmste aber ist, dass er immer aufwacht und immer dann doch noch kommt. Und das ist echt fies, denn dann will er es nicht. Nicht mehr. Sondern muss aufstehen und sich sauber machen. Wenigstens einmal würde er gerne noch im Traum zum Höhepunkt gelangen, es genießen, ohne dass das Wichsgesicht ihm alles verdirbt. Mit Tanja. Oder Sophie Marceau. Die ein und dieselbe Person sind.

Wahrscheinlich wäre er niemals so abgefahren auf diese blöde 80er Schnulze, hätte er nicht gleich in der ersten Sekunde, in der Sophie Marceau in »La Boum« zu sehen ist, – die Melodie von »*Reality*« ist zu hören, ein Lastwagen rollt an, ein Mann steigt aus und hebt sie raus, – an Tanja denken müssen. Wirklich, augenblicklich dachte er, das ist sie, sein Vater verarscht ihn, zeigt ihm einen Film, in dem Tanja Wagenknecht zu sehen ist, die gleiche dämliche Frisur, das gleiche schönste Gesicht der Welt. Das hat er seinem Vater natürlich nicht gesagt. Auch nicht, als er sehr wohl bemerkt hat, wie der ihn schief grinsend angeschaut hat, während Johann seinen Blick nicht mehr vom Bildschirm wenden konnte.

Tanja hatte er schon lange super gefunden. Aber es war ihm nie so bewusst, wie seit dem Film. Der hat ihm die Augen geöffnet. Seither sieht er. Alles. Er sieht, dass Tanja nicht nur das schönste Mädchen der Welt ist, er sieht auch, dass sie weit mehr als nur schön ist. Und das ist ein Problem. Im Schwimmunterricht zum Beispiel, wenn sie im Badeanzug aus der Mädchenumkleide kommt. Allein der Gedanke daran lässt ihn anschwellen. Und er sieht auch, dass sie ihn nicht sieht. Das war ihm vorher komplett egal, es ist ihm nicht aufgefallen, er hat halt geschaut, und aus. Jetzt weiß er, dass es nie mehr sein wird, als schauen. Starren. Und er sieht auch, wie sich die anderen schon lustig darüber machen. Er sieht es und er hört es, wenn sie »Johann liehiebt Tanja« rufen. Was das Harmloseste ist. Und wie Max ihn verächtlich mustert, jedes Mal, wenn er ihn sieht. Max ist um mehr als einen Kopf größer als Johann, hat Muskeln und Bartwuchs, den man als solchen bezeichnen kann. Und er heißt Max. Nicht Johann. Und er geht mit Tanja. Schon immer gehen sie miteinander. Und Johann ist sich ganz sicher, dass sie auch miteinander schlafen. Auch schon immer. Und wenn Johann daran denkt, könnte er kotzen. Und zugleich macht es ihn an. Und darüber könnte er noch mehr kotzen. Was aber nichts daran ändert. Richtig anstrengen muss er sich, um sich Max wegzudenken aus seinen Bildern im Kopf von Tanja beim Sex. Und noch viel mehr anstrengen muss er sich, um sich in dieses Bild zu quetschen. Das geht leichter mit Sophie Marceau. Weil er die schon dabei gesehen hat, wahrscheinlich. Aber wenn er Tanja durch Sophie ersetzt, schaltet sein Hirn den Vater dazu, der sich ebenfalls an Sophie aufgeilt und dann bricht alles zusammen.

Und das macht Johann wütend.

Sehr wütend.

Auf seinen Vater und auf Max und auf Tanja und auf Sophie Marceau und auf sich, dass er echt seine Gedanken so wenig kontrollieren kann, herrgott, das muss doch möglich sein, sich nicht ständig von allen reinpfuschen zu lassen, die haben nichts verloren in seinem Kopf, geht raus, verschwindet, verpisst euch, alle alle alle, verschwindet aus meinem Leben und aus der Welt.

Mist.

Er hat vergessen, eine Unterhose aus seinem Schlafzimmer mitzunehmen. Nur mit dem Pyjamaoberteil bekleidet wäscht er die Hose im Schritt aus. Das muss er tun, denn sonst trocknet es zu harten Flecken ein, und das merkt man am nächsten Tag. Das merkt seine Mutter am nächsten Tag, wenn sie das Bett macht und den Pyjama zusammenlegt. Und er weiß, dass sie das tut, auch wenn er selber sein Bett macht und den Pyjama zusammenlegt, weil am Abend liegt doch alles anders da, als er es hingelegt hat. Wahrscheinlich will sie ihn kontrollieren. Es gilt also jedes Mal abzuwägen, ob die Hose noch trocken werden kann, wenn er sie auswäscht und dann unter dem Bett versteckt, damit die Mutter sie nicht sieht, wenn sie ihn am nächsten Morgen weckt. Zweitens muss er darauf achten, dass er sich so hinlegt, dass sie seine Beine nicht sieht, wenn er keine Hose mehr trägt. Drittens kann er, wenn es sein muss, am Morgen die noch feuchte Hose mit ins Bad nehmen, wenn er es fertig bringt, dabei nicht gesehen zu werden, und sie trocken föhnen, das geht gleichzeitig mit dem Haareföhnen und dauert nur wenig länger.

Und jetzt muss er schnell wieder in sein Schlafzimmer huschen, in der Hoffnung, dass sein Vater nicht gerade jetzt aufs Klo muss und ihn da mit baumelndem Ding am Flur erwischt.

Und sich dann wieder einen grinst.

Der grinst ständig nur.

Wissend. Das ist das Schlimmste, immer so wissend, so: *Ja, ich weiß, warum du deinen Pimmelmann rumhängen lässt.* Und dann: *Weil ich das ja auch so gemacht habe.*

Wichser.

Johann weiß einfach, dass sein Vater denkt, das mache ihn zu einem auf seiner Höhe. Tut es aber nicht. Im Gegenteil. Johanns Vater ist so ziemlich das Ekelhafteste, was es an Vater gibt, da reicht kein Schläger oder vielleicht sogar Rumtatscher heran. Widerlich. Er wünschte, sein Vater würde sich von seiner Mutter scheiden lassen, dann wär er ihn los. Tut er aber nicht. Weil seine Eltern natürlich glücklich sein müssen miteinander. Ausgerechnet. Glückliche Eltern. Die halten manchmal Händchen. Sein Vater redet sicherlich auch noch mit seiner Mutter über ihn. Hinter seinem Rücken. Aber voll verständnisvoll: Ich war ja genauso in seinem Alter, ich habe auch den ganzen Tag nur an mir rumgespielt.

Ja, da vergeht es einem wirklich.

Ist ja vielleicht seine Taktik.

Würde er ihm zutrauen.

Aber nicht mehr lang.

Manchmal wünscht er sich auch, sein Vater würde sterben.

Aber noch viel mehr wünscht er sich, Max würde sterben.

Oder er.

An einer schweren Krankheit.

Dann liegt er im Krankenhaus und Tanja kommt ihn besuchen, weil sich das so gehört, und dann ...

Dann hört er, wie die Tür aufgeht, seine Mutter reinkommt, ihn weckt. Er tut so, als schlafe er noch tief und fest und wartet ungeduldig, bis sie endlich wieder raus ist. Dann fühlt er an seinem Körper runter, um zu kontrollieren, ob seine nackten Beine unter der Decke waren. Und sein nackter Arsch und seine Erektion.

Die Pyjamahose ist fast trocken.

Er zieht sie an und geht ins Bad und holt sich unter der Dusche einen runter und versucht, da weiterzuträumen, wo er durch seine Mutter gestört worden ist. Er liegt im Krankenhaus und leidet. Und Tanja kommt zu Besuch und mitleidet. Sie trägt einen Schwesternkittel und darunter nichts. Sie öffnet einen Knopf und einen zweiten und ...

»Du kommst zu spät«, sagt seine Mutter durch die Tür. Und geht. Das tut sie jeden Tag. Dann fährt sie zur Arbeit. Das macht Johann verrückt. Sie kann nicht einmal wissen, ob er zu spät kommt oder nicht. Er schlägt mit dem Duschkopf gegen die Fliesen.

»Erste Stunde frei«, schreit Johann zurück. Obwohl sie wahrscheinlich längst weg ist und ihn nicht mehr hört. Obwohl es nicht stimmt. Aber weil es ihn daran erinnert, dass es Wichtigeres gibt, als Onanie. Dass es Befriedigenderes gibt. Dass es die ultimative Befriedigung gibt. Der Gedanke daran lässt ihn schnell kommen.

Auch seinem Vater erzählt er von der angeblichen Freistunde.

»Was fällt aus?«

»Mathe.« Da muss man nicht lange überlegen, es ist immer Mathe. Obwohl er Mathe im Grunde mag. Weil Mathe logisch ist. Weil Mathe weiß, was sie will, und nicht rumeiert. Aber sein Vater hat Mathe gehasst, das erzählt er immer wieder, sein Vater hat Deutsch gemocht, der hat gelesen und wahrscheinlich auch noch selber Gedichte geschrieben. Von der Sorte gibt es sicher auch noch welche in der Klasse. Max. Der schreibt mit Sicherheit romantische Lyrik für Tanja. Über Tanja. Über Tanjas Brüste. Aber das wird ihm auch nichts mehr helfen. Romantiker. Kratz doch ab.

»Glück gehabt«, antwortet Papa und zwinkert dem Sohnemann verschwörerisch zu.

Geh scheißen, denkt Sohnemann und isst sein Nutellabrot, ohne den Vater anzuschauen.

Er antwortet nicht, als sein Vater sich verabschiedet.

Und dann hat er endlich das Haus für sich.

Jetzt kann er tun und lassen, was er will. Jetzt kann er tun und hassen, wen er will.

Jetzt könnte er den ganzen Tag hier bleiben, niemandem würde es auffallen. Niemand würde nachfragen. Playstation spielen. Oder WoW. Oder Pokémons foltern. Sich dreizehn Mal hintereinander einen runter holen. Auf Papas Computer Porno schauen. Indem er einfach nur dessen Browserverlauf verfolgt. Perverse Sau. Er könnte sich »La Boum« geben. Er könnte sich ins Bett legen und den Rest des Tages verschlafen. Er könnte sich in die Badewanne im Badezimmer hinter dem Schlafzimmer seiner Eltern legen und warmes Wasser einlassen und alle Duftöle seiner Mutter gleichzeitig hineinleeren und das supertolle Rasiermesser nehmen, das ihm sein Vater zum Fünfzehnten geschenkt hat, obwohl Johann gerade mal einen leichten Flaum auf der Oberlippe hat und das ziemlich peinlich findet, und mit dem Messer machen, was man mit Messern halt so macht, schneiden nämlich. Johann weiß, dass man längs schneiden muss, nicht quer.

Doch all das tut er nicht.

Oder sollte er …

Ja, er sollte. Natürlich sollte er. Nichts anderes sollte er heute tun.

Vielleicht hätte er heute auch all das und noch vieles andere getan, hätte er nicht wieder von Sophie Marceau und Tanja Wagenknecht und Max geträumt.

Wütend schlägt er mit der Faust auf den Tisch.

Echt jetzt?

Ja, echt jetzt.

Der Mathelehrer ist der einzige Mensch auf der Welt, der ihn respektiert. Warum? Weil er rechnen kann. Danke auch.

Johann geht in sein Zimmer und schaltet den Computer ein und widersteht der Versuchung, welche Videos auch immer anzuschauen. Er öffnet Word und tippt. Das ist wichtig. Dass er es lächerlich findet, wie sich gerade die Medien wieder alle über sie hermachen, die ganzen rechten Säcke, weil sie mal wieder ein Asylantenheim abgefackelt haben. Dann denkt er, dass das missverstanden werden könnte, denn er ist kein Rechter. Also schreibt er, dass die Rechten alle hirnlose Wichser sind, die einfach nur begriffen haben, dass ihnen alles weggenommen wird, weil ihnen alles weg-

244

genommen werden kann, von jedem Dahergelaufenen, weil sie eben nur hirnlose Wichser sind, da ist es einfach, ihnen was auch immer wegzunehmen, da ist es doch nur gut und logisch, dass da welche kommen und die Intelligenzlücke nutzen. Dann denkt er sich, jetzt könnte er als Islamistensympathisant angesehen werden, und er schreibt, dass er ganz sicher nichts mit dem IS am Hut hat, aber ganz sicher nicht. Nur den Satz, dass Islamismus ja nichts mit dem Islam zu tun hat, den löscht er wieder, weil das ist dermaßen Klischee, das dermaßen niemandem etwas bringt, das möchte er nicht in seinem Abschiedsbrief stehen haben. Dann sitzt er da und denkt nach. Was er noch schreiben könnte. Wie er sich noch erklären könnte. Wie er den Menschen klarmachen kann, was er tatsächlich denkt und fühlt und warum er tut, was er tut.

Doch Johann weiß, dass sie ihn nie verstehen werden, egal was er schreibt.

Deswegen schreibt er: Ihr werdet mich eh nie verstehen.

Wahrscheinlich werden sie denken: Terrorist. Alle sind sie heutzutage Terrorist. Es ist ja so in Mode, alle zu Terroristen zu machen. Terror, Panik, tralala, da weiß man, was man hat. Und Gute Nacht Europa.

Er druckt die Zeilen aus und unterschreibt mit einem schwarzen Filzstift und schreibt in Klammern darunter: Weil sonst habt ihr ja nichts Besseres zu tun, als zu sagen, das sei nur fake. Ist es nicht.

Er fährt den Computer runter, geht aus seinem Zimmer, öffnet die Luke zum Dachboden direkt oberhalb der Tür zu seinem Zimmer, zieht die Klappleiter runter, steigt rauf, nimmt die Tasche, die dort seit Wochen bereitliegt, steigt runter, klappt die Leiter wieder ein, schließt die Luke, geht wieder in sein Zimmer, nimmt einen schwarzen Kapuzenpulli und zieht ihn an.

Nein, kein schwarzer Kapuzenpulli, das ist so wie der Satz mit dem Islam und dem Islamismus. Er trägt ein gelbes T-Shirt mit einem chinesischen Schriftzeichen drauf, von dem er absolut keine Ahnung hat, was es bedeutet. Frieden oder Krieg oder Naruto oder Schnitzel süß-sauer. Darüber sollen sie sich mal Gedanken machen, denkt er, das ist sinnvoller als alles andere. Er bleibt also im T-Shirt, obwohl es dafür eigentlich zu kalt ist. Er stöpselt sich die Ohren zu und stellt am Handy Richard Sandersons »Reality« auf Dauerschleife. Dann öffnet er die Tasche, entnimmt ihr eine Pistole, zielt damit ins Nichts und stellt sich vor, wie Max' Schädel zerbirst und sein Gehirn rumspritzt. *Dreams are my reality, the only kind of real fantasy.* Er legt die Pistole zurück zu den beiden anderen, schließt den Reißverschluss, nimmt die Tasche und stapft los.

Und dann macht es boum.

Darüber muss Johann ein wenig schmunzeln.

An seiner Schule erschießt er ein elfjähriges Mädchen, das er vorher noch nie gesehen hatte, seine Deutschlehrerin und den Hausmeister.

Als er seine Pistole auf Tanja Wagenknecht richtet, zögert er eine Sekunde zu lang. In dieser Sekunde schafft es eine Träne in sein rechtes Augen, was ihm die Sicht erschwert, so dass er daneben schießt. Vielleicht schießt er aber auch aus einem anderen Grund daneben. Der Mathelehrer nutzt die Gelegenheit und schmeißt sich auf ihn, dabei lösen sich die Kopfhörer aus Johanns Ohr, so dass alle hören können, was er gehört hat. Eine Schülerin Namens Sophie, die absolut keine Ähnlichkeit mit Sophie Marceau hat, kann ein Lachen, das nicht anders als hysterisch zu bezeichnen ist, nicht zurückhalten.

Max Bachmann liegt an diesem Tag mit einer Magen-Darmverstimmung im Bett.

SASCHA GUTZEIT

Der Fall Rosi

Skandal im Sperrbezirk
Spider Murphy Gang (1981)

Eines Abends im Jahre 1980

Mein Stammlokal war gerammelt voll.
Kein Wunder, denn in dieser Woche feierte das
Café Inkontinental sein 75. Jubiläum.

Es gab Irish Coffee für umsonst und Ragout Fin in
Blätterteig mit Worchestersoße zum Sonderpreis. Au-
ßerdem hatte man eine fetzige Rock 'n' Roll-Band aus
München engagiert, die heute den ersten von fünf
Abenden zünftig Alarm machte. Gerade gaben sie
»Rock 'n' Roll-Schuah«, den Titelsong ihrer aktuellen
Langspielplatte, zum Besten. Die Schaufenster mit der
Konditoreiauslage waren beschlagen und der Schweiß
lief von den holzvertäfelten Wänden, so begeistert
machte das Publikum mit.

Ich beobachtete das Spektakel von der Bar aus, wippte freudig im Takt, nippte an einem Cognac, und wrang
zwischendurch meinen Trenchcoat aus.

Dann – es muss gegen zweiundzwanzig Uhr gewesen sein - legte die Combo eine wohlverdiente Pause

ein. Unter tosendem Applaus kämpften sich die Musiker aus der Nische, die zur Bühne umfunktioniert worden war. Während Trommler und Tastenspieler Hände schüttelten und der Gitarrist mit seiner Schiebermütze winkte, tauchte der Sänger und Bassist plötzlich rechts neben mir am Tresen auf.

»Pfundig!«, sagte ich so bayrisch, wie ich konnte, und tippte zum Gruß an meinen Hut.

»Danke« Der Rock 'n' Roller rückte sich grinsend seine Haartolle zurecht. »I bin da Günther.«

»Angenehm, Kommissar Engelmann.«

»A Kieberer?«

Ich sah den Mann ratlos an.

»Schmiere?«, übersetzte Günther seine Frage. »Polente? Polizei?«

»Allerdings«, erklärte ich, nun ebenfalls wieder auf hochdeutsch, weil sein Bayrisch einfach zu gut war. »Meines Zeichens Leiter der hiesigen Mordkommission. Unser Hiesig ist aber nur ein kleines Nest, daher gibt's nicht immer ein tödliches Verbrechen. Also bin ich heute Abend privat da.«

»Super«, freute sich Günther. »Ein Bier bitte«, rief er der Thekenkraft zu und sah dann zu mir. »Was trinken Sie, Herr Kommissar?«

»Ich bleib gerne beim Cognac, danke«, lächelte ich.

»Und Sie?«, wendete sich Günther dem jungen Mann zu, der rechts von ihm am Tresen stand. »Ich geb' einen aus.«

Michael, der halbstarke Sohn des hiesigen Elektroladenbesitzers Peter Strom, wirkte nicht ganz so gut gelaunt, wie alle anderen im Café. »Nichts!«, blaffte er, knallte Kleingeld auf die Theke und verschwand ohne ein Wort im Gedränge.

Günther zuckte mit den Schultern, bestellte mir Cognac, und wir stießen an. Während ich von meinen spannendsten Kriminalfällen erzählte, plauderte der sympathische Bayer von seiner Band und vom Tourleben.

Plötzlich stupste er mir in die Seite. »So ein Hase, mein lieber Specht.« Seine Augen waren immer noch so groß wie Untertassen, als die unfassbar schöne Frau direkt auf uns zukam. Auf Günther, besser gesagt. Sie war scharf wie eine Peperoni, etwa sechsunddreißig, schlank und elegant. Sie wirkte gesund und vermögend, gebildet und charmant.

»Na?«, hauchte das Geschoss. »Du hier so ganz allein?«

Erstaunt blickte ich mich im Café um, doch der Laden war nach wie vor proppevoll. Und *ich* war ja auch noch da.

»Nun …« Günther wirkte jetzt wie hypnotisiert.

»Ich bin die Rosi«, schnurrte die Frau mit honigsüßer Stimme. »Lust auf ein Rock 'n' Roll-Rendezvous?«

Ich tippte Günther auf die Schulter, als ich seinen Gitarrenkollegen von der Bühne aus winken sah. »Der Barny … ich muss wieder …«, rollte Günther mit den Untertassenaugen und nutzte diese dann, um Rosi zuzuzwinkern. »Ich hoffe, du bist nach dem Konzert noch da …«

»Aber hallo.« Der steile Zahn winkte, während sich Günther zur Bühne drängelte.

Ich fühlte mich nicht nur wie das fünfte Rad am Wagen, ich war plötzlich auch todmüde. Außerdem hatte ich Kopfschmerzen von der verbrauchten Luft. Also steckte ich mir eine meiner geliebten *Overstolz*-Zigaretten an und knotete meinen klitschnass geschwitzten Trenchcoat zu. Dann ließ ich einen Schein auf die Theke segeln und verließ das *Café Inkontinental*.

* * *

Am Vormittag nach dem Abend im Jahre 1980

Die Sonne blinzelte durch die schmierigen Fenster in mein Büro. Ich saß am Schreibtisch und schenkte mir einen Cognac ein, denn für Kaffee war es noch viel zu früh. Da flog die Tür auf, und Günther stürmte herein. »Kommissar Engelmann!« Der Bassist und Sänger hatte ein wüstenrotes Gesicht, und seine Haartolle war ziemlich ramponiert.

»Immer ruhig mit den frühen Würmern«, sagte ich und nippte an meinem Getränk.

»Nein, Herr Kommissar!«, haute sich Günther aus dem Anzug, obwohl er lediglich eine Unterhose trug. »Kommen Sie schnell!«

»Wohin denn, verdammte Hacke?«, rief ich, während ich Günther durch die Flure des Polizeipräsidiums hinaus auf die Straße folgte.

»In die Herbertstraße!«

»Aber doch nicht zu Fuß«, keuchte ich und bedeutete Günther, in meinen Dienstwagen zu steigen, der im Rinnstein parkte. Wenig später hatte ich den rosaroten Panda auf 32 km/h hochgejagt und bretterte durch die hiesigen Sträßchen. Und da Hiesig, wie erwähnt, ein

251

kleines Nest war, rollten wir bereits nach einer Minute durch die Herbertstraße.

Was wollten wir hier? Soweit ich wusste, war Günther – genau wie der Rest der Combo – in der *Pension Luxemburg* untergebracht. Und die war fast am anderen Ende des Kaffs. »Wir sind da!«, rief Günther vor Haus Nummer 69. Ich ging in die Eisen, und wir sprangen aus dem Auto. In Günthers Hand klimperte plötzlich ein Schlüsselbund. »Den habe ich sicherheitshalber mitgenommen«, japste der Bayer, schloss die Haustür auf und lief die Stufen hinauf. Ich folgte ihm in den zweiten Stock, und Günther öffnete eine der drei Wohnungen. Der Duft von Desinfektionsmittel, Supermarktparfüm und Bohnerwachs strömte uns entgegen. »Ich hab so Herzklopfen«, murmelte Günther, als er voran ins Schlafzimmer wankte und aufs Bett zeigte.

Ich stand da, mit einem Frosch im Hals und Schwammerl in den Knien, denn der Anblick, der sich mir bot, war deutlich zu sehen. Rosi lag in den Kissen, die Augen weit aufgerissen, die Zunge herausgequollen. Um ihren Hals hatte jemand eine Gitarrensaite gewickelt und stramm gezogen.

Verdammte Hacke, als ausgebuffter Kripobeamter hatte ich lange genug erfolgreich mit Pathologen zusammengearbeitet, um zu wissen, dass man so etwas nicht überleben konnte.

»Haben Sie Rosi umgebracht?«, fragte ich Günther mit ernster Miene und gab zu bedenken: »Wer nicht so lange sitzen will, sollte sich stellen.«

»Aber nein, Kommissar Engelmann!«, rief der Rock 'n' Roller entsetzt. »Erstens hätte ich Sie bestimmt nicht gleich verständigt und zweitens spiele ich ganz andere Saiten. Meine Basssaiten sind viel dicker und außerdem nicht aus Nylon.«

Nachdenklich fummelte ich eine *Overstolz* aus meiner Manteltasche und gab mir Feuer. »Dann schildern Sie mir doch den Rest des gestrigen Abends mal von Anfang an.«

»Nun, Herr Kommissar«, legte Günther los. »Nach dem Auftritt, so gegen Mitternacht, bin ich wieder zu Rosi an die Theke. Ich hab ihr was von Liebe ins Ohr geflüstert und wir soffen Schampus an der Bar.«

Ich rückte meinen Hut zurecht und stellte dann die alles entscheidende Frage: »Und?«

»Und danach sind wir dann hierher.«

Grübelnd nippte ich an meiner Zigarette. »Also müssen Sie doch wissen, was sich in der letzten Nacht in diesem Schlafzimmer abgespielt hat!«

Günther schüttelte den Kopf. »Ich habe nebenan im Wohnzimmer auf dem Sofa übernachtet.«

Ich stutzte nicht schlecht. »Warum das denn? Ich dachte, Liebe ist gesund …«

»Na, weil mir die Rosi viel zu teuer war!«

Jetzt stutzte ich aber mal so richtig. »Die Rosi wollte Geld von Ihnen?«

»Freilich, Herr Kommissar, sie sagte hundertfünfzig Mark oder der Reißverschluss bleibt zu.«

»Aber …« Ich musste schlucken, bevor ich weitersprechen konnte. »Das bedeutet ja, Rosi war eine …«

In diesem Augenblick klingelte das Telefon in der Diele. Wo sonst? Ich ging hin und nahm den Hörer ab. »Hallo?«

»Was ist los, Rosi?«, fragte eine männliche Stimme. »Sonst meldest du dich doch immer mit *32 16 8 – Konjunktur die ganze Nacht.*«

»Wer spricht denn da?«

»Hier ist Holger«, säuselte es aus dem Hörer. »Ich komme gleich.«

»Tut mir leid«, sagte ich. »Ist gerade ganz schlecht!«

»Bist du erkältet, Rosi?«, hauchte Holger. »Deine Stimme klingt so anders.«

»Genau«, sagte ich und hustete demonstrativ. »Ich fürchte, wir müssen unser Stelldichein verschieben.« Dann legte ich auf.

Das fehlte noch, dass jemand hereinschneite und die tote Rosi entdeckte. Und Günther würde es sicher auch nicht recht sein, dass man ihn in Unterhose sah. Höchste Zeit, dass ich den Fall aufklärte, denn offensichtlich war Rosi nicht nur ein Freudenmädchen gewesen, sie hatte obendrein ihre Tätigkeit in ihrer Wohnung ausgeübt!

»Dabei ist Prostitution innerhalb Hiesigs verboten«, erklärte ich Günther.

»Wie in München«, warf der Bayer ein. »Aufgrund der Sperrbezirksverordnung stehen sich die Nutten die Füße draußen vor der großen Stadt platt.«

»Bei uns hat lediglich im *Hotel L'amour* am Kaffrand das Laster eine Chance.«

Meine Ermittlergedanken hatten plötzlich Hochsaison. Vielleicht hatte ja der Hotelbetreiber Rosi den Hals abgeklemmt, weil er von ihrem Privatpüffchen Wind bekommen hatte? Oder eine neidische Kollegin? Fest stand, eine kochend heiße Spur führte ins *Hotel L'Amour.*

»Mir ist arschkalt, Herr Kommissar«, unterbrach mich Günther in meinen Gedanken. »Dürfte ich mir bitte meine Klamotten nebenan vom Sofa holen?«

»In der Wohnung darf nichts verändert werden«, sagte ich kopfschüttelnd und drückte meine *Overstolz* in den Aschenbecher auf dem Nachttisch. »Aber apropos *Klamotten*, Günther, Sie bringen mich da auf eine Idee …«

Ein breites Grinsen schlich sich in meine Gesichtszüge, als ich Rosis Kleiderschrank öffnete und darin einen besonders scharfen Fummel entdeckte.

»Wie wollen Sie denn nun den Fall lösen?«, fragte der bibbernde Bayer, während ich Hut und Trenchcoat ablegte.

»Da nur wir beide und der Täter wissen, dass es einen Mord gab, wird es ihn sicherlich ganz schön aus den Latschen hauen, wenn die tote Rosi lebt!«, antwortete ich und schlüpfte in den schwarzen, hautengen Lackanzug.

»Genial«, entfuhr es dem Rock 'n' Roller, der mir jetzt half, den kilometerlangen Reißverschluss zuzumachen. »Darf ich bei den Ermittlungen dabei sein, Kommissar Engelmann? Sozusagen als Inspiration für einen neuen Song?«

»Viel zu gefährlich.« Ich zog eine dunkelbraune Perücke aus dem Kleiderschrank und setzte sie auf. »Sie bleiben hier bei der Leiche.«

Auf dem Weg zur Wohnungstür hüpfte ich ins Bad, um mir Toilettenpapier unters Lack zu knüllen, um die Stellen auszufüllen, an denen normalerweise die Brüste waren. »Und machen Sie keinem auf, Günther«, mahnte ich, nachdem ich dem Flittchen im Badezimmerspiegel zugezwinkert hatte. »Vor allem keinem Freier.«

Auf dem Weg durchs Treppenhaus begegnete ich im ersten Stock einer älteren Frau in Kittelschürze, die den Hausflur wischte. »Hallo, Fräulein Rosi«, sagte sie, als ich an ihrem Schrubber vorbeitänzelte. »Sie sehen heute ja noch hübscher aus als sonst.«

Ich lächelte noch, als die Haustür längst hinter mir ins Schloss gefallen und ich in meinen rosaroten Panda gesprungen war.

* * *

Am Nachmittag nach dem Abend im Jahre 1980

Mit qualmenden Reifen brachte ich den rosaroten Panda vor dem *Hotel L'Amour* zum Stehen. Das Gebäude war so heruntergekommen, dass Farbe von der Fassade blätterte, als ich die Autotür zuknallte. Ausgelatschte Teppiche schmückten den Eingangsbereich, sanfter Hausfrauenjazz dudelte.

Obwohl sowohl die Blondine als auch die Rothaarige an der Bar heiße Feger waren, ließ die Sauberkeit im Hotel zu wünschen übrig. Eine nackerte Prinzessin schubberte ihren eingeölten Körper an einer Metallstange herum, aber niemand schaute hin. Außer mir war nämlich kein männlicher Gast im Laden. Und ich sah in meinem Lackdress keinesfalls aus wie einer. Als sie mich sah, hörte die Nackte auf, die Stange zu halten, warf sich ein Strickjäckchen über und stapfte davon. In Rosis hohen Hacken stakste ich so fachmännisch zur

Bar, dass man meinen konnte, ich hätte Prostitution studiert.

Als ich mich setzte und den Staub von der Theke blies, stand die Blondine auf und ging. Rosi schien so beliebt gewesen zu sein wie eine fiese Nasennebenhöhlenentzündung. »Du hast echt Nerven, dich hier blicken zu lassen!«, blaffte die Rothaarige, während sie eine Spinnwebe von ihrem Martiniglasrand zupfte. Sie wartete wohl schon recht lange auf einen Freier.

»Gibt's hier keine Bedienung?«, fragte ich im Hinblick auf einen leckeren Cognac.

»Lohnt nicht vor abends um neun«, sagte die Rothaarige unfreundlich. »Und danach auch kaum.«

»Der Laden läuft wohl nicht, was?«, schlussfolgerte ich und erntete einen giftigen Blick.

»Verpiss dich bloß, bevor der Boss dich sieht«, fauchte der Rotschopf, als sich auch schon donnernde Schritte näherten. »Zu spät«, murmelte die Rothaarige, zog den Kopf ein und nuckelte an ihrem antiken Martini.

»Dass du dich noch mal hierher traust, du Flittchen!«, brüllte ein Mann in speckigem Zweireiher, obwohl er längst neben mir stand. »Hier ist absolut nichts mehr los, seit du im Sperrbezirk deine sexy Extrawurst brätst! Und dass du auch noch fast alle Kunden abgeworben hast, ist echt das Allerletzte!«

»Das heißt, ihr beide … ich meine Sie und *ich* hatten Streit deswegen?«, fragte ich mit honigsüßer Stimme und sah dem Boss dabei tief in die Augen.

»Das müsstest du doch am besten wissen, du linke Bazille!«, fuhr er mich an. »Dein Glück, dass dieser verpeilte Kommissar Engelmann bisher nicht dahinter gekommen ist, dass du in deiner Wohnung anschaffst.«

Innerlich schwoll mein Hals an. »Das heißt, Sie hätten also nicht übel Lust ...ähem ... *mich* umzubringen?«

»Ach, mach dich bloß vom Acker, Rosi, sonst kann ich für nichts garantieren!«, krakeelte der Boss. »Und hör endlich auf, mich zu siezen!«

Enttäuscht wandte ich mich zum Gehen. »Ach, und noch was, Rosi!«, brüllte mir der Kerl hinterher. »Bring deinem bekloppten Musikus seine Kassette wieder mit!«

»Musikus?«

»Deinem Freund, Macker, Verlobten, was weiß ich!« Der Boss zog eine Musikkassette aus seinem Zweireiher und warf sie mir zu wie Entenfutter. »Und richte ihm von mir aus, mit so einem Geheule wird ihn kein Laden der Welt engagieren!«

* * *

Am späten Nachmittag nach dem Abend im Jahre 1980

Sackgasse.

Dieser Lokaltermin im *Hotel L'Amour,* war ein Schuss in den Ofen, denn offensichtlich wusste niemand, dass Rosi tot war. Aber immerhin gab es einen neuen Hinweis. Wenn Rosi nämlich tatsächlich einen Freund, Macker, Verlobten gehabt hatte, dann könnte er sie umgebracht haben. Eifersucht ist immer ein prima Motiv, dachte ich, und stieg in meinen rosaroten Panda.

Während ich angestrengt nachdachte, wie ich Rosis Freund, Macker, Verlobten ausfindig machen sollte, brachte ich den Wagen auf Touren. Ich legte die Musikkassette ein, um mir die Fahrt zurück in die Herbertstraße unterhaltsamer zu gestalten. Das hätte ich besser nicht getan, denn verglichen mit dem, was sich dann abspielte, war Reinhard Mey purer Heavy Metal. Die Stimme des Sängers klang nach Seelöwenfütterung.

Ich drückte haste, was kannste die Auswurftaste. Als die Kassette aus dem Gerät sprang, bemerkte ich, dass unter dem sehr seltsamen Bandnamen *Chromdioxyd C60* noch etwas anderes draufstand: *Mike Power*. In meinem Ermittlergehirn arbeitete es. *Power* war englisch, hieß Stärke, Macht und Energie, aber auch …

Ha! Ich spürte deutlich, wie sich die Ereignisse überschlugen und ich den Fall so gut wie gelöst hatte. Jetzt musste ich ihn nur noch aufklären!

Vor lauter Vorfreude spielte mein Fuß mit dem Gaspedal und ich jagte den rosaroten Panda mit ganzen 48 km/h kaffeinwärts.

* * *

Am Abend nach dem Abend im Jahre 1980

Da der Elektroladen vor vier Minuten pünktlich geschlossen hatte, sprang ich – sch-bum! – durch das Schaufenster. Glas splitterte wie verrückt.

»Hatte ich dir Schlampe nicht gesagt, du sollst die Finger von meinem Sohn lassen?«, bellte Peter Strom, der gerade Kassensturz machte. Ich stellte mich taub und sah den Splittern dabei zu, wie sie wie kleine Dia-

259

manten von meinem Lackdress perlten. Dann hechtete ich die Treppe hinauf in die Strom'sche Wohnung.

Ich stieß mehrere Türen auf, bis ich Michaels Zimmer gefunden hatte. Strom junior saß auf dem Bett, schrammelte auf einer Gitarre und veranstaltete dazu das gleiche Geheul wie auf der Musikkassette.

»Das Spiel ist aus, Mike Power!«, rief ich. Der junge Mann, jetzt bleicher als die Wand, ließ die Klampfe zu Boden fallen und schnappte nach Luft. »Du … du lebst?«, stotterte er. »Aber … das kann doch nicht sein …«

»Stimmt!«, sagte ich und spielte an meinen Klopapierbrüsten. »Weil ich überhaupt nicht Rosi bin, sondern Kommissar Engelmann!« Dann zog ich mir die Perücke vom Kopf.

»Ich … ich hab Rosi nicht umgebracht«, stammelte Strom. »Der Typ mit der Tolle, den sie gestern Abend abgeschleppt hat, der war's. *Den* müssen Sie verhaften, Herr Kommissar!«

»Woher weißt du denn, dass Rosi umgebracht wurde?«, fragte ich, wartete aber keine Antwort ab. »Ich sag dir, woher. Du bist Rosi und Günther vom Café aus gefolgt und es war kein Problem für dich, unbemerkt in die Wohnung zu kommen. Da das Türschloss unversehrt war, hätte mir gleich auffallen müssen, dass der Täter einen Schlüssel besitzt.« Gerne hätte ich mir jetzt den Hut zurechtgerückt. Stattdessen knisterte ich mit den Brüsten und machte weiter. »Als Rosis Freund, Macker, Verlobter hast du natürlich einen! Tja, Michael, und dann hast du Rosi aus Eifersucht mit der Nylonsaite erwürgt, die an deiner Gitarre fehlt!« Ich zeigte auf seine fünfsaitige Klampfe.

»Eifersucht?« Der Strom guckte, als hätte er einen Kurzschluss. »So ein Quatsch! Mit der Rosi und mir war es längst aus – nein, mir war jedes Mittel recht, damit der Bayer unter Mordverdacht gerät und verhaftet wird! Der ist schließlich nicht nur der Sänger und Bassist der Truppe, sondern schreibt auch die ganzen Songs ...«

»Ach so«, unterbrach ich, denn ich hatte gleich wieder den Durchblick. »Du wärst wohl gerne statt der bayrischen Band mit deinen Seelöwennummern im Café aufgetreten, was?«

»Klar, Herr Kommissar«, nickte Mike Power und fletschte die Hauer. »Wer will denn heutzutage noch diesen angestaubten Rock 'n' Roll hören?«

»Anscheinend alle außer dir«, stellte ich fest. Dann schleifte ich Michael aus seinem Zimmer, die Treppe hinunter und durch das kaputte Schaufenster zu meinem Wagen. Ob er wollte oder nicht, da, wo ich ihn nun hinbrachte, würde er für eine ganze Weile den *Jailhouse Rock* singen.

* * *

Im weiteren Verlauf des Abends nach dem Abend im Jahre 1980

Nachdem ich den Würger in unsere Einzelzelle im Polizeipräsidium verfrachtet hatte, griff ich in meinem Büro nach dem Telefon. Ich ließ die Finger durch die Wählscheibe sausen und rief die 32 16 8 an.

Günther war erleichtert, dass ich den Fall gelöst hatte und freute sich darüber, mich gleich im *Café Inkonti-*

nental zu treffen. So kam er endlich aus Rosis Wohnung und würde auch sein eigenes Konzert nicht verpassen.

Als ich zwanzig Minuten darauf in meinem Stammlokal eintraf, war es wie am Vorabend pickepacke voll. Günther war bereits vor Ort, stand bei den anderen auf der Bühne und schnallte sich gerade seinen Bass um.

»Ich glaube, aus dem Fall Rosi mache ich einen Song«, grinste er, nachdem ich der ganzen Gang alles haarklein erzählt hatte. »Hab sogar schon eine Idee. Irgendwas mit Moral, Skandal, Sperrbezirk und so.«

»Die Nummer sollte aber in München spielen«, warf Gitarrist Barny ein. »Dann kauft man uns das eher ab.«

»Ich bin sehr gespannt«, sagte ich voller Vorfreude. »Wird bestimmt ein Hit!«

Dann wuselte ich mich zur Theke durch und bestellte einen Cognac. Die Leute guckten etwas komisch, weil ich noch immer den Lackfummel anhatte, doch das war mir schnuppe.

»Servus Hiesig!«, rief Günther jetzt ins Mikrofon und das Publikum tobte. »Auf geht's, Rock 'n' Roll!« Dann legten die Jungs aus München los.

Ich nippte an meinem Getränk, schwang die Hüften im Takt, und Rosis Lackdress quietschte mit den heißen Rhythmen um die Wette.

PETER GODAZGAR

Der Fehltritt

Billie Jean
Michael Jackson (1982)

Michael hatte seinem Leben einen neuen Sinn gegeben. Das mochte pathetisch klingen, aber es traf den Kern doch sehr genau.

Michael hatte ihn gerettet, jawohl!

Georg »Diepe« Diepenbrock war weiß Gott kein gläubiger Mensch, aber im Nachhinein konnte er sich der Erkenntnis nicht entziehen, dass alles vorgezeichnet war, einem großen Plan folgte. Sie waren doch wirklich nicht zu übersehen, die vielen Parallelen in ihrer beider Leben, in Diepes und in Michaels Leben: Michael hatte neun Geschwister - Diepe hatte ... okay, Diepe hatte nur sechs, aber das waren ja auch ziemlich viele, nicht wahr? Und sonst? Diepes Mutter war Verkäuferin, genau wie die von Michael! Diepes Vater war ..., na gut, sein Vater war Gabelstaplerfahrer, während Michaels Vater Kranführer war, aber das waren doch jetzt Marginalien. Nicht zu übersehen war jedoch dies: Michael kam in der Stadt Gary im US-Bundesstaat Indiana zur Welt - und er, Georg »Diepe« Diepenbrock, hatte sich zu Karneval als klei-

263

ner Junge immerhin am liebsten als - genau - Indianer verkleidet.

Und, klar, die Lisa Marie Presley, Michaels erste Frau, die hätte Diepe auch geheiratet, aber hallo. Und überhaupt keine Frage war: Wenn Diepe Kinder gehabt hätte, dann hätte er sie auf jeden Fall Michael Georg Jackson, Paris Michael Katherine Georg und Prince Georg Jackson II. genannt.

Freilich, Unterschiede gab es auch: Diepes Eltern förderten sein musikalisches Talent längst nicht so frühzeitig, wie es der alte Herr Jackson bei Michael getan hatte. Genau gesagt: Sie förderten es gar nicht. Und was schließlich das Aussehen anging, na ja, da gab es natürlich auch den einen oder anderen Unterschied. Wobei man in diesem Punkt ja in gewisser Weise schon sagen muss: zum Glück. Michael hatte sich zwar, was die Hautfarbe anging, im Laufe der Jahre Diepes hellem Teint sehr angepasst, was Diepe durchaus rührte. Mit Schönheitsoperationen hingegen hatte Diepe es so gar nicht. Okay, etwas Fett hätte er sich vielleicht absaugen lassen, aber auch dafür fehlte ihm, natürlich, das nötige Kleingeld.

Vor allem aber hatten sie beide, Michael und Georg »Diepe« Diepenbrock, Bekanntschaft mit der Justiz machen müssen. Da hörten die Parallelen dann aber auch schon wieder auf, selbst wenn es in beiden Fällen um Missbrauch ging: Während allerdings Michael bekanntlich freigesprochen wurde, hatte Diepe für sein Leben auf der schiefen Bahn mit mehreren Knastaufenthalten bezahlen müssen - wobei es bei ihm jedes Mal um einen anderen Missbrauch ging, nämlich um Drogenmissbrauch und um die darauf folgenden bekannten Delikte aus dem Bereich der Beschaffungskriminalität. Diepe war nicht stolz auf seine Vergangenheit.

Diepe saß gerade mal wieder hinter Gittern als es dieses Konzert gab, als Höhepunkt eines Antiaggressionsprojekts mit dem Titel »Klampfe statt Kämpfe - Wie Noten bei der Entwicklung gewaltfreier Lebensperspektiven helfen können«. Eine Coverband war eingeladen, irgendwann spielten die Musiker »Billie Jean« - und Diepe hielt es nicht mehr auf seinem Sitz. Er fing an zu tanzen - und er tanzte …, ja, er tanzte wie Michael. Dabei hatte er die Schritte vorher nie geübt. Es überkam ihn einfach, auch seine Knastbrüder spürten, dass da gerade etwas Besonderes geschah, unvermittelt hatten sie einen Kreis um Diepe gebildet. Diepe in der Mitte, tänzelnd, sich drehend, das rechte Bein in die Höhe werfend.

Und als Diepe dann zum legendären Moonwalk ansetzte, da kannte die Begeisterung keine Grenzen mehr. Diepe schob sich einmal quer durch den Raum, machte eine Drehung und glitt unter dem Jubel der Zuschauer zurück.

Auch die Musiker auf der Bühne bekamen mit, was da vor ihnen im Publikum geschah, und so zogen sie den Titel in die Länge, immer wieder skandierte der Sänger die berühmte Zeile: »*Billie Jean is not my lover*«.

Und als die Band endlich aufhörte, da schlugen sie ihm auf die Schulter, da applaudierten sie und jubelten und lachten. Und Diepe? Diepe war glücklich. Er fühlte sich so frei wie nie zuvor.

Was er nicht merkte: Die Zuschauer lachten nicht mit ihm. Sie lachten über ihn.

Denn leider konnte Diepe ganz und gar nicht tanzen wie Michael Jackson, er konnte nicht einmal so ähnlich tanzen wie Michael Jackson, er konnte sich nicht einmal in den Schritt greifen wie Michael Jackson. Klar, er griff sich in den Schritt, aber das sah, nun ja, irgendwie anders aus. Klar, er warf das Bein in die Höhe, aber es war weniger ein Werfen als ein Anheben. Klar, er drehte sich schwungvoll um die eigene Achse, aber dabei erinnerte er eher an einen russischen Tanzbären - an einen Tanzbären, der mit reichlich Wodka gefügig gemacht worden war. Und, klar, er hatte einen Moonwalk aufs Parkett gelegt, aber er sah dabei aus wie jemand, der ... tja, der rückwärts geht.

Das alles hatte ihn nicht daran gehindert, sich unmittelbar nach seiner Entlassung selbstständig zu machen: als Michael-Jackson-Double. Und zumindest dieser Titel war ihm nicht zu nehmen: Georg »Diepe« Diepenbrock war das schlechteste Michael-Jackson-Double aller Zeiten.

Tatsächlich wurde Diepe dennoch so etwas wie eine kleine Berühmtheit. Er tingelte durch Klubs, trat bei Junggesellinnenabschieden oder Firmenfeiern als Lachnummer auf, bekam dafür ein erstaunliches Honorar und tappte zu *Thriller, Bad* und *Black or White* durch die Diskotheken und Tanzsäle der Region. Und natürlich, stets der Höhepunkt der kurzen Show, zu *Billie Jean.*

Es wäre alles gut gewesen, Diepe war sogar komplett clean, aber eines Abends, Diepe wollte sich gerade auf den Weg zu einem Auftritt machen, schellte es an der Tür.

Diepe öffnete, hörte schlurfende Schritte im Hausflur und dann auf den Treppen, und schließlich stand Quirin Jonas vor ihm. Quirin Jonas, ein Gespenst aus längst vergangenen Tagen. Quirin Jonas, mit dem Diepe damals das eine oder andere Ding gedreht hatte. Quirin Jonas, dessen Spitzname »Pit Bull« durchaus respektvoll gemeint war.

Scheiße, dachte Diepe.

»Ach du Scheiße«, sagte Quirin. »Dann stimmt es also?«

Diepe sah an sich herab. Er hatte bereits sein Kostüm an.

»Hab gehört, dass du hier einen auf Michael Jackson machst.« Quirin grinste breit.

Sie standen sich gegenüber.

»Willste einen alten Kumpel nicht mal reinbitten?«

»Ich hab gleich einen Auftritt.«

»Wann, gleich?«

»Um zehn.« Diepe ohrfeigte sich im Geiste selbst. Hätte er nicht lügen können? Und sagen, dass der Gig in einer Viertelstunde losgehe?

»Um zehn! Das sind ja noch über zwei Stunden«, sagte Quirin.

»Ich muss immer etwas früher da sein«, sagte Diepe matt.

»Schaffste. Ich hab bloß 'ne kurze Frage.«

Diepe konnte nicht anders. Mit hängenden Schultern trat er zur Seite. Quirin schlurfte an ihm vorbei, im Wohnzimmer ließ er sich ächzend auf die Couch fallen.

Diepe stand unsicher im Raum.

»Ein Bier wäre nett«, sagte Quirin.

»Hab kein Bier. Hab gar keinen Alkohol.«

»Wie jetzt?«

»Bin sauber. Keine Drogen mehr. Kein Alkohol.«

»Puh. Lebst nur noch für die Kunst, was?« Quirin grinste blöd.

Genau, Michael Jackson hat mich gerettet, hätte Diepe am liebsten gesagt, aber er schwieg.

»Bist also jetzt als Double unterwegs, ja? Kann man von dem Quatsch leben?«

Diepe brummte.

»Also, pass auf!«, begann Quirin.

Diepe schwieg.

»Ich hab da 'n Ding am Laufen.«

Diepe schwieg.

»Eine todsichere Sache, um genau zu sein.«

Diepe schwieg.

»Aber ich brauch einen zweiten Mann.«

»Vergiss es.«

»Einen dritten, um genau zu sein.«

»Vergiss es.«

»Ist 'ne todsichere Sache.«

Die beiden Männer starrten sich in die Augen.

Quirin richtete sich ein Stück auf: »Jetzt mach keinen Scheiß, Diepe. Ich brauch deine Hilfe!«

Diepe schüttelte den Kopf.

Quirin ließ sich wieder in die Kissen fallen. Er lachte so, wie er es am besten konnte. Hämisch. »Meine Fresse, Diepe, das Tanzgenie. Sag mal, bist du so blöd? Du bist doch die reinste Lachnummer!«

Diepe schwieg. Er war stolz, Quirin Paroli zu bieten, aber er hatte auch Angst. Quirin maß gerade mal

149 Zentimeter, aber seine Wutausbrüche waren legendär.

Wieder dieses hämische Lachen. »Packste dir auf der Bühne auch so an den Sack? Und die Weiber kreischen dazu?« Quirin breitete seine Arme aus und legte sie auf den Sofarücken. »Komm, zeig mal was!«

»Wie?«

»Tanz! Tanz für mich, Baby. Hähähä! Komm, du Pfeife!« Qurin begann zu singen. Völlig falsch, natürlich. »*Billie Jean is not my lover.*« Und nach einer kurzen Pause. »Diepenbrock is not my lover.« Er lachte. Dann verstummte er. Seine Stimme wurde tiefer. »Los, Diepe, tanz. Tanz den Michael Jackson.« Er griff in seine Jackentasche.

Diepe schluckte.

Quirin holte ein Springmesser hervor und ließ es aufschnappen. »Komm, Diepe, mach mir den Moonwalk.«

Diepe schluckte. »Ich muss los …«

»Mach den Moonwalk!«, brüllte Quirin und rammte das Messer in die Couch.

Diepe stand einige Sekunden still, dann zuckten seine Beine plötzlich. Drei, vier schnelle Bewegungen.

»Hey!«, rief Quirin. »Super!«

Diepe wippte mit dem rechten Bein und machte eine halbe Drehung.

Quirin lachte. »Täuschend echt, Alter!«

Wut stieg in Diepe hoch.

Quirin klatschte.

Diepe drehte sich und begann einen Moonwalk. Er schob sich durchs Wohnzimmer, und Quirin kriegte sich nicht mehr ein. »Das sieht so scheiße aus! Im Ernst, und dafür zahlt dir jemand Kohle?«

Ja, dachte Diepe. Ich bin nicht scheiße, ich bin gut. Michael hat mir das Leben gerettet. Michael hat mich auf die richtige Spur gesetzt. Er beendete den Moonwalk, er stand nun direkt vor Quirin, der in der Couch lag und lachte. Ich zeig's dir, dachte er, und setzte zu einer Drehung an, er geriet kurz ins Taumeln, fing sich aber … Quirin kreischte … jetzt Michaels typischer Ausfallschritt! Diepe riss das Bein in die Höhe … und in derselben Sekunde beugte der vor Lachen quiekende Quirin seinen Oberkörper vor.

Diepe riss sein Bein hoch, er riss es so hoch wie nie zuvor. Das war zwar immer noch nicht so hoch wie Michael Jackson es getan hatte, aber weil Quirin gerade vom Lachen vornübergebeugt in der tiefen Couch hockte, war es hoch genug. Diepes Fuß traf Quirin an der Stirn, es gab es hässliches Geräusch, Quirin wurde ins Sofa gestoßen, er fiel gegen die Lehne, sein Kopf kippte zur Seite, dann war es still.

Abgesehen von Diepes Schnaufen.

Er schaute auf seine Uhr.

Noch knapp zwei Stunden bis zum Auftritt.

In seinem Kopf raste es, aber dann wurde Diepe ganz ruhig.

Den Gedanken, die Polizei anzurufen, verwarf er im Bruchteil einer Sekunde. Wer sollte ihm das glauben? Ihm, einem ehemaligen Kleinkriminellen, der einen Nicht-ganz-so-klein-Kriminellen ausgeknockt hatte.

Aber es war ja kein Problem, es war locker zu schaffen. Er konnte Quirin unterwegs loswerden. Diepe kannte genügend geeignete Orte. In seinem Kopf erklang der Basslauf von *Billie Jean*.

Er zerrte Quirins Körper vom Sofa und zog ihn auf den Teppich, den er anschließend zusammenrollte. In der Küche fand er Packband, mit dem er den Teppich vorne, hinten und in der Mitte umwickelte. Das war ja immerhin ein Vorteil: Als Quirin noch atmete, strahlte er eine Grundaggressivität aus, die die meisten Menschen zurückzucken ließ. Nun war er einfach ein sehr kleiner, sehr leichter Mann, den Diepe mühelos samt Teppich anheben konnte.

Er lugte aus der Wohnungstür, nichts zu sehen.

An der Haustür allerdings kam ihm die olle Wischnewski entgegen, bepackt mit zwei prallen Einkaufstüten.

»Na, wohin des Weges, Herr Diepenbrock.«

»Zum Auftritt«, schnaufte Diepe.

»Mit Teppich?«

»Den bring ich vorher noch weg.«

»Wohin denn?«

»Zum Wertstoffhof.«

Die Wischnewski rückte näher. »Der ist doch noch gut.«

»Nä, das sieht nur so aus. Der ist voller Flecken.«

»Die kriegt man doch raus.«

»Nee, nee«, sagte Diepe. »Das Ding steckt auch voller alter Erinnerungen. Ich will das Teil loswerden.« Diepe erschrak selbst angesichts der Doppeldeutigkeit.

»Aha.« Kopfschüttelnd betrat die Wischnewski den Aufzug.

Ohne weitere Zwischenfälle schaffte Diepe es zu seinem Auto, einem runtergerockten Opel Zafira. Der gefüllte Teppich passte problemlos in den Kofferraum. Diepe sprang hinters Steuer, ließ den Motor an und rollte vom Hof und durch die enge Hofeinfahrt. Langsam tastete er sich an den Bürgersteig heran und musste hart auf die Bremse steigen, weil ein Knirps mit seinem Skateboard vorbeigeschossen kam. Hinter sich hörte er ein Geräusch und er nahm an, dass der Teppich ein Stück nach vorn gerutscht war. Im nächsten Moment ertönte ein weiteres, deutlich lauteres Geräusch, ein Zischen, gefolgt von einem lauten Klack. Diepe wirbelte herum und sah, dass sich die Laderaumabdeckung gelöst hatte und nach vorn geflitscht war. Die Einfahrt war zu eng, um auszusteigen, also atmete Diepe tief durch, gab vorsichtig Gas, rollte an die Straße heran - und würgte den Motor ab. Er fluchte, drehte den Zündschlüssel, der Motor leierte, aber er sprang nicht an. Diepe versuchte es erneut, dann ein drittes, viertes und fünftes Mal. Schweiß trat auf seine Stirn.

Der Zafira blockierte den kompletten Gehweg. Diepe sah in einiger Entfernung eine Frau mit einem Zwillingskinderwagen.

Im nächsten Moment erklang das Thema von *Smooth Criminal*. Diepes Handy-Klingelton. Diepe nahm den Anruf an.

Eine männliche Stimme: »Herr Diepenbrock, ich wollte nur fragen, ob alles klargeht für heute Abend?«

»Ja, logo«, schnaufte Diepe.

»Prima, der Laden ist nämlich schon ziemlich voll.«

»Okay, toll … Ich … ähm …«

»Was denn?«

»Mein Auto springt gerade nicht an.«

»Ach je. Soll ich jemanden vorbeischicken, der sie abholt? Wir haben ja noch genügend Zeit.«

»Nein, nein! Das krieg ich schon hin. Die alte Mühle zickt manchmal ein bisschen herum.« Diepe lachte gezwungen.

»Melden Sie sich, wenn's eng wird.«

»Okay.«

Diepe beendete den Anruf und wurde im nächsten Moment von einem heftigen Klopfen erschreckt. Die Frau mit dem Kinderwagen stand an der Fensterscheibe und gestikulierte. Diepe ließ das Fenster herunter.

»Können Sie mal aus dem Weg fahren? Wie soll ich denn hier durchkommen? Hier ist doch alles zugeparkt.«

»Tschuldigung. Der Motor ist ausgegangen.«

»Dann machen sie ihn doch wieder an.«

»Ja, ja.« Diepe drehte den Schlüssel, der Motor orgelte, aber der Wagen sprang nicht an.

Die Frau schüttelte den Kopf. »Ich muss weiter!«, rief sie.

»Was soll ich denn machen?« Auch Diepe war lauter geworden.

Einer der Zwillinge fing an zu plärren - und nach ein paar Sekunden stimmte der zweite solidarisch mit ein.

»Dann schieben sie ihre Karre gefälligst zur Seite.« Die Frau lugte durch das Fenster in den hinteren Bereich des Wagens.

Diepe löste die Handbremse, und der Opel rollte langsam in Richtung Straße. Diepe zog die Handbremse wieder an.

»Das reicht noch nicht«, meldete sich die Frau. »Ich passe nicht durch mit dem Wagen. Noch ein Stück.«

»Wie soll das denn gehen? Dann blockiere ich doch die Straße.«

»Mir doch egal.«

Diepe löste die Handbremse erneut, der Opel rollte ein Stück weiter, rollte aus – und stand.

Grußlos schob die Frau davon, Diepe hörte, wie sie mit ihrem XXL-Kinderwagen (oder womit auch sonst) an seinem Auto vorbeischrammte. Er stieg aus, lief zum Kofferraum und zog die Abdeckung wieder nach hinten. Er war gerade fertig, als ein Hupen ertönte. Diepe knallte den Kofferraum zu und eilte nach vorn.

Der alte Wachsnagel aus dem Erdgeschoss stand mit seinem Mercedes auf der Straße und wollte in die Toreinfahrt.

Mist, dachte Diepe.

Wachsnagel winkte Diepe freundlich zu.

Diepe winkte zurück. »Die Karre springt nicht an.«

Wachsnagel setzte das Warnblinklicht und stieg aus. Das dauerte etwas, denn Wachsnagel war 84.

»Springt wohl nicht an«, sagte Wachsnagel mit sprühendem Scharfsinn, als er Diepe erreicht hatte.

Wachsnagel zeigte mit dem Daumen über die Schulter: »Da hinten kommt die Müllabfuhr. Das sind doch starke Männer, die helfen bestimmt.«

Entsetzt starrte Diepe in die Richtung, in die Wachsnagel gezeigt hatte.

Das orangefarbene Müllfahrzeug näherte sich langsam.

Diepe sprang in sein Auto und drehte erneut den Zündschlüssel. Erneut ohne Erfolg.

Wachsnagel stand neben ihm und schaute ihm mit freundlichem Lächeln zu.

»Sie müssen wohl zu einem Auftritt, was?«, fragte Wachsnagel, als Diepe wieder schnaufend neben ihm stand. Diepe nickte stumm.

»Wen machen Sie noch mal nach?«

»Michael Jackson.«

»Michael Jackson«, wiederholte Wachsnagel. »Den kenn ich gar nicht. Was hat der denn so komponiert?«

»Alles mögliche«, antwortete Diepe zerstreut. »*Billie Jean*, zum Beispiel.«

»Billige Jeans?«

»Billie! Und Jean, nicht Jeans!«

»Aha. Na, Sie müssen entschuldigen. Ich kenn mich nicht so aus mit Rockmusik.«

»Das haben sie bestimmt schon mal gehört. Das läuft auch oft im Radio.«

»Ich höre nur Deutschlandfunk.«

Diepe konnte nicht anders. Er fing an zu singen: »*Billie Jean is not my lover.*« Er machte den typischen Michael-Jackson-Quietscher. »*She's just a girl who claims, that I am the one.*«

Wachsnagel fing an, mit den Fingern zu schnippen, allerdings völlig ohne Taktgefühl.

Diepe wiederholte die erste Refrainzeile, dann machte er unwillkürlich eine schnelle Drehung und fasste sich in den Schritt.

Von der gegenüberliegenden Straßenseite kam Applaus. Drei Frauen, alle um die 50, standen da und blickten herüber.

»Super-Hüftschwung!«, rief eine. Die zweite reckte beide Daumen in die Höhe. Und die dritte rief: »Moonwalk! Mach den Moonwalk!«

Diepe guckte irritiert. Erst auf sein Auto, dann auf seine Uhr. Noch anderthalb Stunden. Er machte ein paar Schritte auf die Straße. Die Frauen johlten, Wachsnagel schnippte unentwegt mit den Fingern.

Diepe schob sich ein paar Meter rückwärts, blieb stehen, drehte sich um die eigene Achse und schob sich an den Ausgangspunkt zurück. Zum Schluss breitete er die Arme weit aus.

Die Damen applaudierten, Wachsnagel ebenfalls.

Eine Stimme ertönte. »Was findet denn hier statt?« Niemand hatte bemerkte, dass sich von der anderen Seite ein Polizeiauto genähert hatte. Der Polizist auf der Fahrerseite hatte das Fenster heruntergelassen.

»Ähm«, machte Diepe.

Wachsnagel sagte: »Er ist Willi-Jeans-Imitator. Toll oder?« Wieder begann Wachsnagel zu schnipsen.

»Michael Jackson«, sagte Diepe.

»So, so«, sagte der Polizist. »Ich bin eher der Prince-Typ. Aber jetzt fahren Sie bitte mal ihre Autos weg.« Der Polizist zeigte nach vorn. »Hier will gleich jemand durch.«

Das Müllfahrzeug war bereits deutlich näher gekommen. Es war klar, dass es sich nicht an Wachsnagels Auto würde vorbeischieben können.

»Sofort«, rief Diepe.

Der Polizist hob den Zeigefinger zum Gruß und gab Gas.

Wie paralysiert starrte Diepe auf das Müllfahrzeug, das sich in kleinen Etappen, aber unaufhörlich näherte. Dann ertönte auch schon ein lautes Hupen. Das Müllauto war nur noch zehn Meter entfernt.

Vom Haus hörte Diepe eine Stimme: »Sie wollten doch ihren Teppich loswerden!« Die alte Wischnewski hing im Erdgeschoss, vor sich ein Kissen auf der Fensterbank. »Können Sie doch gleich abgeben.«

»Was denn für ein Teppich?«, fragte Wachsnagel.

»Ach, ein alter Teppich. Ist kaputt. Ich wollte den …«

Doch Wachsnagel war schon auf dem Weg zum Müllfahrzeug. Diepe sah mit offenem Mund, wie sein Nachbar den Fahrer in ein Gespräch verwickelte.

Die Fahrertür öffnete sich. Wachsnagel war schon wieder auf dem Weg zu Diepe.

»Ich kann das nicht machen!«, rief der Fahrer.

Wachsnagel zeigte auf Diepe und sprach zum Müllfahrer. Diepe hörte entsetzt zu. »Das ist Georg Diepenbrock, ein bekannter Mini-Jeans-Tänzer, er muss zu einem Auftritt, da können Sie ihm doch mal schnell den Teppich abnehmen.«

Der Fahrer schüttelte den Kopf: »Wir sammeln Restmüll, kapieren Sie doch. Wir kriegen Riesenärger, wenn der Teppich gefunden wird.«

Der Teppich dürfte dann das geringste Problem sein, dachte Diepe, und erneut brach ihm der Schweiß aus.

»Jetzt seien Sie doch nicht so stur, Sie kippen am Ende doch sowieso wieder alles zusammen.«

»Das ist eine Frechheit!«, schimpfte der Fahrer. Sein Kollege hatte offenbar geleert, was es auf diesem Abschnitt zu leeren gab und gesellte sich zu ihm.

»Mann, der Herr muss zu einem Auftritt.«

Der Fahrer musterte Diepe und grinste. »Michael Jackson, was?«

Diepe nickte.

Der Fahrer grinste breit. »Cooles Outfit. Ich hab Michael 1992 gesehen. Dangerous-World-Tour. Köln, Müngersdorfer Stadion. 65.000 Zuschauer. Hammer. *Billie Jean* ist immer noch der beste Pop-Song aller Zeiten.« Sein Kollege stand nun neben ihm und nickte.

Jetzt strahlte auch Diepe.

Der Fahrer fing an, den Basslauf zu singen, sein Kollege ergänzte nach acht Takten die Akkordsequenz: E-Moll, F#m/E, G/D und F#m/E. Und nach weiteren acht Takten stimmte Diepe ein: »*She was more like a beauty queen from a movie scene / I said, ›Don't mind but what do you mean I am the one / who will dance on the floor in the round?*‹«

Und Wachsnagel schnipste wieder. Erneut ohne Rücksicht auf den Takt.

Diepe aber tanzte und drehte sich, er schwang die Hüfte, griff sich in den Schritt und ging rückwärts im unerschütterlichen Glauben, es sehe aus, als würde er vorwärts laufen.

Später applaudierten alle, die Müllmänner, die Frauen, vier, fünf weitere Passanten, die stehen geblieben waren. Der Müllmann schaute Diepe an: »Wo ist dieser Teppich denn?«

Diepe machte eine abwehrende Handbewegung. »Sehr nett. Aber nicht nötig. Ich bringe ihn selbst weg.«

Der Müllmann schaute auf seine Uhr. »Wohin denn? Der Wertstoffhof hat schon zu. Außerdem müssen Sie doch zu ihrem Auftritt.«

Diepe schaute ebenfalls auf die Uhr. Eine knappe Stunde noch. Der zweite Müllmann war bereits ans Heck des

Opel getreten und hatte den Kofferraum geöffnet. »Ist nur ein kleiner«, rief er seinem Kollegen zu.

»Warten Sie!«, rief Diepe, aber der Fahrer stand schon neben seinem Kollegen. Gemeinsam zogen sie den Teppich aus dem Auto und trugen ihn zum Müllfahrzeug.

»Klein, aber ganz schön schwer«, rief der Fahrer.

»Ja«, sagte Diepe matt. »Ich hab da noch jemanden drin eingewickelt.« Er war sich sicher, Quirin würde jeden Moment herausrutschen und dann war alles aus. So war es nun einmal. Er hatte einfach kein Glück im Leben.

Die Müllmänner lachten. Auf dem Weg zum Heck ihres Fahrzeugs stimmten sie erneut das Billie-Jean-Thema an. Dumm-Dumm-Dumm-Dumm. Diepe sah, wie sie den Teppich mit gekonntem Schwung in die geöffnete Heckklappe warfen.

Wachsnagel guckte zufrieden: »Jetzt müssen Sie nur noch ihr Auto wegfahren.«

»Aber es springt ja nicht an«, sagte Diepe hilflos.

»Ach, probieren Sie es einfach noch mal«, meinte Wachsnagel.

Diepe kletterte in seinen Opel, drehte den Zündschlüssel. Nichts. Er drehte noch einmal. Wieder nichts. Dritter Versuch. Rasselnd sprang der Motor an. Diepe konnte es kaum fassen. Wachsnagel hob die Hände zu einer »Na bitte, ich hab's doch gesagt«-Geste.

Diepe ließ die Scheibe herunter.

»Wann treten Sie denn mal wieder auf?«, rief eine der Frauen.

»Ja, heute. Also gleich. Nachher. In einer knappen Stunde. In der Palette.«

Die Frauen sahen sich an und murmelten etwas Unverständliches, dann winkten sie noch einmal herüber und zogen los.

Diepe gab Gas und das Auto setzte sich in Bewegung. Wachsnagel blickte ihn zufrieden an, die Müllmänner hoben die Hand zum Gruß. Diepe rollte los und sah im Rückspiegel, wie Wachsnagel in die Einfahrt bog und den Weg für das Müllfahrzeug freimachte.

Keine Frage, Michael hatte ihn gerettet. Wieder mal. Er guckte auf die Uhr. Das würde er schaffen.

Als er in den dritten Gang schaltete, kam ihm seltsamerweise ein anderer Michael-Jackson-Klassiker in den Sinn und hinter der ersten Kreuzung sang er aus voller Kehle los: »*Because I'm bad, I'm bad, come on, you know I'm bad, I'm bad, you know it.*«

THOMAS KASTURA

Schottische Symphonie.
Andante con whisky

Sweet Dreams (Are Made of This)
Eurythmics (1983)

Es gibt nur eine Lösung. Ich muss die Leiche loswerden, ohne dass jemand es mitbekommt. Und
es muss schnell gehen. Ich schleife sie einfach an den
Strand runter und zerre sie ins Meer. Die Ebbe wird sie
in den Nordatlantik ziehen. *Everybody's looking for so-
mething.* Hoffentlich sucht keiner nach ihr.

Aber von Anfang an. Seit einer Woche saß ich in
Gairloch fest. Kennen Sie Gairloch? 740 Einwohner,
nordwestliche Highlands, direkt an der Küste gelegen. Nettes Örtchen – wenn man was davon erkennen
kann.

Konnte man aber kaum. Weil es hier ununterbrochen
pisst. Starkregen, Sprühregen, Nieselregen, ergiebiger
Landregen, Regen, der dir von der Seite die Fresse ab-
schmirgelt, mit Hagelkörnern vermischt. Schottland im
Spätherbst ist klimatisch das Allerletzte.

Ich kroch aus meinem Schlafsack. Das Ding fühlte
sich an wie etwas, das die Katze von draußen reinge-
bracht hat. Ein feuchter, nährbodenartiger Klumpen.
Normalerweise bin ich durch so etwas nicht zu erschüt-

tern, nach einem Aufwachwhisky gehört jeder Tag mir. Aber der Whisky war längst alle.

Auf dem Weg zum Waschhaus des Campingplatzes trat ich in einen Haufen Schafkacke. Ralfie Drummond, bester Privatermittler nördlich des Hadrianwalls, konnte immer noch ein bisschen tiefer sinken, überhaupt kein Problem.

Im Vorbeigehen warf ich einen Blick auf den Wohnwagen, den ich observierte. Kein Licht, der Typ schien noch zu pennen. Im Warmen.

Der mieseste Job, den ich je annahm, bestand aus den üblichen drei Schritten: (1) Einen treusorgenden Ehegatten beschatten. (2) Ihn mit seiner Geliebten inflagranti erwischen. (3) Beweisfotos davon machen und der Ehegattin übermitteln. Dann geht die Scheidung wie geschmiert über die Bühne, und aus dem treusorgenden Gatten wird im Handumdrehen ein bankrotter Ex.

Momentan war ich noch bei Schritt Eins. Warum ich mich für so was hergab? Fragen Sie den Gerichtsvollzieher. Die letzten Monate waren mit Aufträgen nicht gerade gespickt gewesen. Das liegt daran, dass meine persönliche Assistentin Lucille mangels Bezahlung gekündigt hat. In der Akquise bin ich noch nie ein Ass gewesen. Also hab ich telefonisch eingewilligt, mich zum Judas zu machen. Nicht für 30 Silberlinge, aber immerhin für 300 Pfund Sterling. Der Rest lief über E-Mail, Infos über die Zielperson garniert mit dem obligatorischen Geheul meiner Auftraggeberin: »Dieser Schuft!« Usw.

Nach einer heißen Dusche ging es mir ein wenig besser. Es war kurz vor Neun, Zeit fürs Frühstück.

Zuhause in Aberdeen wäre ich in ein größeres Hotel marschiert, hätte so getan, als sei ich dort Gast, hätte den Serviceleuten irgendeine Zimmernummer genannt und mich übers Büffet hergemacht: Würstchen, Speck, Eier, Blutwurst und so weiter, das volle, arterienverstopfende Programm. Doch in den paar Unterkünften von Gairloch kennt man seine Kunden noch persönlich, keine Chance auf Gratisfutter.

Ich würde also auf meinen Notvorrat zurückgreifen müssen. Er bestand aus einem Plastikbeutel Scottish Eggs, die es bei Tesco im Sonderangebot gab, alle einzeln verpackt. Ein Scottish Egg, das ist ein Hackfleischball, gefüllt mit einem hartgekochten Ei und umgeben von einer nahrhaften, äußerst widerstandsfähigen Panade. Man könnte das Ding zum Shintyspielen benutzen, einer brutalen Form des Hockey. Oder man isst es. Mit nur einem Scottish Egg im Bauch lässt sich ein ganzer strapaziöser, deprimierender, whiskyloser Ralfie-Drummond-Tag überstehen. Seit Tagen ernährte ich mich von dem Zeug.

Auf dem Rückweg zu meinem Zelt sah ich wieder zum Wohnwagen hinüber. Die Kiste stand etwas abseits, aber der Campingplatz war sowieso unterbelegt. Horace Rugg hieß der Kerl, der sich darin eingenistet hatte. Angeblich wartete er auf seine Geliebte, um ihr die Seele aus dem Leib zu vögeln. Doch seit einer Woche tat sich nichts dergleichen. Trotz des Regens und der Einsamkeit schien sich Rugg pudelwohl zu fühlen. Er machte Wanderungen an der Küste, schoss Regenfotos von der Regenlandschaft und von allerlei Tieren, denen das Wetter scheißegal war, ein Naturliebhaber, froh, mal von der Angetrauten wegzukommen und das tun zu können, was Leute, die Horace im Pass stehen haben, eben tun, wenn sie nicht das tun müssen, was sie sonst tun, in seinem Fall geologische Gutachten für die Baubehörde von Inverness erstellen.

Inzwischen brannte Licht in dem Wohnwagen. Horace war wohl aus seinen ehefraulosen Träumen erwacht und rührte sich ein Müsli zusammen.

Doch nicht an diesem Tag.

Ich konnte nur Schemen erkennen. Zwei Personen standen sich gegenüber und gestikulierten hektisch, wie man das in einem Streit macht, bei dem nicht nur Nettigkeiten ausgetauscht werden. Offenbar hatte Horace endlich Besuch bekommen. Ich schlich mich näher ran, bis meine Nase fast an der Kunststoffscheibe klebte. Leider waren die Dinger so konstruiert, dass man gut raus-, aber schlecht reinschauen konnte.

Horace, den ich anhand seiner traurigen Schirmmütze identifizierte, die er Tag für Tag trug, ging gerade in die Defensive. Er wich einen Schritt zurück, während sein Gast zu einer saftigen Ohrfeige ausholte.

Bei dem Gast schien es sich um eine Frau zu handeln, wie aus einem hysterischen Triumphschrei zu schließen war. Sie trug Jeans und ein graues Sweat-Shirt. Fast hätte ich sie für einen Mann gehalten wegen ihres raspelkurzen Haares. Aber das Haar war leuchtend rot, orangerot, offenbar gefärbt.

Kennen Sie die frühen Eurythmics, Annie Lennox und Dave Stewart? Mit deren Musik bin ich aufgewachsen, *Sweet Dreams,* das lief auf meinem Plattenspieler rauf und runter, nicht nur wegen der coolen Melodie, des coolen Textes und des absolut coolen Outfits der Sängerin, sondern auch und vor allem, weil Annie aus Aberdeen stammt, meiner Heimat, the Granite City, der Stadt aus Granit. Tja, und ihre Haare, die schauten damals in den 1980er Jahren genauso aus wie die von der Frau, die mit Horace gerade im Wohnwagen zugange war.

Ihre Ohrfeige erwischte ihn volle Kanne an der Backe. Horace, dieses Fliegengewicht, stolperte und fiel zu Boden, es war definitiv nicht sein Tag. Doch plötzlich beugte sich die Rothaarige zu ihm runter, half ihm auf die Beine und küsste ihn leidenschaftlich.

Ich weiß ja ein bisschen, wie die Leute ticken, aber seit diese »Fifty Shades of Bullshit« erschienen sind, fahren plötzlich alle Hausfrauen auf BDSM ab. *Sweet dreams are made of this. Who am I to disagree?* Waren meine beiden Turteltäubchen etwa sadomasomäßig drauf? Anscheinend schon, denn Horace ging dem Feuerkopf ziemlich ruppig an die Wäsche. Er presste die Frau von hinten gegen den wackeligen Tisch – was sie ohne viel Gegenwehr mit sich machen ließ – und drückte ihren Kopf auf die Resopalplatte. Als Nächstes nestelte er an seiner Hose herum. Rotkäppchen stöhnte schon, bevor er überhaupt loslegen konnte, ob »Nein« oder »Ja« war von draußen schwer zu unterscheiden.

Some of them want to use you, some of them want to get used by you. Der Eurythmics-Song passte hier wirklich hervorragend. Ich wollte ihn schon leise vor mich hin summen, aber dann fiel mir ein, dass ich meinen Fotoapparat nicht dabei hatte, um alles im Bild festzuhalten, hochauflösend.

Ich musste zurück zum Zelt und das Scheißding holen. Da ich mit dem Handy keine ausreichend scharfen Aufnahmen oder Kurzfilme machen konnte, besaß ich für solche Zwecke eine digitale Spiegelreflexkamera mit einem starkem Zoom. Hat mir Lucille mal besorgt, die gute Seele, Tribut eines ihrer Ex-Lover. Wie sich die Kreise immer schließen …

Zum Glück war das Teil noch voll aufgeladen und bereit für alle erdenklichen Schweinereien. Auf dem Rückweg trat ich wieder in die Schafkacke. Egal, das brachte bestimmt Glück. Ich stellte mir schon vor, einen 1a-Amateur-Porno vor die Linse zu kriegen. Den würde ich ins Internet stellen, nachdem ich bei Mrs Rugg abkassiert hatte. Kleiner Zusatzverdienst.

Ich stapfte also zum Wohnwagen und dann das: Die Tür stand offen. Horace saß im Eingang, mit sehnsuchtsvoll-dämlichem Blick. Keine Spur von dem Annie-Lookalike.

»Guten Morgen!«, begrüßte er mich. »Ist es nicht ein wundervoller Tag?«

Es nieselte schon wieder. »Morgen«, gab ich zurück.

»Machen Sie Naturaufnahmen?« Er wies auf meine Kamera.

»Kann man so sagen.«

»Das ist ein großes Hobby von mir. Gestern hab ich einen Papageientaucher erwischt. Um diese Jahreszeit!«

»Sind Sie allein hier?«

»Na ja, jetzt schon. Hatte gerade unerfreulichen Besuch.«

»So?«

»Frauen …« Er klang deprimiert.

»Die sind selten einfach«, sagte ich. Auf Kumpel zu machen, schadete sicher nicht, um mehr über den Verbleib seines Scheidungsgrunds herauszufinden.

»Wollen Sie nicht reinkommen?« Seine Miene hellte sich auf. »Leisten Sie mir Gesellschaft. Wir Männer müssen zusammenhalten.« Ein verschwörerisches Lächeln.

»Dave«, sagte ich, um nicht meinen wahren Namen preiszugeben.

Er schüttelte meine Hand, als wollte er sie nie mehr loslassen. »Horace. Freut mich sehr.«

Auf dem Tisch lag keine rothaarige Frau mit entblößtem Arsch, obwohl zehn Prozent meines verdorbenen Gehirns auf einen flotten Dreier gehofft hatten. Verdammte Hormone! Zu meiner Verteidigung muss ich anmerken, dass ich mich seit Monaten in einem sexuell unausgelasteten Zustand befand.

Wir setzten uns auf abgewetzte Stoffbezüge. Horace zauberte eine Flasche hervor.

Eine Flasche Whisky. Highland Park. In Fassstärke.

»Ist vielleicht etwas früh, aber ich brauch das jetzt.« Er stellte zwei Gläser auf den Tisch. »Auch einen Schluck?«

Ich dachte: Ganz ruhig, Ralfie. Der Mann kennt dich nicht. Hat noch nie von dir gehört. Spiel einfach mit. Mein Magen dachte nichts, der knurrte nur. Und meine Blutbahn schrie: Her mit dem guten Tropfen!

»Was ist passiert?«, fragte ich, während er einschenkte. »Bedrückt dich etwas?« So ein Strahl purer Trinkerfreude lässt einen manchmal verständnisvoll werden. »58,3%«, stand auf dem Etikett. Die reinste Zahlenlyrik.

Er nickte düster, und wir gossen uns den Ersten hinter die Binde. Sherrytöne, Heidekraut, rauchige Noten. Ich wurde wieder Mensch.

Er habe mit seiner Freundin Schluss gemacht, begann Horace zu erzählen. Einer süßen, aber eigenwilligen Mieze, eher einer Wildkatze, die gern übers Ziel hinausschoss, mit einem ausgeprägten Willen, wenn ich verstand, was er meinte. Vor einer Woche sei das gewesen. In Gairloch habe er Abstand gewinnen wollen, eigentlich stamme er aus Inverness. Doch heute hatte sie ihn spontan besucht. Böse Worte, kurzzeitige Versöhnung, dann Gewalt. Sie habe ihn geohrfeigt, gedemütigt, um sich besser zu fühlen. Und dann: ab durch die Mitte.

»Wo ist sie denn hin?«, fragte ich.

»Keine Ahnung. Wahrscheinlich auf dem Rückweg in die Stadt.«

»Und du hast das Mädchen einfach so gehen lassen?«

»Es war vorbei. Wir hatten uns nichts mehr zu sagen.« Horace trank seinen Dram aus und füllte nach. Er bemerkte, dass es mir schmeckte, und bedachte mich mit einem großzügigen Quantum.

Nun stand zwar einer der besten schottischen Whiskys vor mir. Aber ich hatte noch keine Fotos für Mrs Rugg. Das war entscheidend, so viel brachte ich zu diesem Zeitpunkt noch zusammen. Irgendwie musste ich Horace überreden, seine Freundin umzustimmen und sie zurückzuholen – für ein unvergessliches, gewinnbringendes Shooting. Letzteres würde ich natürlich verschweigen.

»Magst du keine starken Frauen?«, fing ich an.

»Die sind unberechenbar.«

»Das ist ja die Herausforderung! Ein Mauerblümchen hält still und hofft, dass es schnell vorbei ist. Aber eine starke Frau, die möchte mit dir in den Sonnenuntergang galoppieren, wieder und wieder.« Ich grinste dreckig.

»Und dann?«, wollte er wissen. »Wenn sie die Rollen tauschen will?«

»Ist doch nichts dabei. Sei mal ein bisschen tolerant! Ein Mann wie du muss flexibel bleiben.«

»Hast ja recht.« Ein verklärter Gesichtsausdruck. Dann wieder ernst. »Aber ich bin verheiratet.«

Seine letzte Verteidigungslinie. Was für ein Heuchler.

»Wirklich?«, heuchelte ich zurück. »Schlägt dir plötzlich das Gewissen?«

Er zögerte. »Weiß nicht.«

Wir einigten uns darauf, dass er bei Mrs Rugg nur einen Bruchteil von dem bekam, was er im Grunde seines perversen kleinen Herzens eigentlich wollte. Dass es ein Fehler gewesen war, die Freundin in den Wind zu schießen.

»Du lebst nur einmal, Horace!«

Das brachte ihn zur Besinnung. »Also gut. Ich ruf Muira gleich an.«

»Muira … Klingt nach mehr.«

»Weit kann sie noch nicht gekommen sein.«

»Ein Zeichen von dir – und sie steht wieder auf der Matte.«

»Ich lass mich scheiden. Das mach ich! Schluss mit den Lügen!«

»Lügen sind echt scheiße«, bestärkte ich den Schwachkopf.

Er war schon dabei, mit seinem Handy eine Nummer zu wählen. Bekam eine Verbindung. Säuselte was von starken Frauen, Herausforderung und Sonnenuntergang – meine Worte! Horace besaß keinen Funken Fantasie. Wenigstens hatte er den Anstand zu erwähnen, dass ein Kumpel namens Dave ihn dazu bewogen hatte, sich für die einzig richtige Frau zu entscheiden, et cetera, bla bla.

Ich trank noch einen letzten, gut bemessenen Highland Park und machte mich dünne. »Viel Glück!«, sagte ich im Weggehen. Horace verschwand winkend im Wohnwagen.

Zurück in meinem Zelt aß ich drei Scottish Eggs gegen den Hunger. Und den Alkohol. Zu spät, aber mein Verstand war schon auf »Lautlos« geschaltet.

In der Nähe des Wohnwagens gab es Ginstersträuche, die zur Abgrenzung des Stellplatzes dienten. Dort legte ich mich mit der Spiegelreflex auf die Lauer, bäuchlings, in der Hoffnung, Muira würde wieder auftauchen. Der Whisky gaukelte mir Bilder vor, die nicht gerade jugendfrei waren und mir halfen, die Zeit zu überbrücken.

Muira tauchte wieder auf.

Direkt hinter mir.

»Hallo, Dave«, schnurrte sie und setzte sich auf meinen Rücken. »Dreh dich bloß nicht um!«

»Aber …«

»Du weißt, wer ich bin.« Eine Hand in meinem Nacken. »Sag es!«

»Muira?« Ich zog das U absichtlich in die Länge.

»Genau. Und du bist ein Voyeur.«

290

»Ich bin Naturfotograf«, widersprach ich.

»Sicher.« Sie begann, mich zu massieren. Am Hals, an den Schultern. Ihre Hände glitten unter meine Jacke, unters T-Shirt, wanderten das Rückgrat entlang nach unten.

»Was wird das?«, fragte ich.

»Du gefällst mir.«

Jetzt machte sie was mit ihren Fingern. Im Lendenbereich. Nicht unangenehm. Ich war nur zu einem schwachen Protest fähig. »Horace gefällt dir nicht mehr?«

»Es war ganz nett mit ihm«, sagte sie gelangweilt.

»Ganz nett?«

»Horace bleibt Horace. Der kann nicht wirklich aus seiner Haut. Beamtenseele. Und scheiden lässt er sich nie. Das sind nur leere Versprechungen.«

»Und was willst du von mir?«

Es war ein Gefühl, das unsereins nur ein-, zweimal im Leben zu spüren bekommt, und auch nur dann, wenn man jeden Monat Geld zur Seite legt und Fachpersonal mit gelenkigen Fingern kennt. Aber vielleicht war Muira ja Violinistin? Im Royal Scottish National Orchestra.

»Das gefällt mir«, keuchte ich.

»Freut mich, mein Großer.« Sie tastete da unten weiter herum. Unvermittelt drückte sie zu. Schraubstockmäßig. Eher Kontrabass.

Ich schnappte nach Luft. Husten ging nicht.

»Liegen bleiben!« Das Weib hatte wahre Eisenklauen. »Du willst Bilder machen?«, fragte sie streng.

»Nur ein paar Schnappschüsse.«

»Kannst du kriegen.«

Jetzt wurden ihre Berührungen wieder zärtlicher. Stressig, dieses Hin und Her. Allmählich konnte ich Horace verstehen.

»Ich sag dir, was jetzt passiert. Ich gehe zu Horace in den Wohnwagen. Wir machen mehr, als dir in deinen kühnsten Träumen einfallen würde. Du schießt deine Fotos.« Eine dramatische Pause. »Und dann servier ich ihn ab.«

»Häh?«

»Ich mach mit ihm Schluss. Endgültig.«

»Verstehe. Du kannst es nicht ertragen, dass er es war …«

»Kein Mann wirft mich weg wie einen Scheuerlappen!«

»Ganz meine Meinung«, sagte ich. »Aber was springt für mich dabei raus? Abgesehen von ein paar hübschen Bildern für mein Poesiealbum?«

»Irgendwann bin ich mit Horace fertig.« Eine ironisches Lächeln umspielte ihre Lippen. »Danach muss ich mein Verlusttrauma kompensieren.«

»Deswegen dein Fingertest«, erwiderte ich stolz.

»Ein Test bleibt das nicht«, meinte sie vielsagend und unterstrich ihre Bemerkung mit einer ausgefeilten Innenhandtechnik, die auch beim Kneten von Brotteig nützlich sein mochte. »Aber du musst etwas dafür tun.«

»Was denn?«

»Du polierst Horace die Fresse, und zwar so richtig! Nachdem wir es zum letzten Mal getan haben, er und ich.«

»Ich soll –«

»Das ist der Deal. Schlag ihn zusammen, kranken-
hausreif, das kriegst du hin! Und wenn ich sage, genug,
es reicht, dann bekommst du alles von mir, was du dir
vorstellen kannst. Mehr als das. Viel mehr …«

Muira wollte sich an Horace rächen. Ich stellte mir die
durchgeknallte Psychotante noch einmal von Kopf bis
Fuß vor, während sie auf meinem Rücken saß. Durch-
trainierte Figur, so weit das im Wohnwagen zu erkennen
gewesen war. Knackige Nymphomaninnenbrüste. Und
dieser ultrascharfe Kurzhaarschnitt. Ich konnte doppelt
profitieren: einschlägige Fotos für Mrs Rugg schießen
und danach Muiras bittersüße Versprechungen einlö-
sen. Eine Win-win-Situation für – tataaa! – Ralfie Drummond. Sollte ich endlich einmal auf der Gewinnersei-
te stehen? Wegen Horace machte ich mir keine Sorgen,
dafür hatte ich zu viele Kneipenschlägereien hinter mir.

»Deal«, sagte ich und hob meine Hand.

Muira klatschte mich ab und sprang auf. »Guter Junge. Darauf trinke ich einen.« Kurze Pause. Ein dumpfes
Geräusch. »Hier, gegen die Kälte.« Dann war sie weg.

Ich drehte mich um, sah sie aber nur noch von hinten, das orangerote Haar ein Farbtupfer im Einerlei der
verwaschenen schottischen Tristesse. Im Gras lag eine
kleine Flasche Whisky, halb so groß wie das Standard-
format. Highland Park, der Zehnjährige, in der prakti-
schen Reiseabfüllung.

Auf diese unvermutete Wendung der Ereignisse
musste ich mir einen Schluck aus der Pulle genehmi-
gen. Heiliger Magnus Erlendsson! Whisky war vielleicht nicht die Antwort auf meine Probleme. Aber wie
war die Frage noch mal?

Lange brauchte ich nicht zu warten. Meine heißersehnten Aufnahmen von Horace und Muira bei dem, was zumindest einer von beiden für die schönste Sache der Welt hielt, wurden ein Dogma-Meisterstück. Wackelkamera, mit HD-Shots dazwischen, voll authentisch. Ich ging näher ran und wusste, dass ich das nur Lucille vorspielen musste, dann würde sie wieder umsonst für mich arbeiten. Lucille und ich, das war etwas Besonderes. Wir standen beide auf die Abgründe unserer Klienten, auf die Schattenseiten, die Typen wie Horace hinter ihrer Wohlanständigkeit verbargen. Berufskrankheit.

Inzwischen war es zwölf Uhr mittags. Muira machte wie vereinbart einen Abgang, unter Tränen und Schlägen, und verschwand Richtung Parkplatz. Check! Mission erfüllt. 300 Pfund aus der Privatschatulle von Mrs Rugg schienen mir sicher. Ich brachte die Kamera zurück ins Zelt, leerte bei dieser Gelegenheit die kleine Reisepulle und kickte sie in die Botanik. Das dauerte eine Weile. Meine Feinmotorik ließ zu wünschen übrig.

Doch jetzt kam mein Rocky-Balboa-Auftritt. Ich lief zum Wohnwagen rüber, stieß die Tür auf und bemerkte bei dieser abrupten Bewegung, dass ich schwankte wie … ein Seemann? Jedenfalls passte ich gerade so durch den unglaublich schmalen, vertrackten Eingang. »Hal-lo, Horace«, lallte ich. »So behandelt man keine Frau!«

Wo war der Kerl? Ich stolperte ins Innere. Auf dem Tisch stand die angebrochene Whiskyflasche mit dem Fassstärkenelexier, die gab es ja auch noch. Kam mir vor wie zwei Flaschen, weil ich schon alles doppelt sah. Ich packte das robuste Ding am Hals, bereit für Action. Irrte umher. Niemand da.

Ein Geräusch. Die Toilettentür?

Ich fuhr herum und wollte mit aller Kraft zuschlagen. Dann gingen bei mir die Lichter aus.

Ich wachte auf, mit einer Beule am Kopf. Ich tastete danach. Die Schwellung hatte die Größe eines Papageientauchereis. Mindestens. Schmerzen überall. Desorientierung, Amnesie. Wer war ich noch mal? Ralfie. Hörte sich richtig an. Drummock? Drumhead? Irgendwas in der Art.

Hold your head up, keep your head up, movin' on. Die Eurythmics spukten mir wieder im Kopf herum, einem Kopf, der von innen und außen lädiert war. Kennen Sie die Nachwirkungen von Whisky? Wie sich der nicht abgebaute Alkohol durch die Schläfenlappen frisst? Und der Geschmack im Mund. Als hätte man eine Torfleiche angeknabbert.

Ich lag in meinem Zelt. Gut.

Dunkelheit, es war Nacht. Nicht so gut.

Offenbar fehlten mir einige Stunden eines wechselvollen Tages.

Leider war das mit der Torfleiche nicht nur eine blöde Assoziation. Neben mir, unter der Innenzeltwand, die wegen des Kondenswassers durchhing, lag ein Körper, reglos. Ich konnte nichts erkennen, alles zappenduster. Sogleich dachte ich an Muira. Was war passiert? Hatte ich Horace Saures gegeben und war danach über dem Belohnungssex eingepennt?

Bei meinen Aufweckversuchen merkte ich, dass es sich um eine Frau handelte. Ich fühlte den Puls. Sie war mausetot.

Fieberhaft tastete ich an ihrem Schädel herum. Stieß auf eine Stelle, die nur noch Matsch war. Stumpfer Gegenstand. Langsam kam die Erinnerung zurück. Die Whiskyflasche, nach der ich im Wohnwagen gegriffen hatte?

Nein, das konnte, das durfte nicht sein.

Hatte ich Muira umgebracht?

Womit wir wieder am Anfang dieser Geschichte wären. Ralfie Drummond musste eine Leiche loswerden. Um jeden Preis.

Eine ziemlich kalte Leiche, wie mir auffiel. Nach einer Ewigkeit fand ich mein Handy und machte die eingebaute Taschenlampe an.

Haare. Feuerrot.

Ich hatte Mist gebaut. Ich hatte Ruggs Geliebte erschlagen, im Suff. Anders konnte ich es mir nicht erklären. Anscheinend war sie zum Wohnwagen zurückkehrt, vielleicht, um mir zu helfen, Horace einen Denkzettel zu verpassen. Und dabei musste ich Muira versehentlich erwischt haben.

Jetzt wäre eine zweite Meinung nicht schlecht, dachte ich, von jemandem, der einigermaßen klar in der Birne war und nicht vor Panik hyperventilierte. Ich zwang mich, mit dem Zittern aufzuhören. Was tat man in ausweglosen Situationen, um die Kontrolle zu behalten?

Sich in Routine flüchten. Also machte ich mit dem Handy Blitzlichtfotos von der Leiche und schickte sie Lucille. So waren wir schon oft vorgegangen. Viel Hoffnung hatte ich nicht. Aber sollte ich die Polizei rufen? Die Cops würden mich mit Kusshand einbuchten und den Schlüssel wegwerfen.

Weiter, Ralfie. Denk nach, auch wenn es schmerzte.

Was war eigentlich mit Horace?

Ich sprang aus dem Zelt und rannte zu seinem Wohnwagen. Hämmerte wie ein Verrückter gegen die Tür. Abgeschlossen.

Nichts rührte sich. Sein Auto war weg. Er hatte sich aus dem Staub gemacht.

Zurück zum Zelt, widerstrebend wie ein geprügelter Hund. Dort lag sie, immer noch. Diese Tote trug definitiv keine Schottenkaros, sondern Jeans und ein graues Sweat-Shirt.

Aber meine Kamera war weg. Mit allen Fotos auf dem Speicherchip. Überall suchte ich nach dem Ding, vergebens.

Auf dem Campingplatz war es völlig ruhig. Grabesstill. Kein erleuchtetes Wohnmobil weit und breit, keine Pfadfindergruppe, die sich um ein Lagerfeuer scharte. Stattdessen ein unendlicher Nachthimmel. Es war, als befände ich mich auf einem fernen Planeten, der als Strafkolonie für die größten Verlierer und Rohrkrepierer diente. Wenigstens hatte es zu regnen aufgehört.

Ich schätzte die Entfernung zum Meer ab. Das Gelände war abschüssig. Ein kleiner Vorteil.

Also schleifte ich die Leiche über die nasse Wiese hinunter zum Ufer. Dabei schwitzte ich puren Alkohol aus. Sogar die Fischotter flohen vor meinem Mief. Und immer hatte ich das orangerote Haar im Blick. Der Mond beleuchtete es effektvoll.

Am Strand ging es leichter. Manchmal blieb der Körper an Algenhaufen hängen, doch nachdem ich die Wassermarke erreicht hatte und in die Brandung gewatet war, leckte der Ebbstrom an der Toten. Es war nur eine Frage der Zeit, bis die See sich der sterblichen Hülle dieser armen Seele annahm. Langsam trieb sie hinaus ins Meer. Versank.

Dann klingelte mein Handy. Ich zog es aus der Brusttasche meiner blutverschmierten Jacke und ging ran.

»Ralfie, du dummgewichstes Stück Schafkacke!«

Es war Lucille. Treue Lucille. »Schön, deine Stimme zu hören.«

»Ich hab das Foto der Leiche überprüft, das du mir geschickt hast.«

»Und?«, fragte ich gespannt.

»Der Name der Frau ist Harriet Rugg. Es gibt sogar ein Facebook-Profil von ihr. Mit orangeroten Haaren.«

Ich konnte es nicht fassen. »Kein Zweifel möglich?«

»Biometrische Scans lügen nicht. Bei deiner Toten handelt sich um Harriet Rugg, verheiratet mit Horace Rugg, beide wohnhaft in Inverness.«

»Aber die Haare …«

»Dafür war sie bekannt in ihrem Freundeskreis«, sagte Lucille. »Jeder Mensch hat gern ein Markenzeichen, das ihn von der Masse unterscheidet. Bei Harriet Rugg waren es offenbar die Frisur und die Haarfarbe.«

Ich schwieg. Das musste ich sacken lassen.

War wohl ein Fehler gewesen, mit Mrs Rugg nicht persönlich zu sprechen und den Auftrag nur per Telefon und E-Mail anzunehmen.

»Bist du noch dran, Ralfie? Wo treibst du dich überhaupt rum?«

»Gairloch.«

»Ein guter Ort, um sich aus Kummer über ein total verpfuschtes Leben zu ertränken. An deiner Stelle würde ich das ernsthaft in Erwägung ziehen.«

In groben Zügen erklärte ich Lucille, was auf dem Campingplatz geschehen war. Nach und nach dämmerte es mir. »Diese Muira hat sich als Harriet Rugg verkleidet. Vielleicht mit Hilfe einer Perücke. Und sie hat darauf geachtet, dass ich sie nicht aus nächster Nähe sehe. Das war von Anfang ein abgekartetes Spiel! Und dann haben Muira und Horace mir die Leiche von Harriet untergejubelt.«

»Weil sie einen Vollidioten brauchten, dem sie den Mord anhängen konnten. Dich.« Lucille schaltete schnell. »Wahrscheinlich wurde Harriet schon viel früher umgebracht, zum Beispiel gestern Nacht. Muira könnte es getan haben. Danach hat sie die Leiche von Inverness nach Gairloch befördert, im Kofferraum eines Autos.«

»Sie war schon kalt, als ich registriert habe, dass sie neben mir im Zelt lag.«

»Lag? Wo ist sie denn jetzt?«

Ich räusperte mich. »Hab sie ins Meer geschmissen.«

»Bist du völlig bekloppt?«

»Was ist mit der Polizei? Die forschen doch sicher nach, wenn sie den E-Mailverkehr zwischen Harriet und mir entdecken.«

»Dann musst du Horace das Alibi geben, das er dringend benötigt. Du kannst bezeugen, dass er eine Woche lang auf dem Campingplatz war und nirgendwo sonst. Seine Falle hat zugeschnappt. Er hat dich benutzt.«

»Aber warum?«

»Motive, Ehepartner aus dem Weg zu räumen, gibt es doch mehr als genug. Lebensversicherung abkassieren. Erbe einsacken. Eine allgemeine Aversion ...«

»Und wenn ich den Cops sage, was wirklich passiert ist?«, probierte ich es.

»Keiner wird dir glauben. Zu verwickelt das Ganze. Außerdem haben die dich eh auf dem Kieker.«

Ich überlegte. »Stimmt. Ich häng da mit drin.«

»Der Trick ist: Von Muira weiß niemand etwas. Horace leugnet sicher, dass es sie überhaupt gibt, seine Frau sei krankhaft eifersüchtig gewesen und so weiter.«

»Wär möglich.«

»Das Beste kommt noch: Freundlicherweise hast du Harriets Leiche beseitigt. Es würde mich nicht wundern, wenn ihre DNA an deinen Klamotten haftet, unter den Fingernägeln ... Oder hast du Handschuhe benutzt?«

Ich betrachtete meine vom Blut klebrigen Griffel. »Vergessen.«

»War Whisky im Spiel?«, fragte Lucille ahnungsvoll.

»Äh ... ja.«

»Welcher?«

»Highland Park, 58,3 %. Unter anderem.«

»Du steckst so tief in der Scheiße, dass nichts mehr von dir rausschaut.«

Lucille führte mir das Ausmaß meiner Schwierigkeiten anschaulich vor Augen. Darin war sie Expertin.

»Und was soll ich jetzt machen?«, fragte ich verzweifelt.

»Kennst du das alte Eurythmics-Lied? *Some of them want to abuse you. Some of them want to be abused?*«

»Klar, kenn ich das.«

»Musste gerade wieder dran denken. Wegen der orangeroten Haare.«

»Was für ein Zufall.«

»Sagt dir auch diese Zeile etwas? *I travel the world and the seven seas?*«

»Sicher.«

»Na dann … Verpiss dich, so weit weg, wie's geht. Die sieben Weltmeere gehören dir. Heuere von mir aus auf einem Frachter in die Südsee an.«

»Ist das dein Rat?«

»Oder du beseitigst die Spuren, hältst die Klappe und bleibst in Gairloch, für immer.« Sie machte eine bedeutungsschwangere Pause. »Ein Mann wie du muss flexibel bleiben.«

Es begann wieder zu regnen.

KIRSTEN PÜTTJER

Tiefer Atem

Every Breath You Take
The Police (1983)

Als ihr Fuß das Holz berührte, spürte sie die Fessel. Ein Schmerz durchfloss ihren Körper – kein verzehrender Schmerz, eher ein weiches, schaudernd-schönes Gefühl.

Sie mochte das. Er auch. So hatte es angefangen. Sie hatten sich in München kennengelernt: Anästhesisten-Tagung. Er war ihr gleich aufgefallen, beim Sektempfang zwischen den Kollegen. Sie hasste diese Zusammenkünfte, auf denen alle herumstanden und ganz wichtig taten. Sie fühlte sich unsicher inmitten großer Menschenmengen. Als sie sich ansahen, bemerkte sie seinen Blick und wusste, es ging ihm genauso. Wie zwei Ertrinkende, die zeitgleich ein Floß entdeckten, traten sie aufeinander zu und stellten sich vor. Von da an war es geschehen.

Ihre Zehen glitten über den kühlen Satinstoff und stießen noch einmal gegen das Holz. Wieder durchzuckte sie ein Schmerz. Sie atmete ganz ruhig: ein – aus – ein – aus.

Mit Wolf war alles anders. Es war einfach und selbstverständlich – jedenfalls zu Beginn ihrer Beziehung.

Wolf: Narkosefacharzt, groß, sportlich, dunkelhaarig – genau ihr Typ. Noch vor Abschluss der Tagung hatte es zwischen ihnen gefunkt. Ohne viele Worte. Sie gingen in ihr Hotelzimmer und liebten sich: wild, heftig, erschöpfend.

Sie spürte die Begrenzung des Raums im Rücken und zog reflexartig die Beine an. Nur kurz fühlte sie den glatten Stoff an ihren Waden, bevor die Knie gegen das Holz trafen. Ein Schauer lief ihr über den Rücken. Achtzig Zentimeter, dachte sie, mehr ist es nicht. Sie zwang sich zur Ruhe und lauschte ihrem Atem: aus – ein – aus.

Was Wolf jetzt wohl tat? Sie lächelte, ihr Kiefer schmerzte und sie fühlte, wie ihr eine Träne über das Gesicht rann und auf den Satinstoff tropfte.

Wie war es bloß dazu gekommen? Wie konnten sich Menschen nur so verändern? Fragen, die in ihrem Hirn kreisten und sie von der aufsteigenden Panik ablenkten. Sie spürte, dass ihr Kopf an etwas Gepolstertes stieß. Es war dunkel, so dunkel und unendlich still. In ihr machte sich die Gewissheit breit, dass die Finsternis sie bald vollständig umgab. Wieder lauschte sie ihrem Atem: ein – aus.

Anfangs war es schön mit Wolf. Die Macht, das Spiel aus Dominanz und Unterwerfung gefiel ihnen beiden, da konnten sie sich vertrauen.

Ihr Arm schmerzte und sie versuchte vergeblich, die Fessel an ihrem Handgelenk zu lösen. Wann hatte es begonnen, ernst zu werden?

Sie weiß es nicht mehr und beginnt, ihre Atemzüge zu zählen: eins, zwei, drei … Ihre Gedanken konzentrieren sich auf die Fakten, die sie in ihrem Medizinstudium gelernt hatte: die Sauerstoffmenge in einem Sarg reicht bei normalem Luftdruck und normaler Atmung für mindestens drei Stunden.

Ob Wolf an sie denkt? Ob es ihm leid tut? Sie lächelt. Sie weiß die Antwort. Wolf hatte sich verändert. Nein, eigentlich hatte ihn seine Krankheit, Diabetes, verändert. Aber das ist jetzt auch egal. Er hat sie begraben, bei lebendigem Leib. Sie wird sterben, das ist ihr klar. Sie lacht.

Mit der nächsten Insulinspritze wird er sich selbst töten. Langsam und grauenvoll. Sie hat sich für Curare entschieden. Ein Muskelrelaxan, das erst den Körper und dann das Zwerchfell lähmt. Er wird es merken, doch dann ist es bereits zu spät.

Er wird ersticken, denkt sie, wie ich, bei vollem Bewusstsein. Wir sind doch gleich.

Dann beginnt sie tiefer zu atmen: ein – aus.

RALF KRAMP

Das verschenkte Herz

Last Christmas
Wham! (1984)

Oswald Schöller dachte, dass es doch wirklich ein Segen war, dass man nie mehr als drei Kleidungsstücke mit in diese Umkleidekabinen nehmen durfte. Seine Frau Marie-Luise wäre sicherlich mit so vielen Klamotten darin verschwunden, wie sie mit beiden Armen hätte tragen können. Und das hätte dann ewig gedauert. Er hörte die leise Musik aus den Lautsprechern, das Geklapper von Kleiderbügeln, das Rascheln von Stoff, leise Gespräche, wenn wieder einmal einer der zehn Vorhänge beiseitegeschoben und Kleider begutachtet wurden.

Marie-Luise hatte ihm wenige Momente zuvor eine orangefarbene Bluse vorgeführt, und er hatte genickt und wohlwollend ihren sechzigjährigen Körper gemustert. Da war immer noch alles dran. Sogar ein bisschen mehr von allem. Oswald Schöller liebte seine Frau.

Gemeinsam mit anderen Männern saß er in der Mitte des Raums. Ringsumher waren die Kabinen aufgereiht.

Einmal im Jahr, in der Vorweihnachtszeit, ließ er sich von Marie-Luise zu einem Einkaufsfeldzug durch die Innenstadt überreden. Neben den zahlreichen Geschen-

305

ken für Familie und Freunde schaffte es Marie-Luise auch immer wieder, ein paar Kleidungsstücke für den Eigenbedarf zu ergattern. Oswald duldete das milde lächelnd. Den Rest des Jahres hatte er ja seine Ruhe.

Aus den Lautsprechern klang *Last Christmas*, und er tippte unbewusst den Beat mit dem Zeigefinger auf dem Knie mit.

»Tun Sie das nicht«, zischte es plötzlich hinter seinem Rücken. Zuerst merkte Oswald gar nicht, dass er gemeint war. Dann erklang das Zischen erneut: »Lassen Sie das um Himmels Willen sein!«

Er wollte sich gerade umdrehen, als die Stimme – offenbar ein Mann – erneut mahnte. Diesmal mit deutlich schärferem Ton: »Nicht umdrehen! Wer ich bin, tut nichts zur Sache!«

Oswald blickte in eine leere Umkleidekabine vis-à-vis. In dem darin befindlichen Spiegel sah er deutlich seine eigene Gestalt, umringt von prall gefüllten Einkaufstüten, und dahinter einen Mann mittleren Alters in einem graugrünen Steppblouson. Unter einer schwarzen Strickmütze war ein rundliches, schlecht rasiertes Gesicht erkennbar.

»Aber ich sehe Sie doch«, sagte Oswald unsicher und deutete auf den Spiegel.

»Oh, Mist.« Der Mann guckte enttäuscht. Dann stand er auf, umrundete die Stühle und ließ sich schwerfällig auf dem freien Stuhl neben Oswald nieder.

»Was bitteschön soll ich nicht tun?«

»Na das.« Der Mann tippte mit dem Finger auf sein Knie, wie vorhin Oswald. Völlig neben dem Takt von *Last Christmas*. »Das dürfen Sie nicht tun.«

Oswald fragte fassungslos: »Wer sind Sie?«

»Mein Name tut nichts zur Sache!«

Ein Vorhang glitt in diesem Moment rasselnd zur Seite, und eine junge Frau kam aus der Kabine. Im Vorbeigehen winkte sie und flötete heiter »Hallo Uli! Lange nicht gesehen!« Dann verschwand sie im Ladenlokal.

Der Mann grunzte missmutig und zog den Kopf ein wenig mehr zwischen die Schultern. Sein Gesicht verschwand fast bis zur Oberlippe in seinem Blouson.

»Hören Sie ... Uli, was wollen Sie eigentlich von mir?«

Jetzt erschien Marie-Luise kurz auf der Bildfläche. »Guck mal, geht das so?«

Ein Pulli aus glänzend violettem Nickistoff. Oswald nickte lächelnd.

»Spannt ein bisschen am Bauch, oder?«

Er schüttelte den Kopf. »Sieht prima aus.«

»Und was sagst du zu der Farbe?«

»Auch klasse.«

Der Vorhang schloss sich wieder, und fast im selben Augenblick wisperte der Mann an Oswalds Seite: »Denken Sie nicht daran!«

»An was denn?«, fragte Oswald unwirsch. Er hatte unbewusst damit begonnen, im Takt von *Last Christmas* mit dem Fuß zu wippen.

»Sie dürfen nicht daran denken!« Die Stimme klang jetzt regelrecht verzweifelt.

»An was, Uli? An was denn?«

»Sie dürfen nicht daran denken, Ihre Frau umzubringen!«

Jetzt hielt es Oswald nicht mehr auf seinem Stuhl. Er sprang auf und blickte wütend auf die rundliche Gestalt des Mannes hinunter. Ein paar bräunliche Locken guckten an den Schläfen unter der Mütze hervor. Der Typ sah völlig harmlos aus, fast kindlich.

»Ich habe ihren Blick gesehen. Ich weiß Bescheid!«

»Sie verwechseln mich! Ich kenne Sie überhaupt nicht! Meine Frau und ich sind sehr glücklich miteinander, und niemals würde ich …« Oswald wurde es zu dumm, weiter zu argumentieren. Hastig raffte er die Tüten zusammen und rief: »Spatz, bist du jetzt fertig da drinnen?«

Sie antwortete mit einem leicht angestrengten Unterton. »Jaja, ich komme.«

Der Mund des Mannes formte ein paar Worte. Oswald konnte seine flüsternden Laute nicht hören, denn sie wurden von *Last Christmas* übertönt, aber er konnte es von den fleischigen Lippen ablesen: »Tun Sie es um Himmels Willen nicht!«

Dann kam Marie-Luise, sagte leicht pikiert »Waren doch nur drei Teile«, und gemeinsam zogen sie ab. Oswald zwang sich, nicht noch einmal zurückzuschauen.

Anderthalb Stunden später legten sie in der Konditorei eine kleine Pause ein. Auch das gehörte zum alljährlichen Ritual. In der Zwischenzeit hatte Oswald zweimal die erbeuteten Waren im Auto verstaut. Er kannte einen kleinen Parkplatz am Busbahnhof, auf dem er fast immer eine Lücke fand, eine Art kostbarer Geheimtipp, gerade im Weihnachtsgeschäft. Parkhäuser mochte er nicht. Und mit der Bahn würden sie unmöglich ihre ganzen Einkäufe nach Hause transportieren können.

Marie-Luise guckte auf die Armbanduhr. Die hatte er ihr vor sechs Jahren zu Weihnachten geschenkt.

Ausgesucht hatte sie sich das zierliche Ding selbst. Beim Weihnachtseinkauf. Das machten sie immer so. In diesem Jahr war es eine Jade-Halskette gewesen. Und weil Oswald in so guter Stimmung war, und weil er seine Frau so sehr liebte, hatte er bei der Verkäuferin heimlich auch noch die dazu passenden Ohrringe gekauft.

»Wir haben nur noch zwei Stunden«, sagte Marie-Luise und nippte an ihrem Kakao. »Willst du nicht vorsichtshalber gleich hier zur Toilette gehen?«

Er nickte. »Gute Idee.« Der ständige Wechsel zwischen kalter Fußgängerzone und warmen Geschäften trieb ihn öfter aufs Klo als sonst. Er ließ den Rest seines Mandelhörnchens im Mund verschwinden, wischte die Lippen mit der Serviette ab und hauchte seiner Frau einen Kuss auf die Schläfe. Dann ging er zum WC, das im Kellergeschoss untergebracht war.

Aus den Lautsprechern ertönte *Last Christmas*. Er pfiff es leise mit, während er den gekachelten Raum betrat und zum Pinkelbecken ging.

Jemand trat an seine Seite, und er hörte das Zippen eines Reißverschlusses. Dann ein Plätschern. Und schließlich die Stimme: »Wissen Sie, ich habe meine Frau umgebracht. 1984.«

Oswald fuhr zusammen, und sein Urinstrahl wurde für einen kurzen Moment unterbrochen. »Sie?«

»Ja, ich bin es. Keine Angst. Ich will Ihnen nichts tun. Ich will Sie nur warnen.«

Mit zusammengebissenen Zähnen versuchte sich Oswald auf sein kleines Geschäft zu konzentrieren. Er schüttelte ab und verstaute wieder alles in der Hose.

Dann schloss er den Reißverschluss und knurrte, ohne nach rechts zu blicken: »Hören Sie, Uli …«

»Bitte, nennen Sie mich nicht beim Namen. Mich kennt hier keiner, und das ist auch gut so.«

»Also gut, hören Sie … ich möchte nicht länger von Ihnen belästigt werden. Ich weiß nicht, wer Sie sind, und ich weiß vor allen Dingen nicht, warum Sie denken, ich könnte meine Frau umbringen wollen.«

»Es ist das Lied!«

»Welches Lied?«

Gemeinsam hielten sie inne und lauschten auf den leisen Gesang aus den Lautsprechern.

Last Christmas I gave you my heart …

Dann ertönte laut eine Toilettenspülung, ein älterer, glatzköpfiger Mann kam aus einer der Kabinen, krähte fröhlich: »Tag Uli! Geht's dir gut, Junge?«, wartete keine Antwort ab und ging, ohne sich die Hände zu waschen.

»Ich weiß nicht, was das alles soll. Das ist ein Weihnachtslied«, sagte Oswald Schöller grimmig. »Das ist vielleicht sogar *das* Weihnachtslied. Es dudelt jedes Jahr wochenlang von morgens bis abends.« Er war zu den Waschbecken gegangen und wusch sich ausgiebig die Hände.

»Genau! Genau! Alle hören es, und keiner merkt was!« Der dickliche Mann sprang ihm zur Seite und hielt seine kurzen, blassen Finger nun ebenfalls unter den Wasserstrahl.

»Wenn hier einer was nicht merkt, dann sind *Sie* das!« Getöse wurde laut, als Oswald seine Hände unter den Trockner hielt.

Mit belegter Stimme sagte der Mann: »Ich habe damals meine Frau umgebracht, und Schuld war dieses Lied!«

Bevor er die Toilette verließ, drehte sich Oswald noch einmal zu dem Mann um und hielt ihm drohend den Zeigefinger vors Gesicht. »Passen Sie auf, ich werde nicht zulassen, dass Sie meiner Frau und mir weiterhin auflauern. Ich werde die Polizei rufen, Uli, wenn Sie weiterhin …«

»Au ja, die Polizei!«, rief der Mann, und seine Bäckchen leuchteten regelrecht rot auf. »Das ist natürlich auch eine Idee! Lassen Sie sich einsperren, bis Weihnachten vorbei ist, und dieses Lied …«

Den Rest des Satzes hörte Oswald Schöller nicht mehr, weil er bereits wieder fluchtartig zum Gastraum des Cafés zurückeilte.

Das riesige Kaufhaus bildete für gewöhnlich die letzte Etappe. In den Wochen vor Heiligabend schob und drängelten die Leute sich durch die Gänge, egal in welcher Abteilung.

Marie-Luise hatte Parfüm und Seife für ihre Mutter ausgesucht und Oswald damit zur Kasse geschickt. »Ich gehe in die Unterwäscheabteilung, da treffen wir uns dann wieder!«

Die Schlange war lang. Oswald wartete fast eine Viertelstunde, bis er an der Reihe war.

»Haben Sie eine Payback-Karte?«

»Ja, die habe ich, ich muss nur gucken …« Oswald kramte in seiner Brieftasche herum.

Die rothaarige Verkäuferin blickte über seine Schulter und zwinkerte dem Kunden hinter ihm freundlich zu. »Tag Uli, letzte Weihnachtseinkäufe?«

Oswald warf ihr wütend die Karte und die Geldscheine hin, nahm das Wechselgeld und die Einkaufstüte entgegen und trat wortlos zur Seite.

Als Uli mit der Pudelmütze seinen Einkauf, eine Tube Zahnpasta, bezahlt hatte, fing ihn Oswald ab.

»Also, erklären Sie es mir!«

Ulis Augenbrauen schoben den Saum der Pudelmütze in die Höhe. »Meine Theorie?«

»Ihre ... nun gut, Ihre Theorie. Ich höre sie mir an, und dann ist Schluss, einverstanden?«

Uli strahlte. Seine Nasenlöcher, aus denen kleine Borsten hervorguckten, weiteten sich, als er breit grinste.

Sie gingen zur Kinderabteilung. Uli blickte sich hektisch um. »Okay, ich erkläre es Ihnen. Sie dürfen nicht glauben, dass ich bekloppt bin.«

»Sicher nicht.«

»Ich erzähle es nur ein einziges Mal, Sie müssen es gleich kapieren. Es ist nämlich nicht gut, wenn man uns beide zusammen sieht. Nachher machen Sie es doch, und dann wird man mich über Sie ausfragen und so.«

»Sie müssen wohl an Ihren Ruf denken?«, sagte Oswald mit einem ironischen Lächeln.

»Ich will da nur in nichts reingezogen werden. Am liebsten will ich unerkannt bleiben.«

Ein kleines Kind fasste ihn am Zeigefinger und deutete auf eines der prall gefüllten Regale. »Onkel Uli, ich wünsch mir so sehr den großen Lego-Schaufelradbagger, aber meine Mama sagt ...«

Die Mutter packte das Kind und zerrte es zu sich. »Komm her, Leon. Der Uli kann da gar nichts machen.

Da müssen wir mal gucken, ob das Christkind vielleicht dran denkt.« Sie zwinkerte Oswalds Gegenüber betont unauffällig zu. Er grinste verlegen zurück.

Als sie außer Sichtweite waren, begann er, Oswald seine Theorie darzulegen.

»Es ist dieses Lied. Wie Sie schon sagten, es dudelt nonstop durch die Vorweihnachtszeit. Haben Sie schon mal drüber nachgedacht, warum das so ist?«

Oswald zuckte mit den Schultern. »Weil die Leute es so gerne hören?«

»Ach Quatsch!«

»Weil die Radioleute es so gerne spielen?«

Uli schüttelte ungeduldig mit dem Kopf. »Wir werden manipuliert. Gegen Musik können wir uns nicht wehren. Sie ist da. Überall. Im Kaufhaus, im Fahrstuhl, im Radio, im Fernsehen ... Tankstelle ... Wartezimmer ... Kirmes ... überall. Kennen Sie den Text?«

»Von *Last Christmas*?«

»Genau!«

Oswald musste nur einen kurzen Moment nachdenken. »Warten Sie mal ... *Last Christmas I gave you my heart, but the very next day you gave it away ...*«

»Genau! Exakt richtig! So oft haben Sie es schon gehört! Und worum geht es in dem Song?«

»Um eine Organspende? Eine Herztransplantation?« Oswald kicherte. All das wurde immer bizarrer.

»Ach Blödsinn! Es geht um ein Paar, das sich getrennt hat!« Er schob sich nahe an Oswald heran und blickte ihm tief in die Augen. »Es geht um jemanden, der sein Herz verschenkt hat und betrogen worden ist. Weihnachten! Die Zeit des zwanghaften Friedens und der aufgezwungenen Glückseligkeit. Sie wissen, dass es gerade zu Weihnachten immer wieder funkt. Jede Menge Beziehungstaten ... Mord ... Totschlag ...«

»Na ja, davon habe ich gehört, aber ...«

»Fremdgehen ist der Tod einer Beziehung!« Er hauchte Oswald ein einzelnes Wort ins Ohr: »Tooood!«

»Meine Frau geht nicht fremd!«, sagte Oswald empört. »Und ich auch nicht«, hätte er gerne hinzugefügt, aber das war ihm zu albern. Ein einziges Mal hatte er sich verführen lassen. Von Susanne Pokorny, der kleinen Schwarzhaarigen vom Straßenverkehrsamt. Das war auf der Weihnachtsfeier von der Kreisverwaltung gewesen, und er war schon randvoll mit Glühwein gewesen. Geschämt hatte er sich jedenfalls genug für diesen Ausrutscher und Angst davor gehabt, dass Marie-Luise Wind davon bekommen könnte. Aber dass seine Frau selbst fremdging, das war ja völlig unvorstellbar. »Wirklich nicht. Sie brauchen sich keine Sorgen zu machen. Meine Frau geht nicht fremd, und ich hätte keinen Grund, sie ... sie irgendwie zu ...«

In diesem Moment endete *Rudolph the Rednosed Reindeer*, und irgendwo über ihren Köpfen schallten die ersten Takte von *Last Christmas* durch die feuchtwarme Kaufhausluft.

Ulis rotwangiges Gesicht verzog sich augenblicklich zu einer Grimasse des Hasses. »Da ist es! Da ist es schon wieder! Jedes Jahr kommt es! Meine Elfi hat mich damals betrogen, wissen Sie. Mit dem Versicherungsmakler. Der kam plötzlich jeden zweiten Tag und hatte irgendwas zu besprechen. Und dann lief dauernd dieses Lied ...«

Er lauschte angestrengt ... *I gave you my heart, but the very next day you gave it away* ...

Oswalds Finger trommelten leise auf einer Legoschachtel mit. Plötzlich klatschte Ulis Rechte mit voller Wucht auf seine Hand. »Lassen Sie das!« keuchte er. »Sie wissen ja nicht, was das mit Ihnen macht! Ich habe sie mit der Schneeschaufel erschlagen! Mit der Metallkante gegen ihren Schädel! Peng! Zack! Tot! Alle haben gesagt, es sei ein Unfall gewesen, weil doch der Schnee so hoch lag, und weil ich so schwungvoll ausgeholt habe! Aber ich weiß, dass es dieses Lied war. Sie haben es im Autoradio gespielt. Überall das viele Blut auf dem Schnee ...« Er begann zu schluchzen und packte Oswald am Ärmel seines beigefarbenen Wildledermantels. »Ich habe zuhause acht Aktenordner, randvoll mit Statistiken. Morde zu Weihnachten. Seit 1984, seit dieses teuflische Lied zum ersten Mal über den Sender ging. Sie spielen es, um Zwietracht zu säen. Um Vertrauen zu zerstören. Um verliebte Paare dazu zu bringen, sich gegenseitig zu töten!«

Angewidert betrachtete Oswald die rundliche Gestalt, die vor ihm stand, in sich zusammengesackt, den Kopf gesenkt, mit zitternden Schultern. Eine Träne tropfte auf Oswalds Mantelärmel.

»Aber warum sollten sie das denn tun?«, fragte er fast mitfühlend.

Langsam hob Uli den Kopf, und in den rotgeweinten Augen offenbarte sich das ganze Ausmaß des Wahnsinns, der von ihm Besitz ergriffen zu haben schien. Ein feiner Speichelfaden hing an seiner Unterlippe, als er mit rauer Stimme sagte: »Ist doch wohl klar: Dezimierung der Überbevölkerung.«

Die Sekunden des Schweigens, die dann folgten, erschienen Oswald fast wie Stunden. Ein kalter Schauder nach dem anderen rieselte ihm den Rücken hinunter. Schließlich schüttelte er mit sanfter Gewalt Ulis Hand ab und sagte leise: »Gut. Danke. Sie haben mir die Augen geöffnet. Ich bin gewarnt. Das habe ich ja alles nicht gewusst. Wenn meine Frau fremdgeht, werde ich vermeiden, irgendwo ein Radio anzuhaben oder zu singen oder zu summen, oder irgendwie so was.«

»Sie nehmen mich nicht ernst!«

»Ich muss mich beeilen. Schauen Sie, es ist schon nach Sechs, und Marie-Luise wird wissen wollen, wo ich bleibe, und …« Er wich langsam zwischen den Spielzeugregalen zurück.

»Sie denken, ich bin bescheuert!«

»Nein, wirklich nicht, ich …« Oswald wandte sich um und hastete davon.

In der Unterwäscheabteilung schlug ihm das Herz immer noch im Hals. Er ließ den Blick schweifen. Sicherlich würde er ein ganzes Jahr brauchen, um sich von diesem Weihnachtseinkauf zu erholen. So ein Irrer! So ein durchgeknallter, völlig umnachteter …

Da sah er die Frau mit dem kleinen Jungen, denen sie vorhin in der Spielzeugabteilung begegnet waren.

Oswald fasste sich ein Herz. »Hallo Sie«, sagte er mit angehaltenem Atem. »Sie werden verzeihen, dass ich Sie so einfach anspreche, aber der Mann vorhin …«

Sie lächelte ihm zu. Ihre Grübchen in den Wangen sahen reizend aus. »Der Uli?«

»Der Uli, genau.«

Sie tippte sich gegen die Schläfe. »Völlig plemplem, aber harmlos.«

»Sicher?«

»Ganz sicher.« Sie nahm ihrem Sprössling eine gewagte Dessouskombination ab, die dieser mit dem Kleiderbügel wie ein Fähnchen durch die Luft wedelte. »Vor dem brauchen Sie keine Angst zu haben, wenn es das ist, was Sie wissen wollen.«

»Er hat mir vorhin erzählt, er habe seine Frau ... umgebracht.«

Sie lachte laut. »Der Uli erzählt alles Mögliche. Ist immer unglücklich verliebt. Aber mit dem würde es keine Frau lange aushalten. Er hat diese Musik-Macke. Glaubt, all die Songs, die dauernd im Radio ...«

»Ja, müssen Sie mir nicht erklären.«

Sie blickte sich kurz um, senkte vertraulich die Stimme und fuhr mit einem amüsierten Glucksen fort zu erzählen: »Er behauptet immer steif und fest, dass er schon ein paarmal fast erstickt wäre, und nur gerettet wurde, weil er gerade noch rechtzeitig wach wurde. Nämlich immer dann, wenn er am Abend irgendwo *Atemlos durch die Nacht* gehört hat. Einer Freundin von mir, die mal mit ihm in der Kiste war, hat er erklärt, dass seine Potenzstörungen einzig und allein was mit dem Lied *I Can't Get No Satisfaction* zu tun haben. Der Oberkracher war aber ... Leon, lass das mal bitte sein mit dem BH ... Da hat der Uli doch tatsächlich mal einen Typen mit diesem Riesengerät gekidnappt, mit dem der gerade dabei war, die weißen Straßenmarkierungen anzubringen. Randstreifen und Mittellinie und so. Und dann hat er den mit dem Messer am Hals ge-

317

zwungen, in Riesenbuchstaben den Namen *Jeannie* auf den Asphalt zu schreiben, weil ihm das angeblich der Falco im Himmel von seiner Wolke runter befohlen hat. Krass, oder?«

Oswald nickte. »Allerdings krass.«

Er wünschte der jungen Frau halbherzig ein frohes Weihnachtsfest und trottete zwischen den Wäscheständern davon.

Das war's jetzt. Er würde Marie-Luise die schönsten Dessous kaufen. So was trug sie eigentlich nicht gerne. Aber er war sicher, dass sie ihr stehen würden. Er mochte so was eigentlich ganz gerne. Hatte Susanne Pokorny vom Straßenverkehrsamt auch getragen. In Königsblau.

Oder ein neues Nachthemd für Marie-Luise. Vielleicht auch ein seidener Pyjama, obwohl die immer so sehr elektrisierten, dass er einen geschossen bekam, wenn er sie berührte.

Als er seine Frau schließlich fand, zeigte sie ihm zögernd und unentschlossen ein spitzenbesetztes rotes Mieder. Noch bevor sie ihn etwas fragen konnte, sagte er aus voller Brust. »Ja! Wunderbar! Das musst du haben, Spatz!« Dann nahm er sie ganz fest in den Arm.

Es war stockfinster, als sie durch den Schneematsch zu ihrem Auto tapsten. Marie-Luise trug drei und er schleppte fünf neue Plastiktüten. Oswald verdrängte jeden Gedanken an das Bankkonto. Er schloss den Wagen auf und startete, damit die Heizung es ihnen schnell kuschelig warm machen würde.

»Steig schon mal ein, Spatz«, sagte er und nahm ihr beflissen die Tüten ab. Mit ein wenig Mühe stopfte er sie zu den anderen Einkäufen im Kofferraum. Vorbeifahrende Autos spritzen ihm graue, salzige Schneebrühe gegen die Beine. All das konnte ihn nicht verärgern. Er wollte nur noch an den vor ihnen liegenden, gemütlichen Abend denken, den sie zuhause verbringen würden, in trauter Zweisamkeit, mit dem dritten brennenden Adventskerzchen, auch wenn erst morgen die Zeit dafür war, mit einem Schlückchen lieblichem Moselwein und ein paar Schokoprinten. Ganz gemütlich, wie es sich für ein nach all den Jahren immer noch verliebtes Paar gehörte.

Er schloss den Kofferraumdeckel, und als er sich kurz umwandte, fiel sein Blick zufällig auf die andere Straßenseite. War das nicht ...?

Nur kurz blieb der Mann stehen, die Hände in den Taschen des graugrünen Blousons vergraben. Das Gesicht unter der schwarzen Mütze leuchtete im Licht der Scheinwerfer auf wie ein Vollmond. Ein Lieferwagen fuhr vorbei, und im nächsten Moment war die kleine, rundliche Gestalt verschwunden.

Im Auto hatte Marie-Luise inzwischen das Radio angeschaltet, und dann hörte er die Melodie. *Last Christmas ...*

Das Lied wurde langsam lauter, näherte sich ihm auf unwirklich klingende Art und Weise. Aber was da fehlte, war der stampfende Discorhythmus, den er heute schon so oft mitgetrommelt hatte. Der leise Singsang von Marie-Luise, die unbemerkt hinter ihn getreten war, überlagerte den Radiosound. Ihre Stimme verstummte plötzlich, und dann waren wieder George Michael und Wham! zu hören: ... *I gave you my heart ...*

319

Die Stimme seiner Frau zischte ganz nah bei seinem Ohr: »Und du glaubst wirklich, das mit dieser kleinen Schlampe vom Straßenverkehrsamt könnte ich dir so einfach verzeihen, nur weil du mich einmal im Jahr mit Geschenken überhäufst? Dein stinkendes, schlechtes Gewissen quillt dir aus jeder Pore, du Dreckskerl! Du hast einfach mein Herz weiterverschenkt!«

... but the very next day you gave it away ...

Bevor er zu ihr herumfahren konnte, spürte er ihre beiden Hände in seinem Rücken, die ihm einen Stoß gaben. Nur einen kleinen Schubs, der ihn aus dem Gleichgewicht brachte, der ihn auf dem Schneematsch ausgleiten ließ.

Dann kam der Linienbus von links.

Das Kreischen der Bremsen übertönte seinen Schrei.

Das Brechen seiner Knochen und das Bersten seines Schädels übertönte den Gesang im Autoradio.

Last Christmas, I gave you my heart, but the very next day you gave it away ...

ARNOLD KÜSTERS

Gülle-Queen

I Want to Break Free
Queen (1984)

I Want to Break Free. Ausbrechen. Frei sein. Eine wunderbare Vorstellung. Ketten sprengen. Raus aus Allem.

Und nun lag sie vor ihm. Und immer noch klare Konturen. So schön. Wüsste er es nicht besser, ihren Zustand würde er glatt als »erwartungsvoll« beschreiben. Falsches Adjektiv. Natürlich.

Friedhelm horchte auf. Um sie herum nur Stille. Kein Laut aus der Welt jenseits der Tür. Eine fast erstickende Ruhe. Dieses besondere Schweigen, wenn das Schicksal kurz innehält. Es war nur eine Frage der Zeit, wann sie vermisst werden würde. Aber er war sicher, er würde nicht in Verdacht geraten. Im Gegenteil. *I Want to Break Free.* Sie würde auf ewig die Gülle-Queen bleiben.

Er drehte sanft ihren Körper um. Betrachtete sie eine Weile aus großen Augen. Wie ein Junge, den der scheue Blick durch das Schlüsselloch einer verbotenen Tür erregt. Flüchtig berührte er ihren Rücken, als drohten seine Finger zu verbrennen. Trotz ihrer 32 Jahre sah sie so jungfräulich aus.

Staub tanzte in den schräg einfallenden Strahlen. Der helle Raum roch nach faulem Putz. Er musste handeln. Jetzt. Die nutzlos gewordene Milchküche war dafür der beste Ort. Die Kammer hatte eine zweite Tür. Der direkte Weg zu den beiden Gülletanks.

Ihr Anblick schmerzte. Er wusste, was mit ihr geschehen würde. Aber es half alles nichts. Friedhelm drehte sie zurück. Wie schön sie doch war. Schlicht. Auf ihre ganz eigene Weise klassisch. Er spürte kein Bedauern. Er hatte in der Nacht lange wach gelegen. Bei Sonnenaufgang hatte er seinen Entschluss gefasst. *I Want to Break Free*. Der Refrain ging ihm nicht aus dem Kopf. Er war seinem Ziel so nahe.

Eine Zeit lang war nur das Knistern der Folie zu hören, dann hatte Friedhelm sie vollständig umwickelt. Er hatte schnell gearbeitet, mehrfache Lagen Klebeband.

Der Landwirt trat schließlich einen Schritt zurück. Er war mit sich zufrieden, soweit dies unter den gegebenen Umständen möglich war. Jetzt blieb nur noch der kurze Weg hinüber zu den Tanks.

Er wusste, die Filmcrew saß vor ihrem Wohnwagen beim Essen. Er musste diesen unbeobachteten Augenblick nutzen. Sie hatten ihr Fehlen noch nicht bemerkt.

Kaum hatte er den Riegel der Holztür zurückgezogen, um einen Blick nach draußen zu werfen, als er zurückfuhr. Einer der beiden Beleuchter pinkelte gegen ein Rad eines alten Anhängers, den er vor ein paar Jahren neben den Tanks abgestellt hatte. Ungesehen zog Friedhelm sich in die Milchkammer zurück. Mit dem Rücken lehnte er sich an die Wand. Sie war kühl. Erst jetzt spürte er den Schweiß.

Er musste warten. Es gab kein besseres Versteck. Im Haus war ihm kein Ort sicher genug erschienen. Er würde sie in einem der Gülletanks versenken. Dort würde niemand sie suchen. Jedenfalls nicht sofort.

»Wo steckst du?«

Die Stimme des Aufnahmeleiters. Leicht kieksend und nervig drang sie durch das gekippte Oberlicht. Friedhelm hörte den Beleuchter leise fluchen und das Zippen eines Reißverschlusses.

»Ja, doch, gleich.«

Friedhelm legte den Kopf zurück. Der Staub und der marode Putz verursachten ein Kribbeln in seiner Nase. Eine blöde Idee, bei »Bauer sucht Frau« mitzumachen. Aber er war neugierig gewesen. Er warf einen Blick auf sein Bündel.

Karin war zwar recht hübsch: grüne Augen und rotblondes Haar. Anschmiegsam, auch wenn die Kameras aus waren. Sie konnte zupacken bei der Arbeit, hatte vernünftige Ansichten über das Leben und die Welt. Sie nannte ihn Freddy statt Friedhelm - aber im Grunde brauchte er keine Partnerin. Seine Liebe gehörte der Musik. Er war glücklich, wenn er auf seinem Schlepper saß und bei der Feldarbeit Musik hören konnte. Er hörte seine Lieblingsband Queen so laut, dass die Saatkrähen erschrocken aufstoben, wenn er anhielt und die Tür der Fahrerkabine öffnete.

Die Musik war der einzige Grund gewesen, Jans Vorschlag zu folgen und bei der Sendung mitzumachen. Sein Kumpel hatte ihm erzählt, dass Karin eine ganz besondere Kandidatin sei. Zumindest laut Drehbuch. Dass sie unbedingt einen Bauern wollte, weil sie das Leben in der

Stadt satt hatte und auch die verlogene Welt des Musik-
bizz. Am Vormittag hatte sie doch tatsächlich in die Kamera gehaucht, sie wolle auf ewig seine Gülle-Queen sein.

Wie gesagt, zuerst war es Neugier gewesen. Aber dann
hatte Friedhelm seine Chance erkannt. Die Produktions-
firma hatte nämlich eigens eine besondere Schallplatte
aufgetrieben. Die wollte Karin – ebenso angeblich – als
Liebesgabe in die Beziehung einbringen. *I Want to Break
Free*. In einer sechs Minuten Version, von der es welt-
weit nur drei bekannte Exemplare gab. Und eine vierte
Studiofassung, ebenfalls von John Deacon geschrieben.
Nur Eingeweihten bekannt. Für Sammler unschätzbar.
Sie gehörte in sein Plattenregal. Unbedingt.

Die Lovestory war *Scripted Reality*. Die Maxi von 1984
aber war echt. Das schlichte Cover widersprach in geni-
aler Weise der berstenden Energie des Songs. Und eine
der Kopien würde nun ihm gehören. Er musste es nur
noch bis zu einem der Gülletanks schaffen. Sie dort verschwinden lassen. Wenigstens vorerst. Der Rest würde
sich finden.

»Hier steckst du.« Die Tür zur Milchkammer war auf-
geflogen und Karin stand im Türrahmen. Dicke Strick-
jacke, Karohemd, Gummistiefel. »Wir drehen jetzt die
Einstellung an den Tanks. Hoffentlich geht das schnell.
Die Gülle stinkt erbärmlich.« Sie sah ihn aufmerksam
an. »Ist dir nicht gut?«

Friedhelm sagte nichts.

»Was ist das?« Karin deutete auf das Päckchen.

Friedhelm hielt es ihr hin. »Deine Schallplatte. Ich
dachte, es ist besser, wenn ich sie einpacke. Weil sie so
wertvoll ist. Sonst stinkt sie nachher noch.«

»Du bist ja so süß.« Karin trat auf ihn zu und knuffte ihn. »Und so dumm. Ist doch ein Fake, Freddy. Die Platte ist nur ein Fake. Genauso wie das Cover. Die Requisite hat bloß ein Queen-Etikett auf die Maxi-LP aufgeklebt. Und jetzt komm.«

Sie hielt ihm die Hand hin. »Wir müssen uns beeilen. Ich will nachher noch in die Stadt.«

Er sah sie lange an, bevor er wieder etwas sagen konnte. Er hätte mit allem leben können. Nur nicht mit diesem einen Satz. Unfassbar. Dieser dahergelaufene Popanz. Dieser Wichtigtuer, dieses selbstgefällige Arschloch. Windig und unzuverlässig dazu. Wie oft schon war er zu spät zum Dreh erschienen! Und hatte die Crew ihn erst suchen müssen. Der Angeber, der selbst bei gleißendem Licht seine Sonnenbrille aufs gegelte Haar geschoben trug. Zertrat nicht nur die Blumen in den Beeten seines alten Bauerngartens. Schlimmer noch, das Schwein zertrampelte auch seine Gefühle.

»Karin, Liebes, ich mache an dieser Stelle besser Schluss. Ich meine – für heute. Fahrt schon mal vor. Ich muss mich noch mit eurem Aufnahmeleiter besprechen. Du hast ja recht: die Gülle stinkt erbärmlich. Und ich will nicht, dass die Tanks nachher im Fernsehen so groß aussehen. Die Nachbarn beschweren sich auch so schon ständig über den Geruch. Vielleicht hat er ja eine Idee.« Er hauchte ihr einen Kuss hinterher. »Ich komm dann nach. Es wird alles gut.«

ELKE PISTOR

Im Boot

Hallelujah
Leonard Cohen (1984)

Seit Jahrhunderten glauben die Menschen hier am Ort, dass diese Farbe, dieses blaue Türkis die bösen Geister abhält. Sie tauchen ihre Türen, ihre Fensterläden, ihre Stühle und die Kuppeln ihrer Gotteshäuser in das Strahlen des Himmels und der Sonne. Kyano, nennen sie es. Geht man durch die Straßen, den Hügel hinab zum Hafen, begleitet die Farbe den Wanderer, blitzt hell auf, verschwindet dunkel in den Schatten, zieht sich wie ein Pfad, der fort von allem Bösen führt.

Die Boote im Hafen schmücken sich in blau und weiß, tanzen auf den Wellen der ruhigen See. Kleine Muscheln, Tang und Krebse hängen an den Planken, und der feuchte Geruch nach Salz und Fisch trägt weit über die Hafenmauern hinaus. Es ist ein Sehnsuchtsort der vieles verspricht: Frieden, Wärme, Lebensfreude.

Es gibt einen Pfad, der vom Hafen fort an die Küste führt. Er teilt eine Wiese, auf der Olivenbäume wachsen, in zwei Teile. Der eine Teil, zum Land gewandt, unterscheidet sich in nichts von seinem Zwilling auf der Meerseite, aber trotzdem markiert der Pfad die unsichtbare Grenze des Ortes. Hier stehen die beiden Jungen und schauen auf das Meer hinaus.

Die Stelle hat keinen Namen. Es ist einfach ein Platz am Meer. Ein Ort wie viele: Ein Strand. Sand, Wasser, der Geruch nach Salz. Später im Sommer werden die Touristen kommen, so hoffen die Einheimischen. Werden Geld und Devisen bringen, sagen sie. Arbeit, sagen sie. Und Hoffnung. Eine bessere Zukunft.

Die beiden jungen Männer, die am Tag zuvor auf der anderen Seite des Meeres in ein Boot steigen, auf das dunkle Wasser hinaus schauen, aber einander nicht anblicken, wissen nichts von alledem. Nichts von der Bedeutung des Blau, dem Kyano der Türen und Stühle und Fensterläden. Nichts von den bösen Geistern, die vertrieben werden sollen. Ihre Geister wohnten tief in ihnen. Fest verbunden mit ihrem Wesen. Sie nehmen sie mit sich, seit mehr als zehn Tagen und auch schon lange davor. Ihre Geister tragen die Gesichter von Bomben, von Staub, von zerfallenen Häusern und toten Kindern.

Sie sind zusammen hierher gekommen. Haben sich auf dem Weg gefunden, geholfen, getröstet, ohne einander jedoch zu vertrauen. Vierundzwanzig Stunden haben sie sich mit den anderen in den Büschen versteckt. Auf ein Zeichen der Schlepper gewartet. Männer, Frauen, Kinder. Das jüngste vier Wochen alt. Zusammengekauert. Immer in der Furcht vor Entdeckung. Vor dem ungewollten Ende der Reise. Die beiden haben wenig geredet, aber sie haben ihr Brot geteilt, ihre Wasservorräte, ein kurzes Lächeln. Der Zufall hat sie zusammen geführt. Ein einziges Zögern in der einen Minute, eine einzige andere Entscheidung Stunden zuvor, ein Schritt in eine andere Richtung kurz vor ihrer ersten Begegnung und ihre Leben wären anders verlaufen.

Nachts sind sie gereist, im Schutz der Dunkelheit. Vorbei an den Ruinen, die ihnen mit jedem Schritt den nächsten anrieten, durch die Ödnis, in der jedes Zaudern den sicheren Tod bedeutet hätte. Fort. Fort. Weiter. Nicht denken. Schritt für Schritt. Meter für Meter. Nicht den Schmerz fühlen. Nicht den körperlichen und nicht den des Abschieds und der Sorge um die Zurückgebliebenen.

Der eine der beiden Männer, nennen wir ihn Muhanad, ist dreiunddreißig Jahre alt. Er hat eine Frau, eine siebenjährige Tochter und einen dreijährigen Sohn. Er ist ein Ingenieur und hatte eine Arbeit, die ihn und seine Familie ernährte. Sie lebten in einem Haus in Aleppo bis zu dem Tag, an dem die Bomben wieder fielen und alles zerstörten. Der Sohn verstummte an diesem Tag und aller Trost und jegliche Umarmung konnten daran nichts ändern. Das ist einer der Gründe, warum Muhanad sich auf den Weg gemacht hat, der mehr ist als eine lange und beschwerliche Reise. Es gibt auch noch andere Gründe, aber das ist der, den er sich gestattet. Er will das Lachen seines Sohnes wieder hören können. Die anderen Gründe sind zu schwer, als dass er sie zulassen könnte: Er will wieder schlafen können, ruhig und ohne Angst vor dem Tod. Seinem eigenen und dem seiner Familie. Er will frei reden und denken können. Doch darüber schweigt er bis tief in sich selbst hinein.

Den anderen Mann lassen wir namenlos.

Den Schleuser hat Muhanad im Internet gefunden. Wie einfach das alles war. Wie leicht es schien. Die Seiten in Facebook, die die Flucht wie eine Urlaubsreise aussehen lassen. »Einwanderung in Europa in 20 Tagen« heißen sie und bieten rumänische Pässe und Visa an. Für 9000 Euro in ein europäisches Land deiner Wahl. Du musst nur zahlen und bist praktisch schon da. Kontaktiere mich per Handy, WhatsApp oder Viber. So leicht. So einfach.

Hier hat Muhanad auch zum ersten Mal das Lied gehört, dessen Melodie ihm gut gefiel. Klagend, bitter und doch leicht. Muhanad mag das Lied. Ein englisches Lied und er ist stolz, die Worte zum ersten Mal ganz verstanden zu haben. Der Sänger singt über König David, den er als den Propheten Dāwūd kennt, der über Goliath gesiegt hat. Die Suren des Koran beschreiben Dāwūd als vorbildlichen Richter und Herrscher und loben seinen magischen Gesang.

»Now I've heard there was a secret chord, That David played and it pleased the Lord«, singt der Sänger, der ein amerikanischer Jude ist und Muhanad merkt, wie er leise die Melodie aus der Erinnerung heraus summt und lächelt. Bald ist Musik für ihn nicht mehr haram, nicht mehr verboten. Bald darf er summen und singen, wie er es will. Was er will. Auf der anderen Seite.

Sie legen ab. Muhanad kann sich kaum rühren. Auf dem Boden des einfachen Schlauchbootes sind Holzplanken ausgelegt, auf denen sich mehr als 30 Menschen drängen. Frauen, Kinder, Alte. Die Kinder weinen, schreien und kreischen. Sie sind voller Panik vor dem unbekannten dunklen Nass. Die Mütter trösten sie, aber es will ihnen nicht gelingen, weil sie selbst voller Angst sind. An den Rändern des Bootes sitzen die Männer dicht an dicht mit dem Rücken zum Wasser. Männer wie er einer ist, aber auch ganz junge und Männer im Alter seines Vaters. Er kann sie riechen, den Dunst ihrer Kleidung und Körper, vermischt mit dem Schweiß der Angst und dem Salzgeruch. Nur langsam kommt das Boot voran, kämpft sich ins Wasser vor, hakt sich am Untergrund fest.

»Aussteigen und schieben«, brüllt einer der Schleuser, der mit an Bord ist. Er trägt eine bunte Badehose und wird später, wenn das Boot sich weit genug vom Ufer entfernt hat, ins Wasser springen und zurückschwimmen. Er wird von seinen Kumpanen, die am Ufer auf ihn warten, mit großem Jubel empfangen werden wegen des guten Geschäftes, das er gemacht hat. Aber er kann den Schleuser nicht verurteilen. Ohne ihn säße er jetzt nicht hier. Ohne ihn würde er die Flucht nicht wagen. Auch der Schleuser ist ein Mensch mit Wünschen und Ängsten. Wie Muhanad hat auch er vielleicht eine Familie, die zu Hause auf ihn wartet. Vielleicht hat auch er einen Sohn, dessen Lachen sein Leben erhellt.

Sechzig Menschen an Bord des Bootes, das nur für dreißig gemacht wurde. In einer Zeit, in der niemand daran dachte, Menschen statt Fische zu transportieren. »Aussteigen«, brüllt der Schleuser. Als niemand sich rührt, fällt vom Ufer her ein Schuss. Muhanad und drei andere Männer springen ins Wasser. Im Bruchteil einer Sekunde ist Muhanad durchnässt. Spürt die salzige Kälte an seinen Beinen brennen. Wird von der Schwere seiner Kleidung nach unten gezogen. Panik erfasst ihn.

Er greift nach dem Boot, tritt fest nach unten, findet nur schwer Halt auf dem weichen Grund und stemmt sich mit aller Kraft nach vorne. Ein weiterer Schuss fällt. »Schneller«, brüllt der Mann am Ufer. »Schneller.« Muhanad keucht. Das Wasser geht ihm bis zur Brust. Er streckt die Arme nach oben. Hände greifen ihn, ziehen ihn und die anderen nach oben. Mühsam findet er einen Platz in der Enge. Neben dem Mann, der mit ihm bis hierher gekommen ist. Muhanad dankt ihm und lächelt, obwohl kein Platz für ein Lächeln ist. Der andere nickt stumm, senkt den Kopf und wendet sich ab. Der Motor ruckelt, stottert, springt schließlich an. Das Boot schlingert, schiebt sich mühsam in die Wellen, fährt die ersten Meter der mehr als zehn Kilometer, die vor ihnen liegen.

Muhanat schließt die Augen. Er friert. Die nassen Kleider an seinem Leib saugen die Wärme aus seinem Körper. Er denkt an den kleinen Plastikbeutel tief in einer seiner Taschen. Sein ganzes neues Leben befindet sich darin. Geld, sein Pass, ein neuer Ausweis mit einem neuen Namen aus einem neuen Land, eine kleine, zerlesene Ausgabe des Koran. Er zittert unkontrolliert, bis seine Zähne aufeinanderschlagen. Immer wieder spritzt das Wasser hinter ihm hoch, durchnässt seinen Rücken. Durch die Dunkelheit flammt das Licht der Handys auf, erhellt Gesichter, verlöscht wieder. Der Motor stößt grauen Rauch über das Wasser und die Menschen. Die Frauen und Kinder am Boden des Schiffes husten, als er sich wie Nebel über sie legt. Sie bedecken ihre Augen und Münder mit den Händen. Die wenigsten von ihnen tragen Schwimmwesten, weil die zu viel

Platz einnehmen. Vielleicht trauen sie den Westen der Schleuser auch nicht. Vielleicht haben sie von den gefälschten Westen gehört, die mit bloßem Verpackungsmaterial gefüllt sind, sich vollsaugen und den Träger in die Tiefe ziehen.

Stunden vergehen im immer gleichen Klang des Motors und der Wellen. Kälte und Erschöpfung besiegen die Angst, machen Muhanad müde und träge. In seinem Kopf klingt das Lied. Wieder und wieder. *Hallelujah.* Preiset den Herrn. Er denkt an den Koran in der Innentasche seiner Jacke. Ein schmales Bändchen, oft in die Hand genommen auf seinem bisherigen Weg, zerlesen. Die Worte haben ihm Trost gegeben, ihn geführt und geleitet. *Hallelujah.* Seine Lippen formen stumm das Wort. Es fühlt sich fremd an. Seine Sprache kennt es nicht, dieses Wort und doch gefällt es ihm. Die zweite Strophe singt von einer Frau im Bad. Verlockend und schön und gefährlich. Er denkt an Amany, seine Frau. Ihre schmalen Finger. Ihre Hand an seiner Wange. Ihr Lächeln, das ihm Mut zusprach um ihrer aller Willen. Ihre Liebe zu ihm und den Kindern. Muhanad weint. Seine Tränen vermischen sich mit der Gischt. Niemand sieht es in der Dunkelheit. *It's a cold and it's a broken Hallelujah.* Er hat über den Text nachgedacht, versucht zu verstehen, weil er ihn so mitgenommen hat. Die Zeilen erzählen von einem Verrat trotz großer Treue. Von missbrauchtem Vertrauen. Ein König schickt seinen Freund in den Tod, weil er dessen Weib begehrt. Eine Frau lockt den Mann, der sie liebt, ins Verderben. Ist es ein Verrat, den er mit seiner Flucht begeht? Indem er seine Heimat flieht? Ist es noch eine Heimat, die zu verraten man in der Lage ist? Die Tyrannei im Namen des Herrn? Die willkürlichen Festnahmen derer, die anders denken, die nicht den vorgegeben Moralvorstellungen folgen? Die Folter, die Fassbomben, die Tode? Die zerstörte Seele eines ganzen Volkes.

Das Boot ruckelt und mit einem Mal ist Stille über dem Wasser. Die Menschen verstummen mit dem Motor. Muhanad öffnet die Augen. Er ist geblendet von den plötzlich aufflammenden Handydisplays. Stimmen werden laut. Rufe. Fragen. Die Kinder weinen wieder. Sind sie am Ziel? Er wendet den Kopf, blickt suchend über das Meer. Aber da ist nichts als Wasser. Dunkelheit. Kein Land. Nichts. Wie aus einem Mund rufen sie Allah um Hilfe an. Einmal, zweimal, dreimal. Ein Konzert der Trillerpfeifen beginnt, kläglich leise über dem weiten leeren Wasser. Kein Land. Kein Schiff. Keine Rettung. Verzweiflung macht sich breit. Die Wellen werden stärker. Einer übergibt sich mitten in die dichtgedrängte Menge. Sie alle schauen auf den Bootsführer. Er ist derjenige, der von dem Schleuser eine Telefonnummer bekommen hat, mit der er Hilfe rufen kann. So ist es geplant, weil sie wissen, dass die von der anderen Seite Schiffe in Seenot retten.

Mit dem Motor ist auch die Pumpe ausgefallen, die eindringendes Wasser wieder ins Meer befördert. Zuerst merken es die Frauen. Sie versuchen aufzustehen, ihre Kinder auf dem Arm, schwanken, finden keinen Halt aneinander. Jemand hält einen Eimer hoch, beginnt das Wasser aus dem Boot wieder ins Meer zu schöpfen. Doch es reicht nicht. Das Wasser im Boot steigt. Mit bloßen Händen beginnen die Menschen die Flut aus dem Boot zu schaufeln.

Muhanad arbeitet wie besessen. Bücken, schöpfen, weit über den Rand hinauslehnen. Die Haut an seinen Händen wellt sich, weicht auf. Bücken. Schöpfen. Wasser. Muhanad keucht. Innerlich kapselt er sich ab. Von dem, was gerade geschieht. Was mit ihm geschieht, geschieht ihm nicht. Im Schein der Displays schimmern die Gesichter der anderen bläulich. Eine Regung im Gesicht des Mannes neben ihm, lässt ihn erstarren. Es ist der Mann, mit dem er bis ans Ufer gereist ist. Sein fremder Vertrauter, sein unvertrauter Freund auf der Reise. Die Bewegung der Mundwinkel, das Zusammenziehen der Brauen. Der Hass im Blick offenbart das Geheimnis des Anderen. Jetzt erinnert er sich. Er kennt diesen Mann. Ist ihm schon vorher begegnet. In Aleppo. Zwischen den Ruinen. Mit einem Gewehr auf dem Rücken. Er ist einer der Schergen. Einer derer, die sich im Recht Gottes sehen. An jedem Gebetsfreitag treiben sie die Menschen zusammen, Männer, Frauen, Kinder und zwingen sie, bei den Verurteilungen und Urteilsvollstreckungen zuzuschauen. Sie trennen Gliedmaßen ab, peitschen ihre Gefangenen aus, sie steinigen. Sie töten verurteilte Verbrecher genau wie vermeintliche Gegner.

You say I took the name in vain, I don't even know the name, but if I did, well really, what's it to do you?

Die Strafe für den ungläubigen Gotteslästerer ist der grausame Tod. Und der, der nun neben ihm sitzt, ist einer der unerbittlichen Helfer des Henkers. Muhanad ist sicher. Er weiß es genau.

Er zittert wieder, doch diesmal ist es nicht die Kälte. Die Bilder von Blut auf dem Asphalt verschwimmen. Vermischen sich mit den Gesichtern seiner Familie, seiner Frau, den Kindern. Muhanad spürt, wie die Wut in ihm wächst. Wie die Lebensfurcht wieder erwacht. Der Zorn auf den, der sich unter die gemischt hat, die vor solchen wie ihm fliehen? Was will er? Muhanad hat Gerüchte gehört, die Kämpfer würden nach Europa geschleust, um die Angst in den Westen zu tragen. Damit das Misstrauen der Menschen dort gegen die Neuankömmlinge wächst. Damit der Hass geschürt wird und neuen Hass erzeugt. *There's a blaze of light in every word.* Die Sprengkraft der falschen Worte.

Eine Welle donnert hoch gegen das Boot. Die Menschen schreien, reißen die Arme hoch. Ohne Motor sind sie der See hilflos ausgeliefert. Treibgut. Der Mann neben ihm schwankt, greift nach Muhanads Schulter, um sich festzuhalten. Ihre Blicke treffen sich. Erkennen trotz der Dunkelheit die Gedanken des anderen. Erkennen den jeweils anderen. Angst und Wut. Hass und Verzweiflung. Muhanad schüttelt die Hand des Anderen ab, lehnt sich mit aller Kraft gegen ihn, stößt ihn einem unvermittelten Impuls folgend rücklings über Bord. Der andere schreit, aber niemand hört ihn. Wasser schlägt über seinem Kopf zusammen und das Meer zieht ihn in die Tiefe. Muhanad starrt auf die Lücke neben sich, auf seine Hände, auf das schwarze, tosende Wasser. Der andere sinkt nach unten. In der Dunkelheit schimmert sein Gesicht nur als heller Schatten. Muhanad kann den Blick nicht vom ihm lösen, auch als der andere nicht mehr zu sehen ist. In ihm ist Stille. Ein schweigender Raum, von dem er weiß, das er ihn nie wieder ausfüllen kann, außer mit dem Schmerz um das Wissen, sich dem Mörder gleich gemacht zu haben.

Muhanad wendet sich ab, klammert sich fest am Rand des Bootes. Immer mehr Wasser dringt ein. Es steigt vom Grund auf, schwallt mit den Wellen von allen Seiten. Muhanad begreift, noch bevor es geschieht. Er beginnt zu beten und heißt den Tod willkommen. Lautlos formen seine Lippen die Worte. Als die letzte Welle kommt, das Boot kentert und die Menschen mit sich nimmt, hat er die Augen geschlossen. Sieht seine Frau und die Kinder. Sein Haus, wie es einmal war, und die Zukunft, wie sie hätte sein können. Er hatte seine Familie nachholen wollen auf die andere Seite. Er hätte mit ihnen zusammen ein besseres Leben gelebt. Muhanad hört nicht mehr, wie die Kinder schweigen, weil ihre Münder voll Wasser laufen. Er hört nicht mehr das Schreien derer, die sich über Wasser halten. Er weiß, er wird den gleichen Tod sterben, wie der, den er getötet hat. *It doesn't matter which you heard. The holy or the broken Hallelujah.*

Es gibt einen Pfad, der vom Hafen fort an die Küste führt. Er teilt eine Wiese, auf der Olivenbäume wachsen, in zwei Teile. Der eine Teil, zum Land gewandt, unterscheidet sich in nichts von seinem Zwilling auf der Meerseite, aber trotzdem markiert der Pfad die unsichtbare Grenze des Ortes. Hier stehen die beiden Jungen und schauen auf das Meer hinaus.

»Da«, sagt der eine Junge und zeigt mit ausgestreckter Hand auf einen dunkles Bündel im Wasser. Träge bewegt es sich im Rhythmus der Wellen. »Da!« Die Hand wandert nach links. »Und da!« Kurz zögern sie. Dann rennen sie los, bis das Erkennen, was da vor ihnen im Wasser liegt, sie jäh stoppen lässt. Stumm bleiben sie stehen in namenlosem Schrecken. Das schlaffe Bündel zu ihren Füßen ist klein. Eine Hand ragt heraus. Mit einem Haargummi ist ein Schnuller an dem zarten Handgelenk befestigt. Wenige Meter weiter sehen sie die Leiche eines Mannes.

Sie laufen los. Zurück zum Dorf. Über die Wiese, durch den Olivenhain, über den Pfad zum Hafen.

Die Stelle, an der Muhanad liegt, hat keinen Namen. Es ist einfach ein Platz am Meer. Ein Ort wie viele: Ein Strand. Sand, Wasser, der Geruch nach Salz.

Später im Sommer werden die Touristen kommen, so hoffen die Einheimischen. Werden Geld und Devisen bringen, sagen sie. Arbeit, sagen sie. Und Hoffnung. Eine bessere Zukunft.

GUIDO ROHM

Totenstill

Cheri Cheri Lady
Modern Talking (1985)

Totenstill ist es.
Endlich, denkt Georg Wächter.

Er läuft in seiner Zelle auf und ab und genießt die Ruhe. Er greift umher. Wie ein Irrer fuchtelt er in der Luft herum. Überall Stille. Zum Greifen nah. Eine Stille, die man pflücken kann. Eine, die geerntet werden will. Die geerntet werden muss.

Ja, ist das denn zu fassen?

JA! schreit es in Georg.

Er strahlt über das ganze Gesicht. Was für ein Strahlemann. Minutenlang läuft er umher, bis er sich auf einen Stuhl setzt, der nicht besonders gemütlich aussieht.

Ein bisschen gemütlicher könnte es ihm die Polizei schon machen, denkt er.

Das muss ja nicht sein. So ein schäbiger Plastikstuhl. Abgewetzt.

Für den er eh zu schwer ist. Der sich unter seinem Gewicht biegt.

Biegsam. Damit will mir die Polizei was sagen.

Vermutlich, denkt Georg, kann man nicht alles haben.

Jetzt hat er zwar keine Gemütlichkeit, dafür aber Stille.

Er atmet tief ein und aus. Als ob man die Stille einatmen könnte.

Einsaugen.

Wie auf dem Friedhof, denkt Georg. Dort ist er gerne hin. Zu seinen Eltern. Er hat sich auf die Bank gesetzt und die Stille genossen.

Eingesaugt hat er sie.

Er hat sich mit Stille vollgepumpt. Hat auf Vorrat gestillt.

Totenstill ist es hier am Friedhof, hat er oft gedacht und leise gekichert.

Einmal hat es eine alte Frau bemerkt.

»Sie sollten sich schämen«, hat sie gesagt.

Ja, das war schon peinlich. Die muss gedacht haben, er kichert über die Toten. Dabei hat er über die Abwesenheit gekichert. Denn was nicht da ist, das kann einen auch nicht nerven.

Georg fährt sich durch die Haare.

Igitt, denkt er. Die Haare sind ganz fettig. Waschen müsste er die mal. Da hat er ein Problem. Keine Frage. Wenn er es einen Tag nicht wäscht, fettet sein Haar. Und nicht nur sein Haar, sondern sein ganzer Körper. Mit trockener Haut hat er keine Probleme. Eher mit einer fettigen Haut.

Und fett, ja, das ist er auch.

Er klatscht sich auf den Bauch.

Ich müsste etwas weniger essen.

In diesem Moment wird die Tür geöffnet und ein Polizist kommt herein.

»Na, Herr Wächter, wir würden uns jetzt gerne mit Ihnen unterhalten.«

Schade, denkt Georg. Da ist sie dahin, die Stille. Nix mehr mit totenstill.

»Wahrscheinlich dürfte ich meinen Anwalt informieren«, sagt Georg, der sich auskennt. Er ist geschult. Kennt alle möglichen amerikanischen Krimiserien.

»Ja, schon«, sagt der Polizist.

»Brauche ich nicht«, sagt Georg. »Ich habe ja nicht wirklich etwas getan.«

»Sie untertreiben. Aber darüber wollen wir uns unterhalten.«

Georg müht sich von seinem Stuhl.

»Sie müssen sich mal einen anständigen Innenarchitekten besorgen«, sagt er. »Karg ist schön, weil man sich nicht irgendwelchen Mist ansehen muss, aber es sollte trotzdem eine angenehme Kargheit sein, wenn Sie verstehen, was ich meine.«

Der Polizist sieht ihn verdutzt an und lässt ihn vor sich in den Flur gehen.

»Da lang«, sagt der Polizist.

An den Wänden Kinderbilder.

»Haben Sie die gemalt?«, fragt Georg den Polizisten.

»Die Kinder von den Kollegen.«

»Sieht aus wie im Kindergarten.«

Im Flur herrscht mehr Lärm. Kein unangenehmer Lärm, deshalb hält Georg es aus.

Beamte stehen umher und unterhalten sich. Der Polizist führt Georg an einigen Gruppen vorbei. Georg grüßt sie alle freundlich.

Manche erwidern es. Andere schweigen.

»Kinder haben sie, aber keine Kinderstube«, sagt Georg, den es furchtbar aufregt, wenn man seinen Gruß nicht erwidert. Verhaftet hin oder her, aber Benehmen muss sein, denkt er.

Der Polizist überholt ihn und öffnet eine Tür.

»Hier«, sagt er.

»Bitte«, sagt Georg.

»Was?«

»Hier *bitte*. Hat Ihnen Ihre Mutter das nicht beigebracht?«

Der Polizist verdreht die Augen.

»Da brauchen Sie jetzt nicht die Augen zu verdrehen. Dazu besteht kein Grund.«

»Gehen Sie da ... *bitte* rein.«

Georg lächelt stolz.

»Geht doch«, sagt er.

Der Raum sieht wieder karg aus. Geradezu einschläfernd langweilig.

Ein Meer aus Abwesenheit, denkt Georg.

»Setzen Sie sich, *bitte*. Möchten Sie einen Kaffee?«

»Nein, Kaffee trinke ich nicht. Aber einen Tee würde ich nehmen.«

Der Polizist verschwindet und kommt nach einer Weile mit einem Kollegen und einem Becher Tee wieder.

»Kamillentee«, sagt der Polizist, der ihn geholt hat.

»Das tut mir leid, aber den trinke ich nicht.«

Georg wünscht sich in das andere Zimmer zurück. In das mit der Stille. Mit der Totenstille.

Ach, denkt er, die Welt könnte so schön sein, wenn ... ja, wenn die anderen Menschen nicht wären.

Das ist das Elend mit der Welt. Dass man nicht seine Ruhe hat. So eine Ruhe, denkt Georg, die ist doch wichtig. Aus der schöpft man Kraft.

Und dann muss der Georg an das denken, was passiert ist.

Aus dem Lärm schöpft man auch Kraft.

Die beiden Beamten nehmen vor ihm Platz.

»Wir fangen mit dem Verhör an«, sagt der neu dazugekommene Polizist, der sich als Herr Jakob vorstellt. Werner Jakob.

Georg muss kichern. Wie damals auf dem Friedhof.

»Sie kichern?«, fragt Jakob.

»Wegen dem Wort Verhör.«

»Und das ist lustig?«

»Verhör klingt nach verhören. Nach ›falsch hören‹, wenn Sie verstehen, was ich meine. Etwas missverstehen. Das ist schon ein wenig lustig. Hihi, wir haben uns verhört, es war alles ganz anders.«

Georg muss sich erst mal wieder einkriegen.

Er kichert noch ein paar Sekunden. Streicht sich durch die Haare. Fettig, denkt er. Am liebsten würde er sich die Haare waschen. Da würden die Beamten aber entgeistert gucken, wenn er sie bitten würde, das Verhör (er muss bei dem Wort wieder kichern) abzubrechen, damit er sich die Haare waschen kann.

»Sie haben wohl eher trockene Haare«, sagt er zu Herrn Jakob.

Werner Jakob ist irritiert.

Ein eiskaltes Monster ist das, denkt Jakob. Hat einen Menschen ermordet und denkt über meine Haare nach. Obwohl da schon etwas dran ist. Er hat Schuppen. Unangenehm ist das. Und er hat schon alles ausprobiert. Dass der ihn in einem solchen Moment darauf ansprechen muss.

Eiskalt.

»Ich werde sie befragen«, sagt Jakob und räuspert sich. Das Räuspern hat er sich angewöhnt. Damit unterstreicht er seine Sätze.

»Machen Sie nur«, sagt Georg. »Ich habe nicht ewig Zeit.«

Eiskalt, zischt es Jakob wieder durch den Kopf. Gleichzeitig rieselt eine Schuppe auf den Tisch. Direkt vor ihn.

Das ist mein persönlicher Winter, denkt Jakob. Meine trockene Kopfhaut. Diese Mischung aus Wüste und Winter.

Er kann diesen Wächter nicht ausstehen.

Eiskalt.

Mein Kopf ist eine Schneewüste, denkt Jakob.

Das Verhör.

»Sie haben den Herrn Lanz also ermordet?«, fragt Jakob und notiert sich was. Ein Strichmännchen. Er hält die Hand drüber, damit Georg Wächter es nicht sieht. Wächter. Was für ein Name. Das wird merkwürdig, wenn sie den im Gefängnis ansprechen, denkt er. Wächter ruft Wächter.

»Freilich«, sagt Georg.

»Und wie kam es dazu?«

»Das war quasi Notwehr.«

»Notwehr? Eben war es noch Mord.«

»Da haben wir uns missverstanden. Quasi verhört.« Georg kichert. »Verhört, ja, das ist ein schönes Wort. Äh, ich plädiere auf Notwehr.«

343

»Wir sind hier nicht vor Gericht.«

»Und jetzt?«

»Erzählen Sie von vorne.«

»Ja, von vorne.« Georg muss an die Fotos denken, auf denen er als Kind zu sehen ist. Von vorne. Das wäre dann zu weit vorne. »Wie Sie vielleicht wissen, wohne ich seit zwanzig Jahren in der Beethovenstraße. Beethovenstraße. So ein Name verpflichtet. Und eines Tages ist dann das zukünftige Opfer, also der Herr Lanz, in die Wohnung neben uns gezogen.«

»Zukünftiges Opfer? Sie haben das also schon länger geplant?« Jakob notiert sich noch ein Strichmännchen. Das Papier wird er nachher entsorgen müssen, damit er keinen Ärger bekommt. Den gab es schon mal. Den Ärger.

»Nein, ich bin ja grundsätzlich ein friedlicher Mensch. Ein friedliebender geradezu.«

»Dafür haben Sie den Herrn Lanz aber ganz schön zugerichtet.«

»Ja, haha, zugerichtet. Das ist gut, ha, das gefällt mir, denn ein Richterspruch war es, wenn man so will.«

»Sie machen sich über Ihre Tat lustig?«

»Nein, das war nur ... Wegen dem *zugerichtet*, wenn Sie verstehen, was ich meine.«

Georg riecht was Säuerliches. Ist er das?

Ich müsste mich duschen, denkt er.

Und die Haare erst. Die machen ihn ganz nervös.

»Erzählen Sie weiter«, sagt Jakob.

»Zuerst war alles in Ordnung. Ich habe zu meiner Frau gesagt: ›Der Herr Lanz ist ein feiner Mann‹. Da können Sie meine Frau fragen. Ja, das habe ich gesagt.«

»Und was ist passiert, dass Sie schließlich Ihre Meinung geändert haben?«

»Der Herr Lanz hat leider seine Liebe zu Modern Talking entdeckt.«

»Die Musikgruppe?«

»Die kennen Sie doch. Vom Dieter Bohlen. Dass der sich nicht schämt.«

»Sie haben also den Michael Lanz wegen dem Dieter Bohlen erschlagen.«

»Michael, ah, so heißt er mit Vornamen. Darum habe ich mich nie gekümmert. Erschlagen? Wegen dem Dieter Bohlen? Ja, quasi. Nicht nur. Vor allem wegen Modern Talking. Und dann noch wegen *Cheri Cheri Lady*. Kennen Sie das?«

»Ja, das ist schon sehr bekannt. Und wegen der Lady haben Sie den Mord begangen.«

»Notwehr. Sie dürfen die Dinge jetzt nicht verdrehen. Das war eindeutig Notwehr.«

»Notwehr?«

»Weil der Herr Lanz jeden Tag das *Cheri Cheri Lady* lautstark gehört hat. Nicht zimmerlautstark, sondern hauslautstark, nicht halbstark, sondern vollstark, wenn Sie verstehen.«

»Und warum hat er das gemacht?«

»Ja, was weiß denn ich? Vermutlich hat er sich verliebt. Da hört man doch Musik. Er hat sich verliebt und hat gemeint, er müsste den ganzen Tag das Lied bei Straßenlautstärke hören.«

»Straßenlautstärke?«

»Ich habe zu dem Herrn Lanz gesagt: ›Herr Lanz, so geht das nicht, hier wohnen noch andere.‹«

»Und was hat er gesagt?«

»Noch lauter hat er es gedreht. Irgendwann hat er es sogar nachts gehört.«

»Und die anderen Mieter?«

»Da sind keine, nur der Herr Lanz und ich. Ich und meine Frau, meine ich.«

»Also haben Sie ihn schließlich totgeschlagen?«

»Na, selbstverständlich. Das würde doch ein jeder machen. Ja, wo sind wir denn? Wenn einer nicht hören will, muss er fühlen.«

»Einen Aschenbecher im Gesicht?«

»Rauchen ist eben ungesund.«

»Sie haben dreißigmal zugeschlagen.«

»Wenn man erst mal so in Fahrt ist, Sie wissen schon, Herr Kommissar. Da sind wohl die Pferde mit mir durchgegangen.«

»Man bringt keinen Menschen wegen der Lautstärke um.«

»Das war mehr ein Regeln, wenn Sie mich verstehen. Ich habe die Lautstärke kraft eines Aschenbechers geregelt. Ja, so kann man das wohl sagen.«

»Das war Mord.«

Haarspalterei, denkt Georg.

»Notwehr. Wenn Sie sich den ganzen Tag und zum Teil die ganze Nacht *Cheri Cheri Lady* anhören müssten, würden sie auch notwehren.«

»Sie hätten uns, die Polizei, rufen müssen.«

»Das habe ich ja gemacht.«

»Und?«

»Ihr Kollege war auch ein Fan vom Dieter Bohlen.«

»Das kann ja nicht sein.«

»Das dachte ich auch. So Leute beschäftigt die deutsche Polizei nicht, habe ich gedacht.«

»Und was hat der Kollege gemacht?«

»Er hat den Herrn Lanz gebeten, auf Zimmerlautstärke zu drehen.«

»Und?«

»Das hat der Herr Lanz gemacht, bis der Kollege weg war. Danach hat er wieder aufgedreht.«

»Und Sie sind …«

»Ich bin rüber und habe mit dem Aschenbecher für Ruhe gesorgt. Das hat uns schon gut getan, meiner Frau und mir, die Ruhe, die anschließend kam. Totenstill, war's da, haha.« Ein Moment Ruhe. »Das war jetzt natürlich ein blöder Scherz.«

»Das sollten Sie lassen.«

»Das Notwehren?«

»Die Scherze.«

»Ja, die auch. Kann ich nun gehen? Sie wissen alles, was es zu wissen gibt.«

»Das war Mord.«

»Eine Verteidigungsmaßnahme.«

»Dann halt Totschlag. Eher Mord. Heimtücke war wohl auch dabei.«

»Heimtücke? Mein Heim ist beschallt worden, und zwar mit Schallbomben. Modern Talking ist keine Musik, das ist Terrorismus.«

»Ein sehr erfolgreicher Terrorismus.«

»Ist der IS auch.«

»Sie, lassen Sie mal die Vergleiche.«

»Ich gehe auf jeden Fall jetzt.«

»Sie bleiben hier. Sie sind verhaftet.«

»Verhaftet? So gehen die Deutschen also mit ihren Befreiern um.«

»Sie bleiben hier.«

»So, aha, aber dann möchte ich mir aber wenigstens die Haare waschen.«

Später am Abend sitzt der Georg in seiner Zelle und denkt: Ja, jetzt fühle ich mich besser.

Er fährt sich durch die Haare.

Trocken, denkt er und legt sich hin.

Eine Ruhe ist das.

Er schließt die Augen und genießt.

Fast wie auf dem Friedhof.

Er wird schon bald wieder freikommen. Das muss doch ein jeder Richter einsehen, dass er nur genotwehrt hat.

Mord?

Nein.

REGINA SCHLEHECK

Fallhöhe

I Will Always Love You
Whitney Houston (1992)

Wie kommst du darauf?« Ich schenke Annette nach, die sich mit einer Hand an die Brüstung klammert, um nicht das Gleichgewicht zu verlieren, während sie mir ihr Glas entgegenstreckt. Ich bin noch nicht ganz entschlossen, was am Ende dieses Abends passieren wird. Nicht umsonst habe ich zwei Kisten Sekt eingepackt und die 18. Etage gebucht. Der Ausblick auf das Meer und die Perlebucht ist großartig. Drei von drei Abenden haben wir bisher hier verbracht. Obwohl der pittoreske Büsumer Hafen mit Kuttern, Leuchtturm und Kneipen fußläufig keine zehn Minuten entfernt ist. Die Jungs sind zufrieden. Sie haben sich am Strand ausgetobt. Jetzt daddeln sie im Kinderzimmer vor sich hin. Ihre Mütter haben etwas aufzuarbeiten. Annette hatte sich die ganze Zeit doof gestellt. Dabei hat sie sich doch denken können, dass ich nicht zufällig Jahre nach dem Unfall wieder ihre Nähe suche. Ich habe es nie angesprochen. Ihre und Daniels Ahnungslosigkeit waren meine Überlebenshilfe. Ihn lullte ich ein. Mit Diazepam, Bromaze-

349

pam und Zoplicon. Als ich endlich aus der Betäubung aufgewacht war.

* * *

Ich hatte seinem Anruf in meinem Ohr nachgespürt, der tiefer sackte und in meinem Bauch winzige Schmetterlings-Wirbel erzeugte. »Ich komm nicht weg«, hatte er gesagt. Im Hintergrund Whitney Houston. Er hörte gern Musik im Büro. Aber ausgerechnet Whitney Houston?

»Ich bin den ganzen Tag vor lauter Telefonaten zu nichts gekommen. Ich stell's jetzt ab, damit ich mich endlich über den Schreibtisch hermachen kann. Gib Tim einen Gutenachtkuss von mir.«

Ich hörte, wenn er log. Wusste, warum. 1991! Am nächsten Tag, dem 12., waren es genau zehn Jahre! Seit Wochen hatte ich ihm in den Ohren gelegen. Noch einmal dahin fahren, wo wir unsere Flitterwochen verbracht hatten! – Mit einem Seufzer, der von ganz unten aus dem Bauch flatterte, ging ich ins Wohnzimmer, um das Telefon auf die Station zu legen.

Die Kinder, schon in Schlafanzügen, hatten die Bauklötze-Kiste auf dem Parkettboden ausgekippt. Der Duplo-Eimer ratterte hinterher. Jens hob die Matchbox-Kiste hoch.

»Seid ihr noch ganz dicht?«, rief ich über die lärmende Autolawine hinweg.

Die Jungen hielten inne. Ein kleiner Betonmischer und ein weißer Airbus schepperten hinterher, verendeten in der plötzlich eintretenden Stille.

»Könnt ihr nicht was *Normales* spielen?«, fragte ich.

»Wir spielen Müllabfuhr!« Jens, fast ein halbes Jahr jünger als Tim, hatte immer die größere Klappe. Tim guckte gekränkt.

Überreagiert! Statt auf die Kinder zu achten, träumte ich rum.

Über diesem Meer von Wolkenkratzern stehen, die ganze Welt zu meinen Füßen, weit entfernte Hupkonzerte und der Donutgeruch, der mit der Rolltreppe von dem Imbiss hoch waberte. »*I Will Always Love You*«, hatte Whitney Houston aus dem Lautsprecher gesungen.

Dann der Absturz in den Alltag: Kinderlärm, Hausarbeit.

Daniel im Reisebüro. Jetzt. Annette würde Tim mit Sicherheit nehmen.

Als sie Jens vorgestern abholte, hatten sie und Daniel sich so angeguckt. Er hatte es klargemacht.

»Baut doch was.«

»Au ja! Eine Riesenstadt mit Autostauchaos!« Jens war wie seine Mutter. Als Erik letztes Jahr auszog, hatte ich Annette zum ersten und einzigen Mal weinen sehen – und gab wochenlang die Telefonseelsorge.

Annette anrufen, um ihr von dem Gefühl im Bauch zu erzählen!

Jens schob die Müllhalde beiseite, Tim schichtete Bauklötze zu einem Turm. Ich ging mit dem Telefon in den Flur. Es klingelte lange. Annette *musste* doch zu Hause sein! Sie würde an ihren Entwürfen sitzen, die sie unbedingt fertig kriegen musste. Deshalb war Jens bei mir.

»Ja?« Annette keuchte, als sei sie eben die Kellertreppe hoch gekommen.

»*I Will Always Love You*«, sang Whitney Houston im Hintergrund, und sofort waren die Schmetterlinge wieder da. Genau wie damals.

»*Ich* bin's –«

Whitney Houston auf dem World Trade Center und Daniels Brummen im Ohr: »*I Will Always Love You…*« Er konnte überhaupt nicht singen, aber es kitzelte so herrlich im Ohr, vibrierte durch den ganzen Körper bis in die Fußsohlen. Das ganze World Trade Center hatte unter mir zu schwanken begonnen.

»Was *hast* du denn? Warum rufst du mich *an*? *Ist* was?«

Annettes Stimme holte mich wieder auf den Boden.

Nichts schwankte unter den Füßen, alle Schmetterlinge waren ausgeflogen. Was für eine idiotische Idee, ausgerechnet Annette anzurufen, die keinen hatte, der mit ihr auf dem World Trade Center stehen und ihr falsche Töne ins Ohr brummeln würde. Die stattdessen Tim hüten würde, wenn Daniel und ich …

»Hey, ich wollte dich nicht stören. Ich wollte nur mal hören, ob du – ob du gut vorankommst.«

»Ja, natürlich. Aber wieso rufst du an?«

»Ach, ich wollte nur mal hören.«

»Aber das ist doch kein *Grund*! – Was ist *los*? Du *hast* doch was!«

»Lass gut sein, Annette, es ist nichts weiter, mir war nur so …«

»So wie?«

»Ach, nicht so wichtig, tut mir leid, dass ich dich gestört hab. Hier ist alles in Ordnung. Willst du Jens sprechen?«

»Lass ihn. Wenn du sagst, dass alles in Ordnung ist –«

»Ja, alles in bester Ordnung. Bis morgen!«

Einen Moment blieb ich im Flur stehen, ehe ich wieder ins Wohnzimmer ging. Eine verrauschte Stimme, Sirenen, Schreie, die einem die Haare hoch stehen ließen. Die Kinder hatten den Fernseher angemacht. Ein Horrorfilm! Im Näherkommen sah ich ein Hochhaus, das lichterloh brannte, in Nahaufnahme. Hinter dem Qualm Menschen, die aus den Fenstern sprangen. Mit einem Satz war ich am Fernseher und machte ihn aus.

»*Wer* war das?«

»Tim hat gesagt, wir *dürfen* das!«

Scheiß machen und sich dann hinter Tim verstecken.

»Ihr wisst beide *ganz* genau, dass ihr fragen müsst! Solche Filme *sind* nichts für Kinder!«

»*Wieso* nicht?«

Tim kniete wieder in der Bausteine-Stadt und türmte Klötzchen aufeinander. Jens stand mit verschränkten Armen.

»Zu Hause darfst du das *auch* nicht! Basta. Ich gebe euch noch eine halbe Stunde. Dann ist hier Schicht im Schacht.«

Ich ging raus. Direkt hinter der Tür blieb ich stehen und lauschte. Gespannt, ob Jens es nicht doch noch mal versuchen würde.

Er mokierte sich über Tims Baukünste.

»*Das* soll ein Hochhaus sein? Das ist ein *Pimmel*!«

»Hä?«

»Total schief! Sieht aus wie ein Pimmel!«

Tim schien nichts damit anzufangen.

»Wieso ein Pimmel? Das *steht* doch, und ein Pimmel hängt runter.«

Jens fand seinen Vergleich klasse.

»Ein Pimmel! Ein Pimmel! – Hast du etwa noch nie einen Pimmel hochstehen sehen?«

Ich ging lautlos einen Schritt näher ans Wohnzimmer heran.

Tims Antwort war unter seinem Kichern kaum zu verstehen: »Klar, wenn ich im Bogen piller!«

Ich presste mich an die Wand.

»Nein, ohne Festhalten! Ganz von selber! Hab ich gesehen!«

»Wo haste denn das gesehen?«

Sollte ich das Gespräch unterbrechen?

»Im Wohnzimmer bei *uns*!«

»Du spinnst.«

»Nä, ich spinne nicht! Auf dem Sofa! Mama dachte, ich mach Mittagsschlaf. Die hat mich ins Bett geschickt, als dein Papa gekommen ist, aber sie hat so geschrien, und dann waren sie nackt, und der Pimmel von deinem Papa stand genauso schief wie dein Hochhaus! Pimmel-Hochhaus!«

Pimmel. Hochhaus. Dein Vater.

Es dauerte, ehe ich das Zittern in meinen Beinen so weit im Griff hatte, dass ich einen Schritt ins Wohnzimmertür staksen konnte.

»Jens«, sagte ich. Zunge am Gaumen klebend. »Was hast du Tim da gerade erzählt?«

Die Jungen hörten mich nicht.

Sie hatten ein zweites Hochhaus neben dem schiefen, dem Pimmel-Hochhaus, stehen, und jetzt holen sie aus, Tim mit dem kleinen Matchbox-Hubschrauber und Jens mit dem weißen Airbus. Beide heulten laut, die Moto-

354

rengeräusche der Flieger imitierend. Aber Jens schaffte es, Tim zu überbrüllen. Mit der linken Hand hielt er Tims Arm fest, während er den Airbus mit der rechten hoch zum Himmel streckte.

»*Meiner* ist zuerst!«, schrie er zwischen sein eigenes Gejaule, und dann ließ er den Airbus steil runter fliegen – mitten in das World Trade Center, so dass die Bauklötze scheppernd auf das Parkett krachten.

* * *

Wenn Trümmer vom Himmel regnen, sind Seitensprünge geboten. Mindestens spielt ein Einzelner keine Rolle mehr. Mir half Nine Eleven über das Gröbste. Durch-den-Wind-sein war die neue Normalität. Die Schlafmittel, die mir das Zubettgehen neben meinem Mann ermöglichten, entsorgte ich schließlich in seine Thermoskanne. In der Hoffnung, sie würden ihn auf einer seiner Geschäftsreisen vor den nächsten Brückenpfeiler befördern. Als ein blutjunger Polizist, die Mütze fixierend, die er mit beiden Händen durchknetete, mir mitteilte, Daniels Wagen sei durch das Geländer der Zoobrücke gebrochen und habe sich mehrfach in der Luft überschlagen, ehe er mit Mann und Mobilrechner in den Fluten des Rheins versank, gefiel mir die Variante viel besser. Die Bilder der aus den oberen Stockwerken des brennenden World Trade Centers tropfenden Menschen wurden angereichert durch einen um die eigenen Achsen wirbelnden Audi. Bild des Absturzes als verzögerter Höhepunkt nach endlosem, schließlich unerträglichem Atemanhalten. Garant meines ersten

Selbstverfertigten nach vielen Dürremonaten. Zu dem Song von Whitney Houston. Keine Schmetterlinge im Bauch, nein, Flugzeuge. Die nicht flatterten, sondern zielstrebig eindrangen. In gewaltige Türme, die aufrecht in den Himmel ragten, stabil, unerschütterlich. Für die Ewigkeit gebaut. *Always, always*. Die schlagartig durch die Vereinigung in Hitze gerieten, vibrierten, schwankten und in einem gewaltigen Crescendo nach langer zitternder Verzögerung zu einem schier unendlich gedehnten finalen gellenden *Youuuu!* in sich zusammenfielen.

Bei der Obduktion wurden Spuren von Barbituraten gefunden. Nicht in sonderlich hoher Dosierung. Die Tatsache, dass ein ansonsten topfitter nicht alkoholisierter Mittvierziger an einem frühen Abend im Januar 2012 mit hohem Tempo von der nicht vereisten linken Spur der Kölner Stadtautobahn quer über zwei Fahrstreifen und den hohen Randstein raste und durch die Brüstung brach, legte suizidale Absichten nahe. Sollte ich widersprechen? Natürlich bestätigte ich, dass ich meinen Mann zuletzt als sehr in sich gekehrt empfunden hatte und dass wir uns in den letzten Wochen aus dem Weg gegangen waren. Eine Erklärung für sein Verhalten hatte ich doch selbst nicht finden können.

Und natürlich blieb ich mit Annette in Kontakt. Natürlich rief sie immer wieder an. Zunehmend verunsichert ob meiner Zurückhaltung. So heftig der Brechreiz mir zusetzte, den ihre Nummer auf dem Display auslöste, so wohltuend war ihre zunehmende Beklommenheit und schließlich ihr Schluchzen. Nein, sie versuchte gar nicht erst, mir die Telefonseelsorge heimzuzahlen, die ich ihr nach Eriks Abgang hatte angedeihen lassen. Die Dinge hatten sich gewendet. So beschissen es mir ging: Wut und Triumph überlagerten Verletztheit, Demütigung und Unterlegenheitsgefühle, die wiederum auf Annette überzugehen schienen. Diese Verkehrung der Verhältnisse spiegelte sich interessanterweise in der Beziehung unserer Söhne, die auf der weiterführenden Schule mit unterschiedlichen Lernerfolgen glänzten. Mein braver Tim entwickelte sich zum unauffälligen Überflieger, der seinem vorlauten Busenfreund mit Gelassenheit und natürlicher Autorität zunehmend die Richtung vorgab.

Dennoch. Niemals hätte ich mir vorstellen können, mit Annette je wieder einen Urlaub zu verbringen. Wenn ich nicht begonnen hätte, die Säcke mit Daniels Hinterlassenschaften zu sortieren, die ich hektisch gefüllt und auf den Dachboden verbracht hatte. Nur weg damit! Es dauerte Jahre, ehe ich einen nach dem anderen leerte, ein Teil nach dem anderen begutachtete, in Kleider-, Müllcontainer oder Second-Hand-Läden trug. Als ich den beigefarbenen Trenchcoat, den mein Mann am Tag vor dem Unfall noch getragen hatte, erst auseinander-, dann wieder zusammenfaltete, um ihn in einen Caritas-Sack zu stopfen, irritierte mich ein feines Knistern. Ich tastete das Futter ab und fand eine Innentasche. Darin einen handgeschriebenen Brief. Entfaltete ihn, las. Meine Hände begannen zu zittern. Ich las weiter, während mir die Tränen kamen. Schluchzte. Am Ende schrie ich. Laut und lange.

Ich war keine Mörderin. Es war Daniels Entscheidung gewesen. Weil er nicht mehr damit leben wollte, was er mir angetan hatte. *Uns*! Weil er Annettes Drängen

357

nachgegeben hatte. Aber an jenem Nine-Eleven, Tag des fundamentalen, nein, fundamentalistischen Angriffs auf die abendländischen Werte realisierte, dass er sich selbst verraten hatte, sein – unser! – »I Will Always Love You« auf dem Skyscraper zehn Jahre zuvor.

Mein Hass auf die Frau, die sich meine älteste Freundin zu nennen wagte, loderte auf. Ich googelte, rief sie an, buchte.

* * *

»Wie kommst du darauf, dass es kein Unfall gewesen sein könnte?«, insistiere ich. Sie ist besoffen genug, dass ich sie endlich an dem Punkt habe. Stiert mich an, dann das Glas in ihrer Hand, spitzt die Lippen, trinkt, wendet den Blick dem Meer zu. Rosa Himmel über unergründlicher Weite. Weiter oben blinkende Lichtpunkte am Himmel, von denen man nicht recht weiß: Bewegen sie sich? Ziehen sie ihre Bahn in der Stratosphäre oder Troposphäre oder sind sie im Begriff abzustürzen?

Diese Lust, ihre Oberschenkel zu umfassen, sie einfach zu lupfen! Der Rest ergäbe sich von selbst. Ihr eigener Sohn hat sie heute mehrmals gefragt, weshalb sie so scheiße drauf sei. Mein Zeuge! Aber ich beherrsche mich. Erst soll sie sich auskotzen, bevor sie den Abgang macht.

»Sswa Mocht«, sagt sie, nuschelt es in den Abendhimmel, dass ich es erst auf mein »Hä?« und ihre Wiederholung hin verstehe.

»Mord?«, vergewissere ich mich zwischen Ungläubigkeit und Frohlocken. Ein Grund mehr! Diese Frau ist nicht nur mein ärgster Feind. Alkoholisiert, wie sie ist, gehört sie nicht ins Bett, sondern entsorgt! Sie ist ein Schläfer! Früher oder später wird sie ihren Verdacht anderweitig ausbrabbeln, mich lebenslänglich erpressen, quälen, terrorisieren.

Da dreht sie sich um. Guckt mir zum ersten Mal heute Abend direkt in die Augen. »Ischab ihn ummebracht«, sagt sie. Lallend, aber vollkommen klar verständlich.

Sie?

Waas?

Dann fällt der Groschen. Sie will sich erleichtern, klar. Er hatte ja mit ihr Schluss gemacht. Bevor er den Adler gemacht hat. *Sie* hatte ihn verführt, die Schlampe. Und er hat sich schuldig gefühlt. Natürlich hat sie ihn umgebracht! Wer sonst?

»Schabmischlaugemacht«, sagt sie.

Sie hat sich schlau gemacht. Aha. Lang genug gedauert. Ehe sie verstanden hat, dass es Menschen gibt, denen ein Vertrauensbruch nicht sonstwo vorbei geht. Hat irgendein Therapeut ihr das verklickert? Von selbst konnte sie wohl kaum darauf kommen. Empathie war ihr wohl stets ein Fremdwort.

»Schpurstange«, brabbelt sie.

Ja. Sie ist eindeutig neben der Spur. Noch hält sie sich an der Stange fest. Es wird ein Leichtes sein, den Griff zu lösen.

»Ganz eimfach«, bestätigt sie. Hickst. Ich schenke ihr einen Henkerstropfen nach. Sie lässt es sich gefallen.

»Geht ganz eimfach«, wiederholt sie. Hickst erneut, trinkt das Glas in einem Zug leer, wartet ab, gespannt in sich hinein horchend. Der Schluckauf ist weg. Sie grinst blöde.

»Eimfach Schraube lockern. Dassas Auto ausse Schpur kommt. Totsischa!«

Sie kichert immer noch, während ihre Augen überzulaufen beginnen.

»Annette«, sage ich. Versuche zu verstehen, was sie mir mitgeben will.

Aber sie hat sich wieder weggedreht. Ihr Glas abgestellt. Klammert sich mit beiden Händen an die Balkonbrüstung. Klettert umständlich auf den Stuhl, auf dem sie eben noch gesessen hat. Richtet sich mühsam auf. Löst den Griff vom Geländer. Schwankt. Im Begriff abzuheben.

Ich brauche gar nichts tun!

Ich *bin* keine Mörderin!

Scheiße. Ja. Das realisiere ich in aller Deutlichkeit. Wo es so einfach wäre!

»Heul doch!«, sage ich. »Daniel hat deine Nachhilfe nicht gebraucht. Nicht deine und auch nicht meine. Es war *seine* Entscheidung, aus der Spur zu geraten. *Er* hat dich geknallt. Und *er* ist vor das Geländer geknallt. Also komm da runter. Denk an Jens!«

Ich zerre sie vom Stuhl, bugsiere sie in ihr Zimmer, schubse sie aufs Bett, wo sie sturzbetrunken liegenbleibt, mache bei den Jungs das Licht aus, gehe ins Bad, wasche mir die Hände und mustere mich im Spiegel. Strecke mir die Zunge raus. »*I will always love you!*«, sage ich. »*Bittersweet memories. That is all I'm taking with me!*«

Dann gebe ich mir selbst die Kante auf dem Balkon.

KATHRIN HEINRICHS

Gute Planung ist alles

Girl on Fire
Alicia Keys (2012)

Manchmal, wenn ich sauer bin, stelle ich mir meine eigene Beerdigung vor. Dann denke ich: Das habt ihr nun davon. Jetzt, da es mich nicht mehr gibt, seid ihr traurig. Das klingt vielleicht kindisch. Wahrscheinlich ist es das auch.

Auf meiner Beerdigung ist es natürlich voll. Sehr voll. Die Leute passen nicht alle in die Friedhofskapelle hinein. Einige müssen draußen stehen, im Regen womöglich. Die sind dann doppelt traurig. Zum einen, weil ich tot bin. Zum anderen, weil sie nass werden. Aber vor allem, weil ich tot bin. Der Tod ist unumkehrbar. Das spüren sie genau in diesem Moment. Ich bin weg – und sie sind zur Traurigkeit verdammt. Weil ich nicht mehr da bin und sie vorher, als ich noch da war, meine Anwesenheit nicht hinreichend zu schätzen wussten.

Meine Freundin Britte zum Beispiel. Sie wird neben Henning stehen und fortwährend weinen. Es wird ihr leid tun, dass sie immer so barsch war.

Silke, meine Tennispartnerin, wird vielleicht einen Tennisball in der Handtasche haben. Sie wird es bedauern, dass sie unser Hallen-Abo irgendwann abbestellt hat. Ich habe immer gewonnen, das konnte sie nicht ab. Ich weiß nicht, ob sie den Tennisball ins Grab werfen wird, vielleicht wird sie ihn einfach zwischendurch streicheln und an mich denken.

Mein Bruder Klaus, diese untreue Socke, wird sich grämen, weil er nie angerufen hat. Und seine Frau erst – Christine! All die Male, da ich mich gemeldet habe und sie nichts Besseres zu tun hatte, als sofort Klaus den Hörer in die Hand zu drücken … Bei unseren Telefonaten sah ich quasi vor mir, wie sie die Augen verdrehte. Auf meiner Beerdigung werden aus denselben Augen Tränen fließen. Christine wird zu schätzen wissen, dass ich mich als Einzige um die Familie bemüht hab. Und sie wird ahnen, dass das jetzt niemand mehr tut.

Gudrun wird möglicherweise kollabieren. Sie ist meine allerbeste Freundin, sie weiß, was sie an mir verliert. Alle anderen werden das sehen und noch trauriger sein. Es ist eine Sache, selber zu trauern, es ist eine andere, die anderen trauern zu sehen. Das haut einen um.

Auf meiner Beerdigung werden zudem sehr anrührende Lieder gespielt und sehr bewegende Texte gelesen. Über die Auswahl bin ich mir noch nicht hundertprozentig im Klaren, doch dafür habe ich ja hoffentlich noch ein bisschen Zeit. Aber egal – darüber nachzudenken, macht mir einfach Spaß.

Es gibt ja Wedding-Planer – Leute, die für ein Brautpaar die Hochzeit von vorn bis hinten organisieren. Ich könnte Funeral-Planer werden – ich plane Ihre Beerdigung. Klar, jeder Bestattungsunternehmer würde sagen: Das machen wir doch auch – ganz nach Ihren Wünschen. Okay, kann sein. Aber ich würde etwas Besonderes bieten, etwas Persönliches – das passende Lied, den passenden Text … Ich würde tief in die Biographie des Verstorbenen eintauchen. Den ganzen anderen Kram, Leiche zurechtmachen und so, dazu hab ich keine Lust, das könnte weiterhin das Bestattungsunternehmen machen. Aber das Angenehme, das, was den Leuten die Tränen in die Augen treibt, das übernehme ich.

Tatsächlich haben mir schon Leute bestätigt, dass ich ein Händchen dafür habe. Selbst bei Jochen, meinem Mann, hatte ich die Kraft, mich zu kümmern. Natürlich war es hart. Wenn man den Partner mit Mitte Fünfzig verliert, noch dazu durch einen tragischen Autounfall, ist das eine Katastrophe. Dennoch war es mir wichtig, die passenden Worte zu finden. *Wish You Were Here* war der Song, der gespielt wurde, als Jochen von uns ging. Ein Satz, den ich schon zu seinen Lebzeiten oft gedacht habe: *Wish You Were Here.* Als Pharma-Vertreter war Jochen viel unterwegs. So haben wir uns auch kennengelernt: In der Apotheke, in der ich gearbeitet habe, stand er plötzlich vor mir und strahlte mich an.

Wish You Were Here – ich hatte als seine Frau verdammt oft Grund, das zu denken.

Dass ich mich bei Egbert gekümmert habe, stand ebenfalls außer Frage. Gudrun ist meine allerbeste Freundin. Sie zu unterstützen, wenn ihr Mann stirbt, war doch wohl selbstverständlich.

Egbert war viel älter als Gudrun, ständig brauchte er ihre Aufmerksamkeit, dennoch ist Gudrun jetzt untröstlich, weil er nicht mehr da ist. Manchmal versteht man die Welt nicht mehr. Für die Beerdigung habe ich einen kurzen Moment lang an Trude Herr gedacht, *Niemals geht man so ganz*. Immerhin hat Egbert Gudrun ein dickes Erbe hinterlassen. Aber dann habe ich doch Gudruns Gefühlsleben in den Vordergrund gestellt und mich für Grönemeyer entschieden. *Der Weg* ist ja sehr emotional. Gudrun ist mir für die Auswahl heute noch dankbar.

Ich warte übrigens gerade auf Gudrun, wir planen eine Reise. Egbert ist jetzt sechs Wochen tot, und ich habe zu Gudrun gesagt: Es ist Zeit, mal auf andere Gedanken zu kommen. Gudrun hat sich sehr gesträubt – wie ich schon sagte, sie trauert der Nervensäge schwer hinterher. Aber ich habe nicht lockergelassen. Egbert wird schließlich nicht wieder lebendig, wenn Gudrun zu Hause sitzt und heult. Das Leben geht weiter, das ist mein Credo, anders hätte ich auch Jochens Affäre nicht überlebt.

Gudrun kommt mit Verspätung, und sie hat schon wieder diesen depressiven Gesichtsausdruck.

»Alles vorbereitet«, lasse ich keine Traurigkeit zu, deute auf den Laptop, der im Wohnzimmer aufgeklappt steht, und öffne die Flasche Prosecco, die ich im Kühlschrank kaltgestellt hab.

»Ich weiß nicht, ob das richtig ist«, höre ich Gudrun im Wohnzimmer jammern. Ich verdrehe die Augen, sie sieht mich ja nicht.

»Aber ich weiß es«, sage ich eine Minute später und reiche ihr ein gut gefülltes Glas. »Mensch, Gudrun, Egbert hätte sich gewünscht, dass du dir Freude bereitest.«

Natürlich wünsche vor allem ich mir, dass wir uns Freude bereiten. Die zwei Jahre nach Jochens Abgang

waren nicht leicht. Nicht weil ich ihm allzu sehr nach-
getrauert hätte. Jochen hatte ja schon Wochen vorher Abschied genommen. So zumindest sehe ich das,
wenn man eine andere Beziehung beginnt. Nein, richtig schwer war, dass ich plötzlich ganz schön allein war.
All das, was ich mir vorgenommen hatte, ließ sich nicht
realisieren. Meine Freundinnen waren total auf ihre
Partner fixiert – und selbst Gudrun war für gar nichts
zu haben.

Lustiges Frauenwochenende an der Mosel? - Nee, Egbert geht's nicht so gut.

Kinobesuch und anschließend Absacker trinken? - Ist
es okay, wenn Egbert mitkommt?

Eine Woche auf Kreta? – Wo denkst du hin, Egbert
kommt ohne mich nicht zurecht!

Es ist okay, als Frau ohne Partner zu sein. Aber es ist
nicht so okay, wenn andere Frauen ihre Partner noch
haben.

Mit Gudrun ist es anders, nun, da sie allein ist. Wenn
sich ihre Stimmung erstmal aufgehellt hat, werden wir
gemeinsam fremde Welten erobern. Beginnen wollen
wir mit einer Reise nach Kos.

»Auf unseren Urlaub!« Wir stoßen an - und Gudrun
wirkt schon ein klein wenig frischer.

»Vielleicht ist es nicht schlecht, sich Mut anzutrin-
ken«, fällt es ihr ein. Ich nicke. Wenn es ihr hilft, sich so
von Egbert zu lösen.

Gudrun trägt auch heute wieder Schwarz. Okay, es
steht ihr. Im Grunde sieht sie wie eine Designerin aus,
aber übertrieben finde ich es schon. Um den Hals trägt
sie diese Wahnsinnskette, die ihr Egbert mal geschenkt

365

hat. Wahrscheinlich hat sie an seinem Grab geschwo-
ren, dass sie sie nie mehr ablegen wird. Herrgott, es gibt
noch eine Menge zu tun.

»Ich hab schon mal recherchiert«, erkläre ich munter.
»Es gibt ja zig Anbieter. Schau einfach im Verlauf!«

Ich deute auf den Laptop. Gudrun ist ziemlich fit. Sie
nutzt das Internet an jeder Ecke, sie kommt sicher zurecht.

»Ich hab eine Kleinigkeit zu essen vorbereitet, einen
Salat. Klick doch in der Zwischenzeit ruhig ein wenig
herum.«

Gudrun nickt und setzt sich mit ihrem Prosecco vor
meinen Laptop. Ich geh hinüber und kümmere mich
derweil ums Essen. Das Ganze schmeckt nur, wenn die
Birnen noch warm sind. Und die Pinienkerne sollten
frisch angeröstet sein.

»Kommst du zurecht?«, rufe ich bei der Arbeit zu
Gudrun hinüber.

»Ja, ja«, höre ich meine Freundin antworten. Sie
scheint schon völlig eingetaucht zu sein.

Ich kann nur hoffen, dass sie bei unserem Urlaub
nicht mehr so angeschlagen ist. Mit so einer Gefährtin
macht der schönste Meerblick keinen Spaß. Vielleicht
wäre es sowieso besser, als Quartett zu fahren. Vier
Frauen - das ist erheblich fröhlicher, außerdem kann
man Doppelkopf spielen.

Anja wäre vielleicht interessiert. Andererseits: Die hat
ja noch ein Kind in der Schule. Bis ihr Sohn durchs Abi-
tur ist, macht die sich bestimmt während der Schulzeit
nicht auf. Was ist mit Karin? Eigentlich sehr nett. Kann
man aber trotzdem vergessen: Ihr Mann ist der geizigs-

te Mensch auf der Welt. Sie würde sich nie rausnehmen, alleine Urlaub zu machen. Es ist zum Verrücktwerden, dass alle sich von ihrer Familie abhängig machen.

Ich erhitze Olivenöl in der Pfanne und gebe die Birnenstückchen hinein. Die kommen gleich auf das Rucola-Balsamico-Bett – ein Gedicht!

»Hast du was Schönes gefunden?«, rufe ich in Richtung Wohnzimmer. Keine Antwort. Vielleicht hat das zischende Öl mich übertönt.

»Hast du eine passende Seite entdeckt?«, versuche ich es lauter.

»Ja, hab ich!« Gudruns Stimme ist plötzlich ganz nah. Ich fahre herum. Sie ist mit dem Laptop in die Küche gekommen. Aber sie sieht nicht aus, als hätten die Reiseangebote sie überzeugt. Sie sieht aus, als habe sie ein Hotel entdeckt, das als Folterstätte genutzt wird.

»Der ... der Verlauf«, stammelt sie.

Der Verlauf, schießt es mir durch den Kopf. Was zum Teufel hat Gudrun entdeckt?

Ihre Stirn ist in dicke Falten gelegt. »Egbert ist im Juli gestorben. Warum hast du im Juni diese CD hier bestellt?«

Mir wird heiß und kalt. Was genau hat sie gefunden?

»Herbert Grönemeyer«, sagt sie. »Das hast du mir vorgeschlagen, als Beerdigungssong. Du hast diese CD schon im Juni bestellt.«

»Gudrun.« Beruhigend gehe ich zwei Schritte auf sie zu. »Was redest du da? Ich habe mir im Juni eine CD bestellt. Als Egbert später starb, fiel mir ein, dass der Song wahrscheinlich gut passt. Was soll daran schlimm sein?«

»Schlimm ist, was du im Mai recherchiert hast.«

Eine neue Hitzewelle überkommt mich. Nicht vom Öl in der Pfanne hinter mir, sondern weil mich eine Ahnung beschleicht. Sie hat gesehen, dass ich Egberts Medikamente recherchiert hab. Sie hat gesehen, dass ich mich medizinisch eingelesen hab. Sie hat gesehen, dass ich Präparate bestellt hab. Und wenn sie nicht ganz dumm ist, weiß sie jetzt, dass ich bei meinen Besuchen Egberts Medikamente ausgetauscht hab. Seine Hochdrucktabletten und seine Herzmedikamente. Ich bin pharmazeutisch-technische Assistentin, ich kenne mich aus.

»Du hast …«, stottert Gudrun, findet aber nicht die richtigen Worte.

»Ich habe«, setze ich ein, »nur an dich gedacht, Gudrun!«

»An mich?« Ihre Stimme ist schrill.

Ich dagegen bemühe mich um einen ruhigen Ton. Wie mein Psychiater, er hat auch eine sehr ruhige Stimme. Wir müssen da jetzt durch, und dann wird Gudrun mein Handeln verstehen. »Wie viele Jahre war Egbert älter als du?«

»Zweiundzwanzig, wieso?«

»Ihr hattet eine wunderbare Zeit. Das hätte sich in naher Zukunft geändert. Er hatte dich doch schon völlig absorbiert. Nicht mehr lange und du wärst seine Pflegerin geworden.«

»Was willst du damit sagen?« Sie klingt jetzt regelrecht hysterisch. Ich muss mich zusammennehmen, um das zu überhören.

»Was ich sagen will, Gudrun, ist, dass ich dich vor etwas Schlimmem bewahrt habe. Nicht mehr lange und

du hättest Egbert gehasst. Weil er dir dein Leben weg-
nimmt. Weil er dir die Jahre stiehlt. So aber seid ihr in
völliger Harmonie auseinandergegangen.«

»Vor etwas Schlimmem bewahrt?«, krächzt sie heiser.
»Ich habe Egbert geliebt.«

»Und darüber hast du nicht bemerkt, wie sehr er über
dein Leben bestimmt hat. Du hast nur noch zu Hause
gesessen und dich um ihn gekümmert.«

»Aber du kannst doch nicht – meinen Mann«, sie bekommt kaum Luft. Sie muss sich erholen.

»Ich weiß, wie du dich fühlst«, beruhige ich sie.

»Wie willst du das wissen?« kreischt sie. »Du hast deinen Jochen …« Plötzlich fährt sie zurück. »Du hast doch
nicht etwa auch Jochen …?«

»Jochen ist von mir gegangen«, verkünde ich weise.
»Das war seine Entscheidung.«

»Was meinst du damit?«

Ich nehme einen Geruch wahr, sehe mich um. Das
Fett hat zu qualmen begonnen. Das ist nicht gut, aber
derzeit leider nicht zu ändern. Denn Gudrun ist noch
nicht fertig. »Du machst ständig so komische Andeu-
tungen. Immer schon, seit Jochen tot ist.«

»Jochen hatte eine Affäre«, sage ich trotzig. »Er war es,
der sich von mir gelöst hat.«

Gudrun starrt mich an. Sie grübelt, sie erschließt sich
die Dinge. Vielleicht ist es gut, dass wir vor der Reise
einmal alles in Ruhe besprechen.

»Und deshalb hast du ihn …«, sie sucht nach Worten.
»Sag, dass du nichts mit seinem Unfall zu tun hast!«

»Jochen ist aus meinem Leben gestürmt«, sage ich va-
ge. »Ich habe ihn nicht aufhalten wollen.«

»Sein Unfall – war das ein Unfall? ... Hast du etwa ... obwohl er weit weg auf Geschäftsreise war?«

»Gudrun«, sage ich. »Man kann für jede Dienstleistung jemanden finden. Aber darum geht es gar nicht.« Ich würde ihr gern die Hand auf den Arm legen, aber irgendwie habe ich das Gefühl, wir müssen erst einmal in sicheres Fahrwasser kommen.

»Worum geht es denn?« Gudruns hysterische Stimme belegt, dass sie nicht vorhat, sich zu beruhigen. Wir sollten vielleicht hinübergehen und erst einmal einen Absacker trinken. Aber was ist dann mit dem Essen? Soll ich mich später drum kümmern?

»Es geht darum, sich nicht einengen zu lassen. Es geht darum, sein eigenes Leben zu führen. Diese Reise ...« Ich deute auf den Laptop, den sie noch immer in der Hand hält. »Diese Reise wäre doch gar nicht möglich, wenn Jochen und Egbert noch unter uns wären.«

Sie schaut auf den Laptop, als bemerke sie ihn erst jetzt, dann starrt sie mich an. »Jetzt kapiere ich erst. Du hast Egbert aus dem Weg geräumt, damit ich mehr Zeit für dich habe!«

Nun kommt sie auf mich zu und ich weiche zurück, obwohl der Geruch von heißem Fett mich fernhalten sollte.

»Du glaubst doch nicht etwa, ich lasse das alles auf sich beruhen«, Gudruns Stimme klingt kalt. So kenne ich sie nicht.

»Du kannst nicht ernsthaft denken, ich vergesse das alles, fahre mit dir in Urlaub und trinke fröhlich Prosecco.«

Trauer überkommt mich. Sie stellt es so dar, als hätte ich nur an mich gedacht. Dabei habe ich auch an sie gedacht. An ihre Zukunft. Gudrun enttäuscht mich. Ich weiß nicht, ob ich sie bei meiner Beerdigung noch dabeihaben will.

»Ich werde zur Polizei gehen«, zischt Gudrun. »Und zwar mit diesem Laptop. Sie werden dir das nachweisen. Dann kannst du deine Urlaubswochen im Gefängnis verbringen.«

Ihre Augen haben sich zu Schlitzen verengt. Sie hasst mich in diesem Moment, ich kann es erkennen. Dann aber geht ihr Blick plötzlich an mir vorbei, bleibt panisch an etwas hängen. Intuitiv fahre ich herum. Das Öl hat zu brennen begonnen. Eine Stichflamme in meiner Pfanne.

»Oh Gott!« Ich reiße die Pfanne hoch. Aber wohin jetzt damit? Und dann passiert es einfach, es ist kein planvolles Handeln. Ein Lied schießt durch meinen Kopf und animiert mich dazu. Kurzerhand gieße ich ihr das brennende Fett über den Kopf. Was dann passiert, sehe ich nur, aber ich höre es nicht. Ich sehe Gudruns schmerzverzerrtes Gesicht, ich sehe, wie das Öl sich in ihre Haut frisst. Wie ihre Augen versengen, ihre Nase, ihr Mund. Bestimmt schreit sie wie am Spieß, aber das höre ich nicht. Was ich höre, ist ein Song. Alicia Keys hat ihn gesungen. *This Girl is on Fire ...* Ein Song, der vielleicht für Gudruns Beerdigung passt. Was mich traurig macht: Ich weiß nicht, ob ich dafür noch zuständig bin.

Die Band

Jean Bagnol ist ein Pseudonym des Schriftsteller-Ehepaares Nina George und Jo Kramer. Die Spiegel-Bestsellerautorin George und der Ethnologe, Ex-Pilot und Schriftsteller Kramer, seit 2006 verheiratet, leben in Berlin und der Bretagne, schreiben unter insgesamt sieben Namen und Pseudonymen und veröffentlichten bisher 29 Solowerke.

Unter dem französischen Pseudonym Jean Bagnol erfanden sie die »Commissaire Mazan«-Reihe, die im provenzalischen Vaucluse spielt und französische Lebensart, menschliche Abgründe und felinische Philosophie mit Spannung, Humor und ungewöhnlichen Kriminalfällen mischt.

Dass viele von uns das Lied *Je t'aime ... moi non plus* von Serge Gainsbourg und Jane Birkin mal wahnsinnig toll fanden, wollen die meisten bestimmt vergessen.

Raoul Biltgen, geboren 1974 in Esch/Alzette, Luxemburg. Anlässlich seines ersten großen Verliebtseins sang er *dreams are my reality* alleine am Skilift, in der Hoffnung, nicht dabei gehört, sondern beim gleichen Song am Abend in der Klassendisko endlich erhört zu werden. Er wurde ge-, nicht erhört. Also ist er Schauspieler geworden. Als solcher hat er noch nie mit Sophie Marceau gearbeitet. Auch ist er Schriftsteller und Psychotherapeut (in Ausbildung unter Supervision) und schreibt eine wöchentliche Liebes- und Sexkolumne (www.adamspricht.com).

Ob das mit möglichen musikalischen Traumatisierungen aus seiner Teenagerzeit in Zusammenhang steht, erfahren Sie auch hier nicht: www.raoulbiltgen.com

Volker Bleeck, geboren in Korschenbroich am Niederrhein, lebt und arbeitet als Journalist und Buchautor in Hamburg. Er hat ein Sachbuch über die Kultcomedytruppe Monty Python geschrieben, zusammen mit seiner Frau Kirsten Püttjer außerdem zwei Niederrheinkrimis und einen Landkrimi. Er ist Mitglied im SYNDIKAT und Schlagzeuger der einzigen Rockband der Welt, die nur aus Krimiautoren besteht und deren Name *streng geheim* ist.

Für John Denvers Folkballade *Leaving on a Jetplane* entschied er sich, gerade weil der Song so gar nicht nach Krimi klang – und weil John Denver bei einem Flugzeugabsturz ums Leben kam. Auf *Smoke on the Water* fiel seine Wahl vermutlich, weil er noch nie geraucht hat.

Oliver Buslau war sich lange nicht schlüssig, ob er sich beruflich der Musik oder der Literatur widmen sollte. Die Lösung: über Musik schreiben! Nach seinem Studium der Musikwissenschaft und dem ersten Job bei der Schallplattenfirma EMI Classics verfasste er jahrelang Zeitschriftenbeiträge sowie Einführungstexte für CD-Booklets und Konzertprogrammhefte. 1999 begann er mit dem Krimischreiben, ein Jahr später gründete er die Zeitschrift »TextArt – Magazin für Kreatives Schreiben«. Darüber hinaus spielt er wie sein Held im Kurzkrimi dieser Anthologie Bratsche – in klassischen Orchestern, aber auch in der einzigen Rockband der Welt, die nur aus Krimiautoren besteht und deren Name *streng geheim* ist. Jeden Sonntag Nachmittag moderiert er eine eigene Klassiksendung im Internetradio »Secondradio«.

House of the Rising Sun ist für eine Bratschenfantasie, wie sie im Kurzkrimi beschrieben wird, gut geeignet: Das Lied ist sehr melodisch – und ein Volkslied. Sozusagen also Klassik! www.oliverbuslau.de

Jürgen Ehlers, geboren 1948, schreibt seit 1992 Kurzkrimis auf Deutsch und Englisch. Im Oktober 2015 erschien »The fifth Browning« in Maxim Jakubowski's Anthologie »The Mammoth Book of the Adventures of Moriarty: The Secret Life of Sherlock Holmes's Nemesis.« Die vorliegende Geschichte behandelt nun das geheime Leben des Autors *on the wild side,* jenseits aller bürgerlichen Konventionen. Für den Kurzkrimi »Weltspartag in Hamminkeln« erhielt Ehlers 2006 den Friedrich-Glauser-Preis. Darüber hinaus schreibt er historische Krimis und Thriller. Zuletzt erschien »Die Hyäne von Hamburg« (KBV, 2016). www.juergen-ehlers.com

Angela Eßer wurde in Krefeld geboren und studierte Theaterwissenschaft in München. Sie ist Herausgeberin von Krimi-Anthologien, veranstaltet Krimi-Kochkurse, organisiert Krimifestivals und war langjährige Sprecherin des SYNDI-KATs, der Autorenvereinigung deutschsprachiger Kriminalliteratur. *Die Zeit macht nur vor dem Teufel* von Barry Ryan war das erste Lied, das sie mit dem eigenen Kassettenrecorder aufnahm und mit dem stundenlangen Abspielen von *Eloise* hat sie ihre Familie fast in den Wahnsinn getrieben. www.angelaesser.de

Roger M. Fiedler hat die Kubakrise überlebt, die Langspielplatte und den Schwarz-Weiß-Fernseher. Beim Internet ist der Autor eher skeptisch. Mehrere Kriminalromane und Kurzgeschichten gehen auf Fiedlers Kappe. Er hält *Easy Rider* für ein solides Unfallverhütungskonzept und glaubt fest an den Sinn in Bonfires Worten mit dem passenden Sound zum realsten aller Leben: *Born to Be Wild.*

Christiane Geldmacher ist Autorin, Dozentin, Journalistin und Lektorin. Studium der Amerikanistik, Germanistik und Theater-, Film und Fernsehwissenschaften. Viele Reisen durch Europa, die USA und Australien. Machte sich später mit dem Lektoratsbüro Textsyndikat.de selbstständig. Herausgeberin zweier Anthologien; 2012 erschien ihr erster Roman »Love@Miriam« im Bookspot Verlag; es folgte 2016 »Willkommen@daheim«. 2015 gewann Christiane Geldmacher gewann den Friedrich-Glauser-Preis in der Sparte »Kurzkrimi«. David Bowies *Glass-Spider-Tour 1987* war übrigens inspiriert von Pina Bauschs Tanztheater. Die riesige Spinne, die die Bühne beherrschte, wurde am Schluss des Konzerts in Brand gesetzt. www.christiane-geldmacher.de

Peter Godazgar, geboren 1967, studierte in Aachen Germanistik und Geschichte und besuchte unter anderem die Henri-Nannen-Journalistenschule in Hamburg. Er wohnt in Halle (Saale) und lebt seine kriminellen Phantasien in Romanen und einer stetig wachsenden Zahl von Kurzgeschichten aus, zuletzt ist bei KBV die Anthologie »Der tut nix, der will nur morden!« erschienen. *Billie Jean* hält er für den perfekten Popsong, noch besser gefällt ihm aber *Human Nature*. Michael Jacksons Moonwalk beherrscht er nur geringfügig besser (manche behaupten: schlechter) als Georg »Diepe« Diepenbrock, die Hauptfigur in seinem Kurzkrimi.
www.peter-godazgar.de

Sascha Gutzeit, geboren 1972, ist Autor, Schauspieler, Musiker und Entertainer. Er lebt mit seiner Familie in der Vulkaneifel. Gutzeit schreibt Krimis für Jung und Alt, Theaterstücke, Hörspiele, Songs und ist auch als Sprecher (u. a. »Die drei ???«) tätig. Mit seinen Kriminalkomödien, Kabarettprogrammen, Live-Hörspielen und Konzerten ist er ständig unterwegs. Seit 2011 schreibt er seinem schrägen Retro-Ermittler Kommissar Engelmann Fälle auf den Leib und spielt ihn auf der Bühne. Singen lässt er ihn auch, denn bei Sascha ist alles immer mit Musik. Während in seinem Jugendzimmer Poster von AC/DC, Rory Gallagher, Pink Floyd und The Police über dem Bett hingen, wurde ihm Dank der Spider Murphy Gang (und ihrer LP »Dolce Vita«) schon früh klar, dass Rock 'n' Roll keinesfalls nur auf Englisch sein muss. Insbesondere im Song *Skandal im Sperrbezirk* kamen einige sehr interessante Vokabeln vor und natürlich hüpfte Sascha gerade zu dieser Nummer mit Tennisschläger statt Gitarre begeistert vor dem Spiegel herum! www.saschagutzeit.de

Kathrin Heinrichs wurde 1970 im Sauerland geboren, studierte in Köln Germanistik und Anglistik und arbeitet seit 1999 als Autorin und Kabarettistin. Auf den Titel *Girl on fire* wurde sie im Fitnesszentrum aufmerksam, wo er quasi in Dauerschleife lief, während sie gegen ihr Bandscheibenleiden ankämpfte. Es mag ihrer körperlichen Überanstrengung zuzuschreiben sein, dass sie sich dazu kriminelle Szenarien ausdachte. www.kathrin-heinrichs.de

Thomas Hoeps (geboren 1966), lebt in Krefeld und Mönchengladbach. Mit dem Arnheimer Jac. Toes bildet er seit 2006 ein internationales Krimiautoren-Team, das zwei Mal für den Niederländischen Krimipreis Gouden Strop nominiert wurde. Bei KBV legte er mit »Die letzte Kur« einen Solo-Krimi vor, in dem es um Elvis in Bad Nauheim und neun Kurbad-Verbrechen geht. Hoeps erhielt unter anderem den Förderpreis für Literatur der Stadt Düsseldorf. Chics *Le Freak* begegnete ihm als 12jährigem auf K-Tel's High-Energy-Sampler, im Sommer '79 mit dem Kassettenrekorder auf einer Schaukel im Garten sitzend, als er erst leise ahnte, wie wundervoll es sein würde, mit Mädchen zu tanzen. www.hoeps. wordpress.com

Karr & Wehner, geboren 1955 und 1949 in Saalfeld und Werdohl, wuchsen mit der Musik des Kinks, der Beatles und der Rolling Stones auf. Zwar nicht in der Ruhrgebietssiedlung »Tremonia«, wo ihr Krimi-Slam spielt, sondern in Essen-Altendorf und im Segeroth, die man heute nicht *Ghetto*, sondern No-Go-Area nennt. Von Karr&Wehner erschien zuletzt der Storyband »Essener Geschichten« und der Kurz-Thriller »Ahnungslos durch die Nacht« (2016).
www.karr-wehner.de und www.hpkarr.de

Thomas Kastura, geboren 1966 in Bamberg, lebt ebendort mit seiner Frau und seinen beiden Töchtern. Er studierte Germanistik und Geschichte und arbeitet seit 1996 als Autor für den Bayerischen Rundfunk. Zahlreiche Erzählungen, Jugendbücher und Kriminalromane, u. a. »Der vierte Mörder« (2007 auf Platz 1 auf der KrimiWelt-Bestenliste) sowie aktuell »Dark House« (2015). Thomas Kastura ist außerdem Herausgeber der KBV-Krimianthologien »Scotch as Scotch can« (2013) und »Cocktail-Leichen« (2015). Die Eurythmics sind für ihn untrennbar mit einprägsamen Schottlandreisen verbunden.
www.thomaskastura.de

Gisa Klönne, geboren 1964, lebt als Schriftstellerin in Köln. Ihre Romane und Krimis sind Bestseller, wurden in mehrere Sprachen übersetzt und vielfach ausgezeichnet, unter anderem mit dem Friedrich-Glauser-Preis. Die Kriminalpolizei Bonn ernannte Klönne zur Ehrenkommissarin. Mit der Hauptfigur ihrer inzwischen sechsteiligen Kriminalromanserie um die sensible, eigensinnige Kommissarin Judith Krieger teilt Klönne eine geheime Leidenschaft für Rockmusik der 70er und frühen 80er Jahre, ganz besonders Manfred Mann's Earth Band. Der Song *Davy's on the Road Again* schmeckte für sie mit 13 nach bedingungsloser Freiheit. Heute – als eine der

Frontfrauen der einzigen Rockband der Welt, die nur aus Krimiautoren besteht und deren Name *streng geheim* ist – performt Klönne ›Davy‹ deshalb mit besonderer Leidenschaft auf der Bühne und würde ihn in jedem Casting verteidigen …
www.gisa-kloenne.de

Steffen Könau, geboren 1965, ist ausgebildeter Maschinen- und Anlagenmonteur und Zerspanungsfacharbeiter, schrieb aber schon immer lieber, als zu schrauben. Er arbeitet als Redakteur bei der Mitteldeutschen Zeitung in Halle (Saale) und hat sein Leben lang versucht, die bis heute rätselhaft gebliebene Eagles-Hymne *Hotel California* auf der Gitarre zu spielen. Inzwischen kann er wenigstens den Text.

Ralf Kramp geb. 1963 in Euskirchen, lebt in einem alten Bauernhaus in der Eifel. Der mehrfach preisgekrönte Autor verfasst seit über zwanzig Jahren zahlreiche Kriminalromane und unzählige Kurzkrimis. In Hillesheim in der Eifel unterhält er zusammen mit seiner Frau Monika das »Kriminalhaus« mit dem »Deutschen Krimi-Archiv« (30.000 Bände), dem »Café Sherlock«, einem Krimi-Antiquariat und der »Buchhandlung Lesezeichen«. Er ist ein unverbesserlicher Nostalgiker und hat in seiner Jugend alljährlich spätestens ab Juli begonnen, Weihnachtslieder zu hören. Mit *Last Christmas* in gefühlter Endlosschleife hat er deshalb überhaupt kein Problem. www.ralfkramp.de, www.kriminalhaus.de

Tatjana Kruse, Jahrgangsgewächs aus süddeutscher Hanglage, ist ja eigentlich Beatles-Fan, aber tolerant genug, um auch mal einen Stones-Song gut zu finden. Beispielsweise *Jumping Jack Flash*. Oder eben *Satisfaction*. Wenn sie nicht gerade Musik hörend durch die Wohnung tanzt, schreibt sie Kriminalromane, momentan die Reihe um die Goldenager-Schnüffelschwestern Konny und Kriemhild, die eigentlich eine Bed & Breakfast-Pension führen, aber nebenher Morde aufklären (Insel Verlag). www.tatjanakruse.de

Arnold Küsters ist in Breyell geboren. Er studierte Anglistik und Pädagogik und arbeitet seit 1986 u.a. als Hörfunk- und Fernsehjournalist (WDR/ARD u.a.). Bisher acht Romane und mehr als zwei Dutzend Kurzkrimis. Herausgeber mehrerer Anthologien. Diverse Juryarbeit. Arnold Küsters ist Mitglied im SYNDIKAT. Küsters arbeitet als Musiker (Bluesharp, Percussion) u.a. bei STIXX (www.stixx-online.de), Hier geht was (www.hiergehtwasband.de) und der der einzigen Rockband der Welt, die nur aus Krimiautoren besteht und deren Name *streng geheim* ist. Arnold Küsters lebt und arbeitet am Niederrhein. Für ihn ist der Niederrhein »das Mississippi-Delta NRWs«. Deshalb hat er für die Shows der Autorenband den *Highway to Hell* für seinen Kurzkrimi zu »Trecker ins Jenseits« gemacht. Und zu *I Want to Break Free* meint er: »Ich mag den Queen-Song erst, seit wir ihn bei STIXX im Programm haben. Ein großartiges Stück!« www.arnold-kuesters.de

Ihre ersten Live-Gigs sang **Sandra Lüpkes** (* 1971) mit der Bürste in der Hand vor dem Spiegel. Und auch heute ist die in Münster lebende Schriftstellerin, Drehbuchautorin und Musikerin eine echte Rampensau, beispielsweise wenn sie als Mitglied der einzigen Rockband der Welt, die nur aus Krimiautoren besteht und deren Name *streng geheim* ist, eine Mischung aus Lesung und Konzert auf die Bühne bringt – unter anderem mit Songs wie *Roxanne* von ihrer ultimativen Lieblingsband »The Police«. Ihre Romane, Sachbücher und Kurzgeschichtensammlungen wurden in mehrere Sprachen übersetzt und sind in einer Gesamtauflage von über 600.000 Exemplaren erschienen, zuletzt: »Inselträume« (rororo). www.sandraluepkes.de

Beate Maxian wurde in München geboren, verbrachte ihre Kindheit in Oberösterreich, Bayern und im arabischen Raum. Lebt als freie Autorin und Moderatorin in Oberösterreich und Wien. Ihre in Wien angesiedelten Krimis um die Journalistin Sarah Pauli sind Bestseller in Österreich. Sie erhielt das Stipendium des Literaturhauses Wiesbaden, wurde mehrfach für den Leo-Perutz-Preis nominiert und ist die Initiatorin und Organisatorin des ersten österreichischen Krimifestivals »Krimi Literatur Festival.at«. Ihr Mann, der Musiker Jeff Maxian hat die österreichische Musikszene geprägt, mit internationalen Musikgrößen gearbeitet, kennt das Leben hinter der Musikkulisse und die eine oder andere *Purple-Haze*-Story.

Heinrich-Stefan Noelke wurde 1955 im westfälischen Versmold geboren. Er ist gelernter Metzger, studierter Betriebswirt, hat in Frankreich, England und Spanien gearbeitet und später in Deutschland die Geschäfte eines Wurst- und Fleischverarbeiters geleitet. Seit 2008 lebt er mit seiner Familie in Osnabrück und widmet sich dem Schreiben. Wie weit ist man selbst davon entfernt, jemanden umzubringen? Das ist die Frage, die ihn am Krimi reizt. 2006 wurde sein erster Roman veröffentlicht, dem mehrere gefolgt sind. Er spielt den Bass in der einzigen Rockband der Welt, die nur aus Krimiautoren besteht und deren Name *streng geheim* ist. Der Text ›Schläge an die Eisentür‹ stammt aus dem Bühnenprogramm. Mehr Information zum Autor unter www.hsnoelke.de.

Elke Pistor, Jahrgang 1967, studierte Pädagogik und Psychologie. Seit 2009 ist sie als Autorin, Publizistin und Dozentin tätig. 2014 wurde sie für ihre Arbeit mit dem Töwerland-Stipendium ausgezeichnet und 2015 für den Friedrich-Glauser-Preis in der Kategorie Kurzkrimi nominiert. Von 2014 bis 2016 war sie Sprecherin des SYNDIKATs, der Autorenvereinigung deutschsprachige Kriminalliteratur. Zuletzt erschienen von ihr der Kriminalroman »Treuetat« und das in mehrere Sprachen übersetzte heitere Katzenlexikon »111 Katzen, die man kennen muss«. Elke Pistor lebt mit ihrer Familie in Köln. Leonard Cohens *Hallelujah* ist nicht nur von ihm selbst in zwei unterschiedlichen Textvarianten gesungen worden, sondern mit mehr als 120 Interpretationen eines der am häufigsten gecoverten Lieder der Popgeschichte. Genauso zahlreich und vielfältig sind die Auslegungen des Textes. Das und die Schönheit des Liedes selbst inspirierten Elke Pistor zu einer weiteren Interpretation – diesmal in Form einer Kurzgeschichte. Die geschilderten Erlebnisse der Menschen während ihrer Flucht entstammen aktuellen Tatsachenberichten und geschehen in dieser Form täglich auf dem Mittelmeer. www.elkepistor.de

Kirsten Püttjer, geboren in Hamburg, ist bis auf einen einjährigen Aufenthalt in San Francisco ihrer Stadt treu geblieben. Mit ihrem Mann Volker Bleeck hat sie zwei Niederrheinkrimis und einen Landkrimi, sowie diverse Kurzkrimis geschrieben. Sie ist Mitglied im SYNDIKAT und bei den »Mörderischen Schwestern«, außerdem Sängerin in der einzigen Rockband der Welt, die nur aus Krimiautoren besteht und deren Name *streng geheim* ist. Am The Police-Hit *Every Breath You Take* hat sie besonders gereizt, dass alle Leute immer glauben, es sei so ein romantischer, positiver Song, dabei geht es um etwas sehr Böses …

Guido Rohm wurde 1970 in Fulda geboren. Er ist ständiger Mitarbeiter beim Satiremagazin Eulenspiegel. Romane (Auswahl): Blutschneise, Blut ist ein Fluss, Fleischwölfe, Untat. Rohm ist Mitglied im PEN-Zentrum Deutschland. *Cheri Cheri Lady* ist der beste Beweis dafür, dass es auch akustische Terroranschläge gibt.

Regina Schleheck ist für ihre oft bitterbösen Kurzkrimis wie für andere Prosa und Lyrik vielfach ausgezeichnet worden. Dabei ist sie im Grunde ihres Herzens total sentimental und hat in »Bodyguard« viele Tränen vergossen. Später überlebte sie mit fünf Kindern das »not always«. Der Ex-Gatte ebenfalls. Whitney Houston nicht. Weshalb die »Fallhöhe« der (damals) erfolgreichsten und tragischsten Sängerinnen aller Zeiten und ihrem grandiosen Drei-Oktaven-Stimmvolumen gewidmet ist.

Der Ex-Drogenfahnder **Jörg Schmitt-Kilian** hat zahlreiche Bücher (u.a. »Shit« und den Spiegel-Bestseller »Vom Junkie zum Ironman«, Kinofilm mit Uwe Ochsenknecht) und Themenhefte für die Polizei geschrieben. Sein Konzept »Impulse« (Früherkennung und Bewältigung von Krisensituationen: Sucht- und Gewaltprävention bis Amok) wird bundesweit in Projekte integriert. Die Kriminalromane »Spurenleger« und »Leichenspuren« über den Tod einer jungen Polizistin basieren auf der spektakulärsten Mordserie in Deutschland. Im Juni 2017 erscheint unter einem Pseudonym »Verblendet«, der letzte Band der Trilogie. In »Mörderisches Trio« garniert er die Lesung mit Live-Musik, Fotos, Videos und Funkverkehr. Er ist Mitglied der einzigen Rockband der Welt, die nur aus Krimiautoren besteht und deren Name *streng geheim* ist. www.schmitt-kilian.de

Roland Spranger, Jahrgang 1963, neben seiner Autorentätigkeit arbeitet Roland Spranger als Betreuer in Wohnprojekten für geistig behinderte Menschen. Außerdem betätigt er sich in verschiedenen Live-Literatur-Projekten, als Moderator einer Talkshow ohne Kameras (»Nachtgebiete – Gwaaf zer Nacht«) und als Theaterautor. Seine Stücke wurden auf zahlreichen Bühnen in Deutschland aufgeführt (zuletzt »Affe auf Lava« am Theater Ansbach und »Work« am Theater Hof). 2002 wurde sein Debütroman »ThRAX« veröffentlicht. Für seinen Thriller »Kriegsgebiete« erhielt der Autor mit dem Friedrich-Glauser-Preis 2013 den höchstdotierten Preis für deutschsprachige Kriminalliteratur (in der Sparte »Bester Kriminalroman«). Danach erschienen sein Roman »Elementarschaden« und eine Reihe von Short-Stories in Krimi-Anthologien. Für seine Kurzgeschichte »C« wurde der Autor in der Kategorie »Bester Kurzkrimi« 2016 erneut für den Friedrich-Glauser-Preis nominiert. »Johnny Cash«, sagt Spranger, »hatte seine Dämonen. Seiner Stimme hört man an, dass er auch die dunklen Orte kannte«. Auch deshalb mag Spranger ihn. Und seine Tochter hat ihm aus Nashville sogar ein Johnny-Cash-T-Shirt mitgebracht. www.roland-spranger.de

Klaus Stickelbroeck, geboren 1963, aufgewachsen und wohnhaft in Kerken am Niederrhein, arbeitet als Polizeibeamter in Düsseldorf. Seine Hobbys sind Fußball und Musik, womit er zwangsläufig bei Rod Stewart landete, der mit ihm diese beiden Hobbys teilt. Zack, war er Fan und ist es bis heute. *Da Ya Think I'm Sexy* erlaubte es ihm, auch als Rock-Musik-Fan die Tanzfläche zu entern. Sein erster Kriminalroman mit Privatdetektiv Hartmann (»Fieses Foul«) erschien 2007. Der dritte Hartmann-Krimi »Fischfutter« wurde 2011 für den renommierten Friedrich-Glauser-Preis nominiert. Im Oktober 2016 schickte er Hartmann in »Blindgänger« ein sechstes Mal auf turbulente Mördersuche quer durch Düsseldorf. Nichts lag folglich näher, als Hartmann und Rod Stewarts Disco-Rock-Klassiker in einem Kurzkrimi zusammenzubringen. www.klausstickelbroeck.de

Sabine Trinkaus wuchs im Norden hinter einem Deich auf. Zum Studium verschlug es sie ins Rheinland, wo sie nach internationalen Lehr- und Wanderjahren sesshaft und heimisch wurde. Heute lebt sie mit Schaf in Alfter bei Bonn.

2007 begann sie, ihre kriminellen Neigungen in schriftlicher Form auszuleben. Sie veröffentlichte Kurzgeschichten, für die sie einige Blumentöpfe gewann. 2012 begann sie dann, auch in langer Form zu morden. 2015 ist ihr vierter Roman »Schnapspralinen« erschienen.

Im zarten Grundschulalter kaufte sie das erste Mal eine Langspielplatte, auf der keine Märchen zu hören waren, verliebte sich umgehend rettungslos in Abba und hat bis heute die Auflösung der Gruppe nicht wirklich verwunden.

Das erwähnt sie allerdings nicht auf ihrer Homepage www. sabine-trinkaus.de